Norbert Baumert SJ

Gaben
des Geistes Jesu

Norbert Baumert SJ

Gaben des Geistes Jesu

Das Charismatische in der Kirche

Verlag Styria

Imprimatur des Ordens:
Imprimi potest. Coloniae 9. 7. 1985.
Ralf D. Pfahl SJ, Praep. Prov. Germ. Sept.

CIP-Kurztitelaufnahme der Deutschen Bibliothek

Baumert, Norbert:
Gaben des Geistes Jesu:
d. Charismatische in d. Kirche / Norbert Baumert. –
Graz; Wien; Köln : Verlag Styria, 1986.
ISBN 3-222-11666-0

© 1986 Verlag Styria Graz Wien Köln
Printed in Austria
Alle Rechte vorbehalten
Gesamtherstellung:
Druck- und Verlagshaus Styria, Graz
ISBN 3-222-11666-0

Inhalt

Einleitung

Die Frage nach dem Lebensgrund des »Leibes Christi« führt zu den verschiedenen Wirkweisen des Geistes Jesu: Er deutet das Wort Jesu, er ist das Leben der Sakramente, er ist die Kraft zum christlichen Alltag, die Gabe, aus der die einzelnen Begabungen erwachsen. Um das Unverfügbare seines Wirkens zu betonen, spricht die Theologie der letzten Jahrzehnte wieder häufiger von dem »charismatischen« Wirken des Geistes, das in vielen Menschen innerhalb und außerhalb der Kirche neues Leben weckt und individuelle *Charismen* weckt, »wie der Geist will«. Damit wird die Kirche wieder tiefer verstanden als der Ort, an dem alle diese Gaben zusammenwirken. »Laienapostolat«, »allgemeines Priestertum«, »Verantwortung und Sendung der Laien in der Gemeinde und in der Welt«, »Volk Gottes« sowie »Liturgische«, »Biblische«, »Ökumenische« und »Charismatische« Bewegung sind nur einige Stichworte, die neu auf diese charismatische Dimension hinweisen.

Ziel dieses Buches ist die Erschließung des Charismatischen als eines Wesenselementes der Kirche. Aufgezeigt wird es allerdings nicht zuerst durch theoretische Überlegungen, sondern durch Hinweis auf einen geschichtlich greifbaren Neuansatz geistlichen Lebens, der sich heute in der katholischen Weltkirche als »Charismatische Erneuerung« bezeichnet, sowie durch Reflexion der dort gemachten Erfahrungen. So haben an diesem Buch viele mitgeschrieben, durch ihr Leben, ihre Gespräche und ihre Berichte. Alle, die hier zu Worte kommen, sind mir oder einem meiner Mitbrüder persönlich bekannt. Diese Geschichte des Buches schlägt sich auch in der äußeren Gestalt nieder. Es besteht aus mehreren selbständigen Teilen, die wie konzentrische Kreise sich um das eine Thema bewegen. Dadurch bedingte Wiederholungen dürften der Vertiefung zugute kommen.

Am Beginn steht ein gemeinsamer Bericht einer Gruppe von Menschen, in dem sie die wesentlichen Erfahrungen und Grundhaltungen dieses charismatischen Aufbruchs zusammengefaßt haben. Dieser seinerzeit von mir redigierte Text ist seit mehreren Jahren in Umlauf und mit einigen Erweiterungen übernommen (1.1.–1.3.). Dieses gemeinsame Zeugnis wird ergänzt durch mehrere persönliche Berichte und einige Informationen über entsprechende Vorgänge in der ganzen Christenheit.

Der zweite Teil ist eine biblische Besinnung auf die Christuserfahrung des Apostels Paulus, die aufgrund der obengenannten Erfahrungen neu zu leuchten beginnt und in vielem verständlicher wird. Ist es doch derselbe Geist, der die Kirche in ihren Anfängen ergriff und sie heute erneuert. Darum wagen wir es, dem Zeugnis des Apostels verwandte Zeugnisse unserer Zeit an die Seite zu stellen; ist doch grundsätzlich daran festzuhalten, daß lebendige Glaubenserfahrung eine unerläßliche Voraussetzung der Schriftauslegung ist, da die Heilige Schrift nur in dem Geist verstanden werden kann, in dem sie geschrieben wurde.

Die »Theologische Einordnung«, die an dritter Stelle steht, ist wiederum erwachsen aus vielen Gesprächen, Vorträgen sowie eigenen Artikeln, die ich im Literaturverzeichnis aufgeführt habe. Sie ist ein Gesprächsbeitrag sowohl im internen Dialog dieses charismatischen Aufbruchs als auch im Dialog seiner Vertreter mit der kirchlichen Öffentlichkeit und mit allen Christen. Die Überlegungen sind bestimmt von der Frage, in welcher Beziehung diese konkreten Heilserfahrungen zur Spiritualität der Gesamtkirche stehen.

So ist am Ende nicht nur der gegenwärtige charismatische Aufbruch in seinen Grundelementen dargestellt, sondern es wird zugleich gezeigt, in welchem Sinn es dabei um Verlebendigung der Kirche als ganzer geht und welche unersetzbare Funktion das charismatische Wirken des Geistes hat.

Frankfurt, Neujahr 1986   *Norbert Baumert SJ*

1. Erfahrungen und Grundhaltungen charismatischer Erneuerung: Bericht und Zeugnis

Seit 1972 bildeten sich im deutschen Sprachraum im Rahmen der römisch-katholischen Kirche Gebetsgemeinschaften, die sich unter dem Namen »Charismatische Erneuerung« zusammenfanden. Aus zahlreichen Gesprächen und Überlegungen mit Vertretern verschiedener Gruppen entstand der folgende Text, in dem versucht wird, stellvertretend für viele von dem Weg zu sprechen, den wir geführt wurden, und »jedem Rede und Antwort zu stehen, der nach der Hoffnung fragt, die uns erfüllt« (1 Petr 3,15).

1.1. Unser Weg mit Christus

Der Anruf: Am Anfang unseres Weges steht für jeden ein persönlicher Anruf Gottes. Durch ein Wort der Heiligen Schrift, ein persönliches Erlebnis, das Bekenntnis eines anderen Christen, Teilnahme an einer Gebetsgemeinschaft oder andere Anstöße wurde in uns eine Bewegung ausgelöst, der wir – oft staunend, manchmal zögernd oder widerstrebend – folgten. Wir erkennen in diesem Anruf das Wirken Gottes, der uns offenbar in einer neuen Weise durch seinen Heiligen Geist in eine tiefere Gemeinschaft mit Jesus Christus und in seine engere Nachfolge führen will. Mehr und mehr wächst die Überzeugung, auf einem Wege zu sein, der für die ganze Kirche bedeutsam ist, zumal ähnliches in allen Ländern der Erde unter Katholiken und Christen anderer Konfessionen geschieht.

1.1.1. Die grundlegende Erfahrung

Eine neue Sehnsucht: In vielen wird das Verlangen wach, Gott von ganzem Herzen und mit allen Kräften zu suchen und zu lieben. Oft werden Hoffnungen, die lange verschüttet gewesen sind, freigelegt, und es beginnen Fähigkeiten sich zu entfalten, die wir vorher nie in uns wahrgenommen haben. Gottes Verheißungen werden wieder aktuell, und wir lernen, ihn auf neue Weise ernst zu nehmen und ihm alles, auch die kleinen und konkreten Dinge des täglichen Lebens, anzuvertrauen.

Auf diesem Weg wird neu bewußt, wie umfassend und tiefgreifend die Gemeinschaft ist, zu der Gott jeden einzelnen im Neuen Bund einlädt: Gott wartet auf die Antwort meiner Hingabe, damit er allein mein Erlöser und Herr sein kann, der mich aus dem Tod zum Leben führt und dem ich nun mit meinem ganzen Wesen angehöre. Wenn wir auch auf diesem Wege manchmal in eine harte Schule genommen werden, ist der Schmerz der Umkehr und Läuterung doch stets von innerem Frieden begleitet, oft auch getragen von Überraschung und tiefer geistlicher Freude.

Antwort des Menschen: Der Schritt der Hingabe geschieht, wenn der einzelne sich dazu eingeladen und von innen her befähigt sieht; er erhält eine besondere Entschiedenheit und Verbindlichkeit, wenn er vor Zeugen ausgesprochen wird. So vollziehen viele dieses neue Ja zu Gott in einer betenden Gemeinschaft, welche diesen Schritt mit ihrem Gebet begleitet. Der Schwerpunkt dieses Geschehens liegt nicht nur in einer Erneuerung des Taufversprechens, sondern häufig auch in einer Erneuerung geistlicher Grundhaltungen, die sich aus der Lebensgeschichte ergeben. Damit verbunden ist die Bitte um die Fülle des Geistes.

Zuwendung Gottes — Charis: Oft sind wir erstaunt, wie freigebig Gott diese Bitte heute beantwortet, während zugleich viele andere die liebende Zuwendung Gottes (Charis — Gnade) auch ohne ausdrückliche Bitte, manchmal völlig überraschend erfahren, sei es einzeln oder in Gemeinschaft, in allmählichem Wachstum oder — nicht selten — in einer plötzlichen Ergriffenheit. Für viele bedeutet das Ablösung von einer negativen, mit Furcht und Angst belasteten Gottesvorstellung und Hinkehr zu dem positiven Bild vom »Vater unseres Herrn Jesus Christus«. Mit der Freude an Gott und dem Dank für seine väterliche Zuwendung schwinden Leistungsdenken und Leistungsdruck im religiösen Leben, und es wächst die Fähigkeit, sich ihm ohne Mißtrauen und Angst in die Hände zu geben. Andere erleben eine eher schmerzliche Berührung, verbunden mit der Kraft zu Geduld und Vertrauen; sie müssen vielleicht lange auf Befreiung und Freude warten. Immer aber werden Bereiche in Bewegung gebracht, über die der Mensch von sich aus nicht verfügt, so daß der einzelne weiß: Hier ist ein Anderer in mir am Werk (Joh 3,8).

Geist-Erfahrung: Das »Geschenk« Gottes ist zunächst der Heilige Geist selbst, den die Liebe des Vaters »in unsere Herzen ausgegossen hat« (vgl. Röm 5,5). Die Erfahrung der Gabe des Geistes war in den ersten Christengemeinden in reichem Maß vorhanden (Apg 2,4; 4,31; 8,17; 10,45; 19,6; Gal 3,2). Sie wurde im Lauf der Kirchengeschichte immer wieder neu unter verschiedener Gestalt lebendig. Heute erfahren viele Christen diese Kraft in einer Tiefe und Lebendigkeit, die in ihrer Art an Pfingsten erinnert, weshalb man auch von ›Pfingst-Erfahrung‹ oder ›Erfüllung mit dem Geist‹ spricht.[1] Es ist nun nicht die erste Aufgabe, diese Geist-Erfahrung zu erklären, sondern von Herzen Gott eine Antwort und den Menschen davon Zeugnis zu geben. Im gegenseitigen Mitteilen und Prüfen wuchsen unter uns die Klarheit und die Gewißheit, daß hier Gott am Werke ist, der offenbar den in Taufe und Firmung verliehenen Geist in neuer Weise zur Wirkung bringt und aufleben läßt (Apg 4,31; vgl. aber auch Apg 10,47).

Liebe als Geschenk: Die zentrale Wirkung des Geistes ist die Befähigung zur Liebe, zur inneren Bereitschaft, den Willen Gottes zu suchen und zu tun. Liebe ist also hier nicht primär als Forderung oder als Ergebnis eigenen Bemühens verstanden, sondern als Antrieb, der den Menschen anrührt und mit dem er bereitwillig mitwirkt. So zeigt sich die Liebe zu Gott auch in einer neuen Befähigung zum Beten und in Freude an der Feier der Eucharistie, sowohl in kleinen Gruppen als auch in den Ortsgemeinden. Viele entdecken neu die Heilige Schrift; sie erleben, wie Gott heute noch durch Sein Wort zu ihnen spricht und sie ihm antworten können. Ferner zeigt sich die Liebe in einer wachsenden Befähigung, in Familie, Beruf, Gemeinde und Öffentlichkeit als Christ zu leben. Es wächst das Gespür für die Freuden und Nöte anderer sowie die Geduld, mit ihren Schwierigkeiten umzugehen. Belastbarkeit und Durchhaltevermögen in ausweglos scheinenden Situationen nehmen zu. Auch wenn dabei immer wieder Fehler vorkommen werden, ist doch das Wachsen solcher Befähigungen ein Kennzeichen für das Wirken des Heiligen Geistes (Gal 5,22f).

Gemeinschaft im Geist: Die für die meisten so überraschende Begegnung mit dem lebendigen Herrn drängt zur Mitteilung, ähnlich wie es den Jüngern erging, nachdem sie dem Auferstandenen begegnet waren (vgl. Apg 4,20). Dieses Mitteilen und das unmittelbare Teilhaben am Glauben und Beten anderer bedeutet gegenseitige Stärkung (Röm 1,11f; Mt 10,32) und bringt neue Aspekte in die Erfahrung von Kirche. Ähnlich wie in den urchristlichen Gemeinden werden bei Begegnungen und Ereignissen freie Gebete aus der jeweiligen Situation heraus gesprochen (vgl. Mt 11,25f; Joh 11,41f; Joh 17; Apg 4,23–31), auch wenn die Evangelisten dann stilisieren; und zum Gottesdienst kann jeder etwas beitragen (vgl. 1 Kor 14,26).

Empfangen als Grundhaltung des Handelns: Nach und nach wird jeder Bereich des Lebens zum Ort der Begegnung mit Gott. Der Christ darf »Gott in allen Dingen finden« und erlebt so, wie Gott in allem am Werke ist, auch in den menschlichen Fähigkeiten. Sie werden dadurch mehr und mehr als Gaben Gottes erfahren und dementsprechend gebraucht. Damit schwindet falsche Selbstsicherheit im Handeln; sie macht einer Grundhaltung des Empfangens Platz, aus der heraus dann das Tun umso gezielter wird.

Befähigung durch Gott – Charisma: Das Wirken des Geistes Jesu konkretisiert sich im Menschen immer wieder in bestimmten Befähigungen. Solche konkreten, unterscheidbaren Begabungen nennen wir ›Charismen‹ (wörtlich: Geschenke). Da sie die natürlichen Anlagen korrigieren und integrieren, ist ihre Betätigung von außen her oft kaum zu unterscheiden von rein menschlicher Aktivität, und doch liegt das Prinzip des Handelns tiefer. Manchmal übersteigt die Wirkung deutlich die Möglichkeiten des betreffenden Menschen, so daß – wenn die typischen Kennzeichen des Geistes Gottes vorhanden sind (Gal 5,22f) – Gott als der Handelnde deutlicher hervortritt. Das II. Vatikanische Konzil spricht deshalb von »schlichteren und leuchtenderen Gnadengaben« (Kirchenkonstitution 12).

1.1.2. Einzelne Zu-Gaben oder Charismen

Wie von selbst fügen sich in diese Grundstruktur nun die Erfahrungen einiger Gnadengaben ein, von denen in der Heiligen Schrift öfter die Rede ist (Apg; 1 Kor 12–14; Röm 12), die aber im Lauf der Kirchengeschichte zurücktraten und nur vereinzelt vorkamen. Und doch gelten die Worte auch heute noch, daß »Zeichen geschehen werden, wenn Menschen glauben« (Mk 16,17), sei es Heilung, göttliche Weisung oder eine Dienstleistung aus der Kraft Gottes. Diesen Gaben ist gemeinsam, daß ein Mensch in einer besonders deutlichen Weise einen Anruf Gottes erfährt und sich ihm entsprechend zur Verfügung stellt, sei es im Beten, Reden oder Handeln.

Charismen des Gebetes: Immer wieder wird bezeugt, wie Menschen in der Tiefe ihres Wesens ergriffen werden, ähnlich wie es Ignatius von Loyola in seinen »Regeln zur Unterscheidung« beschreibt (316): »Im Menschen wird eine innere Bewegung geweckt, durch die er in Liebe zu seinem Schöpfer und Herrn entbrennt und der zufolge er alles übrige nur noch in Ihm zu lieben vermag.« So lernt er neu den Umgang mit Gott und erfährt eine große Hilfe in seinem Gebet. Das Beten wird dann zur inneren Notwendigkeit und selbstverständlichen Lebensäußerung. Zeitweise wird es so deutlich getragen, daß der Betreffende mühelos lange Zeit bei Gott sein kann, sei es für sich allein oder in Gemeinschaft. Und mancher begreift auf einmal neu, daß »der Geist in uns betet« (Röm 8,26f). Viele gewinnen eine neue Freiheit, ihr Gebet mit eigenen Worten zu formulieren und es auch offen vor anderen auszusprechen. So entstehen oft Gebetsgemeinschaften von großer Lebendigkeit, Frische und Kraft.

Sprachengebet: Kommt jemand an die Grenze seiner Ausdrucksfähigkeit, kann es sein, daß er auf einmal unbekannte Silben und Worte spricht, die ganz von seiner inneren Bewegung erfüllt sind, sei es Lob oder Bitte, Freude oder Klage und vor allem Liebe. Dieses ›Sprachengebet‹, das in der Urkirche weit verbreitet war (Mk 16,17; Apg 2,4; 10,46; 19,7; 1 Kor 12,10.28; 14), ist nicht etwa eine ›verzückte Rede‹, auch nicht ein unkontrolliertes Lallen (was manche mit dem Namen Glossolalie verbinden mögen), sondern ein oft sehr ruhiges Sprechen vor Gott. Darin ist der Mensch gesammelt und ganz ›bei sich‹; und dies um so mehr, je mehr er bei Gott ist. Bei einer gesunden Entwicklung wachsen also im Umgang mit dem Sprachengebet Freiheit und Gelassenheit. Es hilft zu einer Klärung und Entfaltung des religiösen Gefühlslebens, zu einer Integration von Herz und Verstand (vgl. 1 Kor 14,14f). Der Verstand ist mit seiner ganzen logischen Kraft da, zugleich aber hat er eine existentielle Tiefe. Der Mensch ›denkt‹ gewissermaßen mit dem Herzen. Ratio und Emotion überwinden die Isolierung und werden eins. – Stets liegt es in der Hand des Menschen, mit dem Sprachengebet zu beginnen oder aufzuhören; und im Hören auf den Geist entwickelt er allmählich eine Sensibilität für den rechten Augenblick. Der Sinn dieser Gebetsart ist eine ganzheitliche Beziehung zu Gott, wodurch der betreffende selbst »aufgebaut« wird (1 Kor 14,4).

Charismen der Weisung: Eine andere Gabe, die wir unter uns neu erfahren durften, ist vorwiegend auf die Hilfe für andere ausgerichtet. Aus einer inneren geistlichen Klarheit heraus erfaßt jemand eine Situation oder einen Vorgang, sieht ein Bild oder erhält einen Satz. Andere werden zunächst einmal sensibler für das, was Gott hier und jetzt tun oder sagen will, und teilen das in einer Gebetsgemeinschaft in großer Klarheit mit, etwa durch Verkünden von Schrifttexten oder von schriftgemäßen Formulierungen. Wieder andere empfangen – auch völlig unvermittelt – einen kürzeren oder längeren Text, den sie manchmal niederschreiben sollen. Dieser kann einer Gruppe oder Einzelperson gelten, oft ohne daß der Vermittler deren Situation kennt. Die Mitteilungen können ermutigende Weisung für ein bestimmtes Tun, Mahnung oder Trost beinhalten (1 Kor 14,3 und 24f). Diese Gabe wird in der Heiligen Schrift ›Prophetie‹ genannt. Sie bedeutet nicht so sehr Zukunftsschau; das griechische Wort ›propheteuein‹ heißt vielmehr: ›öffentlich reden‹; im religiösen Bereich ›anstelle Gottes reden‹.

Prüfung: Wer einen solchen Anruf in sich erfährt, wird zunächst nach den allgemeinen Unterscheidungskriterien prüfen, ob er die »Stimme des Guten Hirten« darin wiedererkennt (Joh 10,4). Inhaltlich darf eine Prophetie selbstverständlich niemals der Heiligen Schrift oder der wohlverstandenen Lehre der Kirche widersprechen. Aber dies ist nur die äußerste Abgrenzung, denn nicht alles, was ›an sich‹ richtig ist, ist auch hier und jetzt angebracht. Darum kommt als weiteres Unterscheidungsmoment die Prüfung der geistlichen Qualität hinzu, und diese ist oft wesentlich schwieriger als das erste. So wird sich der Betreffende etwa fragen, ob er darin die gleiche Art des Friedens und der Kraft wiederfindet, die er aus anderen Begegnungen mit dem Herrn kennt. Wenn ihm die Mitteilung nach einer ersten Prüfung vertrauenswürdig erscheint, hat er lediglich die Aufgabe, das Wort zu gegebener Zeit auszurichten und damit dem Urteil der Gemeinde oder des Empfängers zu übergeben (1 Kor 14,29–33). Erkennt der Adressat dabei eine Wahrheit wieder, der er von innen heraus zustimmen kann, und verspürt er eine innere Resonanz, ein tiefes Angesprochensein, und zwar in einer Atmosphäre, die auch seinem geistlichen Leben vertraut ist (1 Kor 2,13–15; 14,25; Gal 5,22f), so sind das positive Merkmale. Wo diese fehlen, darf er das Wort auf sich beruhen lassen, ohne zu grübeln oder sich in unguter Weise zu belasten. Niemand ist dem, der prophetisch auftritt, einfach ausgeliefert. Wenn allerdings die innere

Freiheit und Gelöstheit eingeengt werden und psychischer Druck entsteht, ist Vorsicht geboten. In diesem Bereich wird besonders deutlich, daß die Charismen aufeinander angewiesen sind und wir nur im Miteinander lernen, sie recht zu gebrauchen.

Charismen des Zeugnisses und der Sendung: Aus solchem Geschehen wächst die Überzeugung, daß Gott durch seinen Geist auch in unserer Zeit sehr konkret führt. Und aus diesem Vertrauen heraus entsteht eine positive Sicht von Welt und Menschen als Grundhaltung des eigenen Lebensvollzuges. Diese Öffnung auf die Welt und auf alle (auch extreme) Situationen der Menschen führt dazu, Christus dort neu zu entdecken und zu bezeugen. Das bedeutet nicht, sich selbst interessant zu machen, sondern von dem zu sprechen, was der Herr unter uns und mit uns getan hat (vgl. Apg 15,4). Oft wird das Zeugnis damit beginnen, dem Gesprächspartner zu helfen, das Wirken Christi in seinem eigenen bisherigen Leben deutlicher wahrzunehmen. So ergibt sich als soziales Engagement häufig der Auftrag, einander auf dem Weg zu Gott Hilfe zu leisten und offene Zellen von Kirche zu bilden.

Charismen der Fürbitte: Da die Kirche grundlegend das Werk des Heiligen Geistes ist, besteht die menschliche Mitarbeit darin, sich Seinen Initiativen anzuschließen. So empfängt mancher die geistliche Anregung, für einen bestimmten Menschen oder ein bestimmtes Anliegen zu beten. Da Gott immer das Heil des ganzen Menschen im Auge hat, tut er nicht ›alles, was wir wollen‹, sondern erhört jene Gebete, für die er den Glauben schenkt (Mk 11,11). Durch solche ›Gebete des Glaubens‹ sind in der Kirche immer wieder plötzliche Zeichen geschehen, bis heute. Manchmal aber sind es Ereignisse, die so leise und langsam Schritt für Schritt vor sich gehen, daß der Betreffende sie kaum bemerkt, bis er eines Tages staunend wahrnimmt, wie eine bestimmte Anfälligkeit, Empfindlichkeit oder Fehlhaltung gewichen ist. Solche Geschehnisse, in denen er dem lebendigen Gott begegnet, kann er freilich einem anderen nicht ›beweisen‹, auch wenn es ab und zu recht deutliche Wirkungen sind; z. B. innere und äußere Heilungen oder wunderbare Fügungen. Für die Praxis ist entscheidend, in Einfachheit alle Sorgen Gott vorzutragen; dann klärt sich vor ihm, worum wir beten sollen. Auf diesem Wege haben viele die Kraft des Gebetes neu erfahren, bis in alltägliche Dinge hinein. Dies schließt die Anwendung menschlicher Hilfen — etwa bei Krankheit Medikamente — nicht aus, sondern ein (Sir 38,1–14).

Zu-Gaben: Die Befähigungen, die Gott schenkt, sind zahlreich, so vielfältig wie das Leben. Paulus zählt in 1 Kor 12 beispielhaft noch einige weitere auf; etwa ein »Wort der Erkenntnis, der Weisheit« oder »Beurteilungen von Geistern«. Solche Gaben sind, auch wenn sie in hohem Maß geschenkt werden, keineswegs ein Gradmesser für die Vollkommenheit des Betreffenden (Mt 7,21-23), sondern Hilfen, die Christus dem einzelnen und der Gemeinde gibt. Auch wenn sie hier zum besseren Verständnis etwas breiter dargestellt wurden, sind sie nicht das Zentrale, sondern gleichsam Zu-Gaben. Denn während der Heilige Geist selbst in jedem Christen, der darum bittet (Lk 11,13), selbst wohnen und ständig durch Glaube, Hoffnung und Liebe wirken will, handelt es sich bei den ›Charismen‹ um Gaben, »die der Geist jedem zuteilt, wie er will« (1 Kor 12,11; 7,7), dem einen diese, dem anderen jene. So haben ja auch im natürlichen Bereich nicht alle Menschen die gleichen Begabungen; und doch sagt das nichts über ihren Wert als Menschen. Ein wesentlicher Unterschied: Natürliches Können ist weitgehend in die Verfügung des Menschen gegeben; Gaben des Geistes aber sind immer unverfügbar, aktuell und ereignishaft und können auch ausbleiben. Dann muß man der Versuchung widerstehen, sie ›machen‹ zu wollen.

1.1.3. Persönliche Folgerungen

Der rechte Gebrauch der Charismen: Ihren Wert erhalten die verschiedenen Charismen nicht von dem Erfolg, den sie bringen, sondern von dem Geist, aus dem sie kommen, und wie sie gebraucht werden. Wie die natürlichen Fähigkeiten können auch sie sich bis zu einem gewissen Grad verselbständigen; dann bleibt nur ein rein psychischer oder parapsychologischer Vorgang (mit frommen Worten) übrig. Daran wird erkennbar, daß in die Charismen Kräfte und Anlagen des Menschen integriert sind, die Gott − ähnlich wie rationale und praktische Begabungen − in seinen Dienst genommen hat. Je selbstverständlicher und unaufdringlicher darum Charismen gebraucht werden (als Zu-Gaben), um so mehr werden sie zum Hinweis auf das Eigentliche. Man soll also diese wertvollen Geschenke zum eigenen Wachstum und zum Aufbau des Leibes Christi nicht geringschätzen oder auslöschen (1 Kor 12,31; 14,1.5; 1 Thess 5,19; Kirchenkonstitution 12). Was uns aber in den Gebetsgemeinschaften verbindet, sind nicht besondere Gnadengaben, sondern ist der Glaube an den lebendigen Herrn, der für jeden in einer einmaligen, persönlichen Weise da ist. »Sind etwa alle Propheten? Haben alle Gaben der Heilung? Reden etwa alle in Sprachen?« (1 Kor 12,30)

Ausdrucksformen: Die neue Erfahrung des Geistes schenkte uns die Freiheit, dem geistlichen Geschehen – ob Anbetung, Freude oder Bitte – auch in der Gebärde neu Ausdruck zu geben. Gerade in der katholischen Liturgie wurde ja immer daran festgehalten, daß der ganze Leib mitbetet. So wollen wir ›mit neuen Liedern‹ und Instrumenten das Fest Gottes feiern. Und warum sollte nur der Priester mit erhobenen Händen beten dürfen (vgl. 1 Tim 2,8)? Ferner wird in der Apostelgeschichte (13,3) berichtet, wie die Brüder für Paulus und Barnabas unter Handauflegung beteten, bevor die beiden ihre Missionsreise antraten. Wir haben neu dazu gefunden, das persönliche Beten anderer und unsere Fürbitten für sie auf ähnliche Weise zu begleiten.

Schweigen vor Gott: Neben dieser verschiedenartigen Gestaltwerdung des geistlichen Lebens werden andererseits viele im Gebet in eine Tiefe und Stille geführt, wo alle Gestalt schwindet und sie in tiefem Schweigen vor dem Herrn verweilen. Dieses Zur-Ruhe-Kommen ist auch für das gemeinsame Beten außerordentlich wichtig. Die Gebetsgemeinschaft verhilft damit zu vertieftem persönlichem Umgang mit Gott. Sie wird ihrerseits getragen von der täglichen Gebetstreue des einzelnen.

Der nächste Schritt: Wer sich neu von Gott angesprochen weiß, wird im Hören auf die Führung des Geistes erkennen, was Gott jetzt von ihm erwartet. Hier gibt es keine fertigen Anweisungen, und man sollte jedem Hang zu Ritualisierung, Imitation und Dirigismus widerstehen. Gott führt jeden anders. Dennoch entspricht es der Art seiner Führung, ein Feuer, das er einmal angezündet hat, durch Menschen weiterzugeben. Und wenn er einem Menschen einen klaren Weg gezeigt hat, will er ihn auf diesem und keinem anderen Weg führen. So liegt immer wieder alles daran, diesen erkannten nächsten Schritt auch zu tun. Dies allein ist – soweit es auf uns ankommt – das Tor zu einer Erneuerung im Geist. Ob und wann es zu einem spürbaren Durchbruch kommt – einer ›Erfüllung mit dem Geist‹ oder ›Pfingst-Erfahrung‹ – liegt nicht in unserer Hand. Wenn von Tauf-, Firm- oder Geist-Erneuerung die Rede ist, wird man darauf achten müssen, was mit diesen Ausdrücken jeweils gemeint ist: das menschliche Ja (also die Erneuerung des Taufversprechens), das göttliche Geschenk (Verlebendigung der Taufgnade, neue Geistmitteilung) oder beides zugleich.[2] Wer Gottes Gnade erfährt, weiß sich auf einen Weg geschickt, der in dieser Welt zu keinem Ende kommt.

1.2. *Schwierigkeiten und Gefahren auf dem Weg*

Der Weg mit Christus führt in die Bewährung, wie ja auch Jesus nach der Herabkunft des Heiligen Geistes bei der Taufe »in der Wüste umhergetrieben und vom Teufel versucht wurde« (Mt 4,1; Lk 4,2). Je eindeutiger der Weg Gottes wird, um so klarer treten auch die falschen Tendenzen zutage, die zunächst im Menschen vorhanden sind; Sünden und Fehlverhalten, die bisher gar nicht als solche erkannt worden waren. Sie finden nun gleichsam einen neuen Gegenstand, suchen das neue Leben zu mißbrauchen, werden aber dadurch aufgedeckt, so daß wir nun von ihnen erlöst werden können. Bei diesem Prozeß ergeben sich neuartige, typische Gefahren.

1.2.1. Faszination der Erfahrung

Wenn die Aufmerksamkeit sich zu stark auf die geistlichen Erfahrungen statt auf Gott richtet, werden auf einmal die Phänomene in sich selbst ›interessant‹. Mancher mag zunächst durchaus im zentralen Bereich der Gottesbegegnung – Anbetung und Liebe – angesprochen sein, schweift aber im Laufe der Zeit zu den ins Auge fallenden ›Randerscheinungen‹ ab. Ein falscher Eifer kann etwa dazu verleiten, mehr von ›charismatischer Erneuerung‹ zu reden als von Jesus und seinem Evangelium. Man sucht immer neu das Besondere und gerät in eine religiöse Habsucht und Erlebnissucht. Die Enttäuschung ist groß, wenn dann spürbare Gebetsgnaden oder auffällige Zeichen ausbleiben. Die Versuchung, die nun einsetzt, verleitet einerseits zu Resignation und Unsicherheit im Glauben, andererseits dazu, sich mit einem gewissen Druck in religiöse Gefühle hineinzusteigern oder die bereits empfangenen Charismen zu überziehen (vgl. 1 Kor 14,12.19.20.27–33). Kommt dazu noch ein Vergleich mit anderen und ein versteckter Neid, so ist der Blick auf die tatsächlichen Spuren des Wirkens Gottes im eigenen Leben verstellt.

Geistliche Armut: Wenn wir so bemerken, daß uns die Gaben wichtiger werden als der Geber, ist es notwendig, alle geistliche Erfahrung und Erwartung – ob große oder geringe – in Gottes Hände hinein loszulassen und ganz arm vor ihm zu sein. Auffallende Charismen sind ja nur »Mittel«, also Hilfen, auf die wir verzichten werden, wenn es Gott und Seinem Dienst angemessener ist. Gelingt die Haltung gelöster Armut nicht sogleich, sollten wir von Gott die Gabe des Armseins erbitten (2 Kor 9,7f). Auf diesem Wege kommen wir Ihm selbst näher, der uns als erstes Seinen Sohn schenkt.

Das Beispiel Jesu: Im Laufe dieses Geschehens verstehen wir besser die (erste) Versuchung Jesu. Der leibliche Hunger wollte ihn dazu verlocken, die neue Macht des Geistes zu mißbrauchen, um damit eigene Wünsche zu befriedigen. Er widersteht mit einem Wort der Schrift (Mt 4,3f). Die Zwölf-Apostel-Lehre sagt (11,9): »Jeder Prophet, der sich im Geist einen Tisch bestellt, ißt selber nicht von ihm; tut er es doch, ist er ein falscher Prophet.« Wir werden also darauf achten, daß in unserem geistlichen Leben das Moment des affektiven Erlebens in einem angemessenen Verhältnis bleibt zu dem jeweiligen aktuellen Wirken des Geistes. Wenn es sich verselbständigt und überbordet oder innerlich nicht gedeckt ist, führt das zu Unechtheit und Fehlformen. Sind wir im Zweifel, ob irgendeine Freude oder ein Verlangen uns von Gott eingegeben ist oder mehr unserem eigenen Wunschdenken entspringt, müssen wir dieses Erleben noch einmal ganz loslassen und mit Jesus antworten, daß das Wort Gottes wichtiger ist als das Brot (Mt 4,4) und der Gehorsam wichtiger als die Erfahrung. Dies ist andererseits zugleich die beste Ausgangsbasis für ein Gebet des Glaubens auch um sehr konkrete Dinge, zu dem Gott uns führt, wenn Seine Stunde da ist.

1.2.2. Versuchung zur Selbstdarstellung

Eine zweite Gefahr besteht darin, sich mit den geistlichen Erfahrungen interessant machen zu wollen. Dann wird Er, der in uns gewirkt hat, in den Hintergrund gedrängt, weil sich der Mensch – vielleicht unmerklich – in den Vordergrund schiebt. Sensationslust und Effekthascherei begegnen uns bereits im Anfang des Wirkens Jesu (Mk 1,43–45). Jesus wehrt sich heftig dagegen, weil sie seine Botschaft verfälschen. Auch uns droht die Gefahr, zu schnell mit dem Wort dabei zu sein — sei es im Gespräch, indem man andere überfällt und sie ›bekehren‹ will, sei es auch beim gemeinsamen Beten. Andererseits kennen wir ebenso die Gefahr eines verschämten Schweigens (vgl. 2 Kor 4,2). Beide Fehler, die Feigheit wie die Inflation der »frommen‹ Worte, entspringen der gleichen Wurzel: dem Besorgtsein um die eigene Person, da man Bestätigung und Zuwendung der anderen empfangen oder einer möglichen Ablehnung ausweichen möchte.

Die Zurückhaltung Jesu: Aber als Erlöste will Gott uns im Umgang mit seinen Gaben das rechte Maß lehren. Wer aufmerksam auf die innere Führung des Geistes und auf die äußeren Umstände achtet, lernt dabei, sich weder von irgendeiner Spontaneität oder Phantasie fortreißen noch von außen her bestimmen zu lassen. Jesus wußte, daß er durch eine Sensation auf der Zinne des Tempels nur die Neugier der Menschen gewinnen könnte, und widerstand der Versuchung, die Menschen mit billigen Mitteln in seine Gefolgschaft zu locken (Mt 4,5 f). Das Verlangen, den Menschen das Reich Gottes zu bringen, konnte ihn dennoch nicht dazu verleiten, sich selbst in Positur zu setzen oder »auf den Gassen zu lärmen« (Jes 42,2).

Ein Lernprozeß in Gemeinschaft: So sehen wir uns zu einem Lernprozeß aufgerufen, uns selbst immer wieder zurückzunehmen und uns das Maß zeigen zu lassen, das der jeweiligen Stunde angemessen ist. Bei dem großen Spielraum, den der einzelne auf unseren Treffen bekommt, merken es Vielredner oft nicht, wie sehr sie den anderen eine Last sind. Allzuleicht meinen sie, die anderen wüßten nichts zu sagen; in Wirklichkeit halten sie nur selbst die Stille nicht aus. Jeder kann leicht an der Zahl der Teilnehmer ablesen, welches sein »normaler« Anteil wäre. Darüber hinaus ist es Aufgabe des Leiters, darauf zu achten, was dem Ganzen dient, und einzelnen auch korrigierende Hinweise zu geben. Der letzte Maßstab ist die Führung des Geistes selbst; um sie wahrzunehmen, helfen jedoch auch diese äußeren Kriterien: Der Geist Gottes macht geneigter dazu, von jedem Menschen etwas zu lernen und immer »den anderen so einschätzen, daß er den Vorrang hat« (Phil 2,3); alles Aufdringliche dagegen ist ihm fremd. Untereinander werden wir versuchen, auch auf die feineren Mißtöne zu achten, die im Reden und Handeln auftreten können, und durch brüderliche Korrektur einander zu helfen. Einfachheit, Lauterkeit und Wahrhaftigkeit sind darum Grundhaltungen, auf die wir uns von Gott besonders hingewiesen sehen.

1.2.3. Gefahr der Eigenmächtigkeit

Eine dritte Gefahr liegt darin, nicht warten zu können, sich nehmen oder »erobern« zu wollen, was nur empfangen werden kann. Wer z. B. erlebt hat, wie Menschen durch Gebet verändert worden sind, kann in sich den Drang verspüren, eine solche Veränderung bei sich selbst oder bei anderen mit einer gewissen Gewaltsamkeit oder mit psychischem Druck herbeiführen zu wollen. Geistliche Vollmachten können ebenso wie andere Begabungen dazu verleiten, sie mit einer gewissen Selbstsicherheit zu gebrauchen (Mt 7,22f; 1 Kor 1,21), weil Gott sie ja in die Freiheit des Menschen legt (vgl. 1 Kor 14,32).

Warten auf die »Stunde«: Wir müssen also das Drängen des Geistes von menschlichem »Drängeln« unterscheiden lernen. Wenn sie auch von außen her manchmal ähnlich erscheinen, sind sie doch ihrem Wesen nach zwei völlig verschiedene Dinge: das eine mit innerer Kraft und einer gewissen Leichtigkeit, das andere mit Krampf und Druck; das eine mit Ruhe und Geduld, das andere mit Eile und Nervosität. Jesus ließ sich angesichts der Sehnsucht des Geistes nach der Erlösung der ganzen Welt nicht zu eigenmächtigem Handeln verleiten (Mt 4,8-10), sondern wartete stets auf die »Stunde«, die der Vater ihm zeigte. In dieser Spannung müssen auch wir zu leben lernen. Dabei werden wir uns vor einer Überdeutung von Ereignissen und Schriftworten hüten. Aus der Tatsache, daß Gott gelegentlich eine Situation, ein Schriftwort oder eine Prophetie benutzt, um in einer überraschenden Direktheit zu einem Menschen zu sprechen, folgt noch nicht, daß dies nun immer der Fall sein müsse. Christlicher Realismus zeigt sich gerade darin, daß wir die »kleinen« Gnadenstunden genauso real von Gott annehmen wie die »großen«; lernen wir die verschiedenen Sprachen Gottes vernehmen und deuten: durch die allgemeine und besondere Offenbarung ebenso wie durch konkrete Situationen und ruhige Überlegung. Dies ist getragen von einer Haltung des Grundvertrauens, da wir uns auch noch in unserem Nicht-Begreifen oder im Versagen in Gottes Händen wissen. So führt die innere Verfügbarkeit für den Anruf Gottes immer neu zu einer gewissen Zucht und Bescheidenheit.

1.2.4. Unter dem Schein des Guten

Das Typische aller genannten Gefahren ist, daß diese Versuchungen unter dem Schein des Guten auftreten, und zwar häufig durch Übertreibung einer in sich richtigen Handlung. Der Fehler liegt dann mehr in der Art oder Häufigkeit, in Ort und Zeit, in Umständen und Motiven, nicht so sehr in der Handlung an sich. Wie im ganzen menschlichen Leben gibt es auch auf geistlichem Gebiet Antriebe, die in sich gut und trotzdem im Augenblick nicht angebracht oder noch nicht reif sind, z. B. mancher Antrieb zur Mitteilung. Eine zeitweilige Übertreibung des Guten führt außerdem irgendwann in die entgegengesetzte Versuchung zu Müdigkeit und Mutlosigkeit. Diese ist wohl zu unterscheiden von einer Trockenheit, in die Gott selbst uns führt; darin bleiben nämlich die Treue und ein innerster Friede erhalten, trotz starker seelischer Belastung. Wenn aber der Glaube selbst großen Schwankungen unterliegt, könnte es sein, daß man auch in der »positiv« erscheinenden Phase noch manchen Irrlichtern nachläuft.

Die Gabe der Unterscheidung: Als Hilfe zur Orientierung schenkt Gott die Gabe der Unterscheidung (Kor 12,10). Diese besteht nicht einfach in der Anwendung menschlicher Klugheitsregeln, sondern ist ein Unterscheidungsvermögen, welches – nach der Feststellung, daß eine Handlung nicht in sich schlecht ist – aus der *Art* des Antriebes erkennt, ob man ihm zustimmen darf oder nicht. Das Gefährliche an der »Versuchung unter dem Schein des Guten« besteht ja gerade darin, daß sie, wie die Versuchung Jesu, mit Schriftworten belegt werden kann und sehr vernünftig klingt. Der »geistliche Spürsinn«, der hier das falsche vom wahren Licht trennt, ist – wie alle Charismen – ein Geschenk des Geistes. Wenn Ignatius v. L. seinen Exerzitien »Regeln« zur Unterscheidung hinzufügt,[3] sollen diese nicht etwa die »Gabe« der Unterscheidung ersetzen, sondern sind Hilfen zu ihrem rechten Gebrauch und zu ihrer Entfaltung. Die Gabe selbst ist ein klares Urteil des Gewissens, in dem der Mensch erkennt, ob die in Frage stehende Handlung dem Geist Gottes konform ist oder nicht und wie sie sich in die bisher erkannte Ordnung Gottes einfügt. Dabei wird ruhiges, klares Licht geschenkt, dem jede Schwarzweißmalerei fremd ist; es führt zu immer feineren Wahrnehmungen und Unterscheidungen in der Differenziertheit menschlichen Lebens (vgl. Phil 1,9f).

1.2.5. Bewährung

Der Weg mit Christus führt auf längere Sicht zu einer gelösten, natürlichen Menschlichkeit, und die auftretenden Schwierigkeiten erweisen sich als Durchgang zur Erlösung unseres ganzen Menschseins. Auf dem Weg dahin wissen wir uns hineingenommen in den Kampf Jesu selbst. Er hat die Sünde überwunden durch seine Liebe am Kreuz, und er will es noch heute tun in unserem sittlichen Bemühen sowie durch unsere Reue und Buße. Dort erfahren wir seine wahrhaft rettende Macht. Eine Schulderkenntnis, die quält und niederdrückt, erweist sich schon dadurch als unecht. Gottes Geist dagegen zeigt uns zwar unsere Anfälligkeit und Schuld, aber schenkt mit der Einsicht auch die Fähigkeit zu Umkehr und Zuversicht. So haben wir das Bußsakrament neu schätzengelernt.

Seelische Belastungen: Von dieser Mitte her geschieht auch Hilfe für manche seelischen Belastungen, die in Gebetsgruppen von anderen oft in viel Geduld mitgetragen werden. So wertvoll dabei psychologische Kenntnisse sind, die als Gaben Gottes in den geistlichen Vorgang integriert werden können, sollten wir doch nie ein Psychologisieren an die Stelle des geistlichen Geschehens treten lassen. Wir kommen zu Gebet und geistlichem Gespräch zusammen, nicht zu einem psychologischen Training. Gerade darum können wir in Einfachheit alles vor Gott tragen, so daß in jeder Not die Hoffnung auf Gott die zentrale Antwort wird, die alle menschlichen Hilfen als Ausdruck dieser Hoffnung zu sehen lehrt und so den Zugang zu ihnen erleichtert.

Auswirkungen des Bösen: Auch alle Auswirkungen des Bösen bis hin zu körperlichen Auffälligkeiten müssen von der Mitte her angegangen werden. Wem etwas unheimlich wird, weil er den Bösen wahrzunehmen glaubt, der wird ihn abweisen und stehenlassen und seine Aufmerksamkeit ganz Christus zuwenden. Diese Dinge wollen ja von der eigentlichen Bekehrung und der Gottesverehrung ablenken. Sobald man sich also durch auffällige Phänomene in seinem Interesse gefangennehmen läßt oder Furcht zeigt, ist man auf einem falschen Weg; erst recht, wenn Vorgänge dramatisiert werden. In all diesen Kämpfen siegen wir durch den, der uns geliebt hat (Röm 8,37). Darum werden wir uns nie das Gesetz des Handelns von fremden, ungeistlichen Instanzen aufdrängen lassen, sondern »das Böse durch das Gute zu überwinden« suchen (Röm 12,21).

1.3. Unser Weg in der Kirche

1.3.1. Lebensgesetz der Kirche

Vom Beginn der Kirche an gehören das Wirken Jesu und das des Heiligen Geistes zusammen. Wenn auch dem Sohn Gottes in besonderer Weise die sichtbare Ordnung (Menschwerdung, Tod und Auferstehung), dem Geist dagegen die Bewegung von innen her (Joh 3,8) eignet, tun sie doch alles gemeinsam, in voller Harmonie. Dementsprechend ist für uns alles geistliche Erleben hingeordnet auf die Sichtbarkeit des Leibes Christi. Wir sind im Glauben davon überzeugt, daß Gott in beidem am Werke ist, sowohl in der geschichtlichen Ordnung (Heilige Schrift, Verkündigung, Sakramente, Lehr- und Leitungsamt) wie in der je neuen Unmittelbarkeit des Lebens der einzelnen und der Gemeinden. Darum kann es letztlich keinen Widerspruch zwischen diesen beiden Aspekten göttlichen Wirkens geben. Da beides aber in die Hände von Menschen gelegt ist, sind beide Elemente nicht frei von Fehlentwicklungen und erfahren ihre Korrektur oft genug in einem schmerzlichen Prozeß einer allmählichen gegenseitigen Verständigung und Durchdringung. So wissen wir uns einerseits mit unserer geistlichen Erfahrung auf die sichtbare Struktur der Kirche hingewiesen, um darin Form, Korrektur und Rückhalt zu finden, andererseits aber auch dem inneren Anruf des Geistes verpflichtet, um von ihm her neue Impulse und Korrektive in das Leben der Kirche einzubringen.

1.3.2. Folgerungen für das Wachstum

Strukturen: Für das Wachstum charismatischer Erneuerung, und das heißt: für eine solche Verlebendigung christlichen Lebens, bedeutet dies, daß wir in den Pfarreien und Gruppen, aber auch auf überregionaler Ebene möglichst wenig eigene Strukturen schaffen werden, da die vorgegebene Struktur die vielfältige Ordnung der Kirche selbst ist. Es gibt also hier keine »Mitgliedschaft« im Sinne eines Verbandes oder einer Bewegung im soziologischen Sinne und folglich auch keine eigenständige »Zentrale«. Einzelne und freie Zusammenschlüsse versuchen vielmehr, innerhalb der Kirche ihrer Berufung gemäß zu leben und von da her Initiativen zu ergreifen und Anregungen weiterzugeben. Soweit sich gemeindliche oder zwischengemeindliche Gebetsgruppen oder verbindliche (Lebens-) Gemeinschaften bilden, halten im deutschen Sprachraum die meisten innerhalb ihrer Diözese miteinander Kontakt. Zwei vom Bischof bestätigte ›Sprecher‹ — ein Laie und ein Priester — versehen den Bruderdienst der Vermittlung und bilden zusammen mit den Sprechern der übrigen Diözesen im Bereich der jeweiligen Bischofskonferenz einen ›Rat‹. Dessen Mitglieder »wissen sich zum Dienst am Ganzen der Kirche verpflichtet«.[4]

Integration: Damit stellen wir uns bewußt der größeren Gemeinschaft der Gläubigen; denn sowenig ein einzelner seine geistliche Erfahrung allein verarbeiten und integrieren kann, so wenig können charismatische Gebetsgruppen die ihnen anvertraute Gabe zur vollen, von Gott gewollten Gestalt bringen, wenn sie sie nicht bereitwillig dem Test der von demselben Geist geleiteten größeren Gemeinschaft aussetzen. »Gruppen« sind ja nur Hilfsgebilde, um einem berechtigten Anliegen in der Kirche Ausdruck und neuen Raum zu verschaffen. Die Kommunikation mit allen Glaubenden, ihre Kritik ebenso wie ihre Bestätigung, ist darum wesentlich für ein gesundes Wachstum. Aus dem gleichen Grunde werden wir uns bemühen, keinen allzu eigengeprägten Stil zu entwickeln, sondern in Sprache, Umgangsformen oder Liedgut immer wieder auch auf das allgemein Übliche zurückgreifen — und dennoch in kluger Weise das einzubringen suchen, was uns auf dem Wege zu Gott geholfen hat und was möglicherweise auch anderen hilft.

Leitung: Was schließlich die Leitung betrifft, so gibt es wohl in den Gebetsgemeinschaften, vor allem, wenn sie größer werden, Verantwortliche und Leiter — und zwar oft aufgrund einer eigenständigen Befähigung und Berufung —, aber ihr Dienst bleibt hingeordnet auf das Amt der Priester und auf den jeweiligen Diözesanbischof.[5] Ihnen ist ja kraft ihrer Sendung aufgetragen, auf das Wirken des Geistes zu achten und es zu fördern. Auch Paulus wurde persönlich von Gott berufen, aber dann zu Menschen »in der Stadt« geschickt (Apg 9) und wußte sich später auf Petrus und die »Säulen« der Jerusalemer Gemeinde verwiesen (Gal 2,2–9). Der Geist bewirkt unsere Vollendung erst durch das Zusammenwirken der vielen Kräfte.

Persönliche Gottesbeziehung: Das Herzstück charismatischer Erneuerung liegt im personalen Bereich: jeder weiß sich — zusammen mit seinen Brüdern und Schwestern — persönlich vom Vater geliebt und gerufen; er gibt ihm seine eigene Antwort durch eine persönliche Hinwendung zu Jesus Christus und erfährt eine persönliche Führung durch den Heiligen Geist. Der Geist ist es, der ihn zugleich zum Wagnis des Glaubens lockt und auf Gemeinschaft und Kirche hinweist, so daß er sich in Freiheit und Liebe in sie einfügt. Diesen Innenraum, in dem Gott mit jedem einzelnen und mit seiner Gemeinde unmittelbar verkehrt,[6] dürfen wir nie verlassen noch ihn durch sachhafte Zwänge verfestigen oder durch menschliche Sicherungsbedürfnisse überfremden lassen.

Unsere Grundhaltung ist darum die Offenheit, ein ständig neues Hören auf Gott; denn die entscheidenden Impulse gehen immer wieder vom Geist Gottes aus — oft unerwartet und anders, als wir dachten. Wie wir in den Gebetsgruppen lernen, niemand zu kopieren und niemand zu bedrängen, müssen wir auch im Ganzen der Kirche lernen, die einzelnen Berufungen zu ihrer authentischen Gestalt reifen zu lassen. Wenn andere einen anderen Weg geführt werden, »was geht das dich an? Du folge mir« (Joh 21,22). Diese Weite des Herzens ist es, die dann alle ›berufenen Heiligen‹ (1 Kor 1,2) miteinander verbindet und an der wir uns als Christen erkennen.

Änderung der menschlichen Beziehungen: Auf der personalen Ebene liegt auch der Ansatzpunkt für eine Einflußnahme auf die Gestaltung der Welt. Jesus hat zwar zur sozialen Gerechtigkeit gemahnt, sich selbst aber nie in eine politische oder gesellschaftspolitische Rolle drängen lassen. Er suchte den Menschen zu heilen von der Mitte her, indem er in ihm das Vertrauen zum Vater weckte. Dazu hat er die Apostel gerufen und seine Kirche gegründet. So wird der Mensch, der Gott begegnet ist, von ihm Kraft empfangen, den Nächsten mit den Augen Gottes zu sehen und allmählich klarer, gerechter und liebender zu werden, bis in die kirchlichen und gesellschaftlichen Bereiche hinein. Auch wenn diese Erfahrung und Weise des Handelns neue Konfrontationen mit sich bringen (Mt 10,34 ff), führt sie doch zur Lösung der tiefsten Probleme des Menschen. Wie Jesus die Menschen durch sein Verhalten zum Nachdenken brachte, ist es auch dem Jünger aufgegeben, diesen geduldigen Weg zu gehen, der weniger durch Worte als durch das Sein überzeugt und gesellschaftliche Aktivitäten nur von Gott her beginnt, auch wenn ihn andere (vorzeitig) dazu drängen möchten (vgl. Joh 6,15; 7,6; 10,24 f). Die entscheidende Veränderung der Welt beginnt mit der Erlösung durch Jesus Christus, und die

Atmosphäre unter den Menschen wird durch nichts mehr verwandelt als durch erlöste Menschen. So besteht unsere *gemeinsame* >soziale< Aufgabe vorwiegend darin, im Wissen um die eigene Schwäche anderen zu helfen, ihren Erlöser zu finden. Von da her werden menschliche Beziehungen gesund, wird Kirche im kleinen aufgebaut und schließlich auch die Gesellschaft verändert. Von dieser Mitte her ergeben sich dann auch die sozialen Dienste und gesellschaftlichen Aufgaben von einzelnen und Gemeinschaften.

1.3.3. Die weitere Entwicklung

Ständige Abhängigkeit von Gottes Führung: »Nehmt nichts mit auf den Weg« (Lk 9,3); das heißt für uns, schlicht und aktuell bleiben und auch Liebgewordenes loslassen können, wenn es nicht mehr weiterhilft auf das erkannte Ziel hin. Die Gaben, die wir empfangen, sind lediglich Reiseproviant, der zum Verbrauch bestimmt ist (1 Kor 13,8). Auch werden wir vorsichtig sein mit Programmen, vielmehr uns Schritt für Schritt führen lassen — durch Gebet, Reflexion und Beratung —, wobei wir einfach austeilen und die Wirkung dem Herrn überlassen (Mt 6,3f; Lk 10,20). Je schlichter wir dies tun, um so leichter machen wir es anderen Menschen, die Stimme Gottes zu vernehmen, ohne sich an unserer Lautstärke oder an unserem Sendungsbewußtsein zu stoßen. Wir selber werden bewahrt vor Verantwortungsdruck und zugleich befreit zu vollem Einsatz aller unserer Kräfte. Wir werden die empfangenen Charismen nicht ängstlich verbergen, aber sie doch so gebrauchen lernen, daß sie — soweit es an uns liegt — nicht Anstoß erregen, sondern anderen auf ihrem Weg zum Herrn helfen. Suchende Menschen haben oft ein feines Empfinden für Echtheit. Gerade auf dem Gebiet des geistlichen Taktes sollten wir gegenseitige Hinweise und Korrekturen dankbar und aufmerksam prüfen.

Perspektiven: Wie also wirkt charismatische Erneuerung in die Kirche hinein, wie in die Welt, die der Kirche fernsteht? Werden alle oder wenigstens viele Gemeinden von diesem geschichtlichen Neuansatz geistlichen Lebens erfaßt werden? Ist eine neue Welle der Missionierung und Evangelisation zu erwarten, in der viele Außenstehende zum Glauben an Jesus in seiner Kirche finden werden? Wird dieser Anstoß es sein, der die Kirche zur Einheit führt? Auf diese Fragen haben wir keine Antwort. Wir beobachten nur ein schnelles Wachsen dieser Erneuerung, in vielen Ländern stärker als im deutschen Sprachraum. Der Herr sammelt sein Volk auf neue Weise, quer durch alle Konfessionen, und geht weiter mit seiner Kirche mit. Das macht uns dankbar und zuversichtlich. Es weckt ökumenische Offenheit und brüderliche Sorge für alle Christen und Konfessionen.

Ob wir uns nun in Pfarrgemeinden zusammenfinden, in außer- oder überpfarrlichen Gruppen, in katholischen oder ökumenischen Gebetskreisen, verbindlichen Gemeinschaften, oder unseren Weg vorwiegend allein gehen, so wird jeder neu danach fragen, welchen Beitrag er in der Kirche zu leisten hat und um welche Menschen er sich bemühen soll. »Neuer Wein in neue Schläuche« (Mt 9,17), das gilt auch da, wo bestehende Gemeinden oder Gemeinschaften neu von Gott ergriffen werden. Es braucht viel Wachsamkeit, Einfühlung und Geduld, den Geist so wahrzunehmen, wie er führen und wirken will.

Sache der ganzen Kirche: Erfahrung des Heiligen Geistes ist ein Grundvollzug der ganzen Kirche, nicht nur einer bestimmten Gruppe von Christen. Wenn die einzelnen Glieder und Gruppierungen ihn auf unterschiedliche Art und Weise erfahren, ist auch dies ein Lebensvorgang, der für die Gesamtkirche von Bedeutung ist. So wissen wir uns in dem, was unter uns geschieht, als Glieder am Leibe Christi. Wir wollen es nicht zum Maßstab machen für andere, sondern einfach unseren Teil einbringen. Der Herr ist ständig auf vielfache Weise in der Kirche am Werk: durch das tägliche Leben und Beten der Gemeinden, durch pastorale und theologische Bemü- hungen der Seelsorger und ihrer Mitarbeiter, durch Konzilien und Synoden sowie durch verschiedenste geistliche Bewegungen. Er wird auch die Gnadengeschenke, von denen wir berichten dürfen, in das Ganze der Kirche einfügen.

1.4. *Zeugnis von den Taten Gottes*

Dem gemeinsamen zeugnishaften Bericht wollen wir nun einige persönliche Berichte anfügen, wobei wir grundsätzliche Erwägungen über diese Art, vom Wirken Gottes zu reden, vorausschicken. Der folgende Beitrag – von P. Christof Wrembeck SJ – ist zugleich selbst ein Beispiel für das, wovon er redet:

1.4.1. Persönliches Zeugnis — eine Form der Verkündigung

Mit der Charismatischen Erneuerung ist das »Zeugnisgeben« eng verbunden. Dieser Begriff umschreibt eine Form der Verkündigung, in der ein einzelner vor einem anderen oder einer Gruppe ein Ereignis oder einen Abschnitt aus seinem Leben berichtet, der für ihn zu einer entscheidenden Begegnung mit Christus wurde und seinem Leben eine neue Richtung gab, oder in dem er das Wirken Gottes tiefer verstanden hat.

Gleich von Beginn an, im Frühjahr 1967 und schon in der vorbereitenden Phase, haben die ersten katholischen Gebetsgruppen in den USA wesentliche Impulse aus dem Zeugnis anderer Christen empfangen und sich auch bis heute sehr dieser Form der Verkündigung bedient.

Es war ein Buch, das die Studenten der Duquesne-Universität in Pittsburgh zu dem ersten entscheidenden Schritt veranlaßte: »Das Kreuz und die Messerhelden« von David Wilkerson. Dieses Buch ist in den literarischen Stil einer Kette von Zeugnissen gefaßt, deren Bindeglieder die Reflexionen sind, die Wilkerson und seine Freunde über den Fortgang der Ereignisse anstellen, welche sie aus dem Beten heraus erleben. Auch viele andere Bücher der Charismatischen Erneuerung sind in diesem persönlich ansprechenden Stil geschrieben: Mehr oder weniger herausragende Ereignisse des täglichen Lebens werden in anekdotenhafter Form dem Leser so dargeboten, daß er aufgrund dieses Zeugnisses sich fragt: Warum sollte eine solche Bekehrung nicht auch bei mir möglich sein? Beten, Erleben, Deuten! Diese dreifache Wirklichkeit spiegelt sich im Zeugnis wider.

Überschreiten gewohnter Vorstellungen: Gelegentlich geschieht es, daß der Inhalt, den ein anderer berichtet, mir so unmöglich erscheint, daß ich ihm nicht glaube. Ich bezweifle nicht nur die Deutung dessen, was er erlebt haben will, ich verhalte mich auch äußerst vorsichtig gegenüber seiner Schilderung des Geschehens. Der Grund hierfür liegt bisweilen im Erscheinungsbild des anderen, wenn es z. B. ein psychisches Durcheinander vermuten läßt; aber oft liegt er auch darin, daß mir selber so etwas noch nicht passiert ist, ich also keine erlebnismäßig vergleichbaren Erinnerungen oder begrifflichen Anhaltspunkte habe. Wenn ich dann nicht von vornherein jede Auseinandersetzung ablehne, versuche ich durch Fragen den Hergang des besagten Erlebnisses mehr oder weniger genau zu rekonstruieren und anderen Deutungen zu unterwerfen, die ihn mir verständlicher machen. So bringe ich das betreffende Erlebnis mit meinen Kategorien innerhalb meines bisherigen Begriffs- und Erfahrungshorizontes unter.

Ein Zeugnis aber, das von einem neuen, aktuellen Wirken Gottes sprechen möchte, will von seinem Wesen her von einer anderen Wirklichkeit sprechen und darum gegebenenfalls alte Horizonte und Kategorien sprengen. Wo es sich daher um ein echtes Zeugnis handelt, wird ein nachforschender, kritischer Zuhörer am Ende möglicherweise nichts Besonderes gefunden haben! Er hält zwar alle Tatsachen in Händen, aber sie sprechen ihn nicht an, führen bei ihm nicht zum Aha-Erlebnis; und deshalb versteht er auch sein Gegenüber nicht, der ihm dies Zeugnis gegeben hat. Genau besehen hat ein solcher Hörer sich nur mit dem Deuten und dem Erlebnis beschäftigt, aber seine eigene Sehnsucht, Gott zu finden, außer acht gelassen. Ohne dieses irgendwie geartete Offensein für Gott — es kann, wie bei Paulus, auch eine Verfolgung Gottes sein — wird mich ein Zeugnis vielleicht noch verwundern, aber nicht bewegen. Eine Chance zu begreifen bleibt mir dennoch: der Mensch selber, der das Zeugnis gibt! Wenn mir auch alles, was er sagt, nicht faßbar ist, so sehe ich doch ihm selber an, daß er sich gewandelt hat; ich kannte ihn vielleicht, wie er vorher war, und weiß, daß er ein durchaus normaler, auch glaubwürdiger Mensch, vielleicht mein Freund ist; jetzt scheint er sich einer Freiheit zu erfreuen, um die ich ihn beneide. Mir wird die vernünftige Möglichkeit geboten, ihm Glauben zu schenken, auch wenn ich das, was sagt, vorerst noch nicht fasse.

Überzeugende Beispiele: Als Ralf Keifer, der erste jener Studentengruppe in Pittsburgh 1967, seinen Freunden von seiner »Taufe im Heiligen Geist« berichtete, jenem neuen Angerührtwerden von Gott, das in ihm eine Freude, einen Frieden und eine Hingabe hervorbrachte, wie er es vorher nicht kannte (die Sprachengabe empfand er als rein begleitendes Phänomen), haben sie erst stundenlang mit ihm diskutiert und alle möglichen Erklärungen dieses Wandels versucht. Am Ende blieb ihnen dennoch dieser anders gewordene Freund, dessen Veränderung sie einfach konstatieren mußten. Gleiches kann ich von meinen Freunden berichten oder von anderen, deren Wandlung ich miterlebt habe.

Die eingangs gegebene Umschreibung des Begriffes »Zeugnisgeben« muß also ergänzt werden. Es handelt sich nicht nur um den
Bericht von einem einmal stattgefundenen Ereignis, sondern der
Sprechende wird selber zum Zeugnis! Ich glaube ihm nicht mehr nur
aufgrund seiner Worte; vielmehr seine sichtbare Erneuerung, die
Übereinstimmung seines Berichtes mit seiner Art des Auftretens;
kurz: Er selber über-»zeugt« mich. Ähnlich erging es den Leuten aus
Sychar mit Jesus nach dem Gespräch am Jakobsbrunnen (vgl. Joh
3,42).

Beispiele derartiger »Zeugnisse« kennt die Geschichte des Volkes
Gottes in Hülle und Fülle. Sie sind uns vertraut aus dem Leben der
»Heiligen«. Viel mehr Menschen als die uns bekannten Heiligen (und
gewiß auch mancher sogenannte Ketzer) haben auf diese Weise
bezeugt und überzeugt, daß Gott lebt und lebendig macht, daß sein
Geist erneuert und umwandelt, daß er Früchte und Gaben gibt, die
die Menschen und Gesellschaften der jeweiligen Zeit zum Leben
brauchen. Ob man die kleine oder große Teresa nimmt oder jene aus
Kalkutta, ob Don Bosco, Philipp Neri, Ignatius von Loyola, Domini-
kus, Franz von Assisi, den Kaufmann Waldes aus Lyon rund hundert
Jahre vor Franz oder die ersten Wüstenväter: Sie alle geben Zeugnis
mit ihrem Leben, daß Christus der Herr ist, von dessen Geist sie
ganz und in allem bestimmt werden. Sie haben gebetet, sich zu Gott
bekehrt und ihn so erfahren, daß sie ihn nicht mehr verlassen
konnten; und Gott hat sie geheilt, heilig gemacht. Und dies erzählen
sie ihren Brüdern und Schwestern.

1.4.2. Das Vorbild der Urkirche

Erst recht finden wir die Praxis des Zeugnisgebens am Ursprung
der Kirche. Als Petrus sich am Pfingstfest an die herbeigeströmten
Juden Jerusalems und die anderen Zuhörer wendet, gibt er ihnen
eine theologische ›Unterweisung‹, eine ›Lehre‹, um einen Sprachgebrauch der charismatischen Gebetsgruppen aufzugreifen; er schließt
seine Unterweisung mit einem persönlichen Bekenntnis: »dessen
sind wir alle Zeugen« (Apg 2,32). Nicht nur Zeugen der Auferstehung, eines bereits vergangenen Ereignisses, sondern Jesus hat »vom
Vater den verheißenen Heiligen Geist empfangen und ihn ausgegossen, wie ihr seht und hört!« (2,33). Die Zeugenschaft bezieht sich
also auf ein Ereignis in dem Augenblick, da Petrus redet. Und

zugleich werden seine Worte lebendig bezeugt durch den Heiligen Geist, wie »ihr seht und hört«. Somit ist es hier Gott selber, der sich im Zeugnisgeben von neuem tatsächlich vergegenwärtigt.

Die Apostelgeschichte berichtet auch von der Verwunderung der Vorsteher des Volkes, der Ältesten und Schriftgelehrten, die zwar das Zeugnis der Apostel von Jesus als dem Messias nicht annehmen wollen, aber konstatieren müssen, daß es die gleichen ungelehrten Männer sind, welche sie als solche wiedererkennen, die »mit Jesus gewesen waren« (Apg 4,13). Hier führt das Zeugnis nicht zum Glauben, obwohl sie alle Fakten in der Hand halten (»Wie sie nun den Geheilten bei ihnen stehen sahen, wußten sie nichts zu entgegnen« ... denn »daß ein unleugbares Zeichen durch sie geschehen ist, ... können wir nicht abstreiten«; 4,14.16). Auch die Möglichkeit der rechten Deutung muß ihnen gekommen sein, wie die Gamaliel-Episode zeigt. Doch da sie sich dem Herrn nicht in Demut und Buße öffnen, sich persönlich nicht in Frage stellen lassen, kommen sie nicht zum Glauben.

Von Philippus wird berichtet (Apg 8,5–8), wie er in einer Stadt Samarias den Messias verkündete. Das Volk lauscht seinem Zeugnis, »da es von den Wundern, die er wirkte, hörte und sie sah!«. Philippus kann also die Frohe Botschaft, die er zu verkünden hat, auch durch Zeichen handgreiflich werden lassen, so daß »große Freude in jener Stadt war«.

Weitergabe von Zeugnissen: Paulus — eine andere Form des Zeugnisses, die heute in den Gebetsgruppen wohl am häufigsten ist, hält die Apostelgeschichte von Paulus fest. Dreimal berichtet Lukas das Erlebnis vor Damaskus, zweimal so, daß Paulus es selbst erzählt. Die zum Teil voneinander abweichenden Details (vgl. 9,7 mit 22,9 – was Lukas selbstverständlich bewußt war) lassen darauf schließen, daß nicht nur Paulus selbst öfter davon gesprochen hat (vgl. Gal 1,15 f), um sich auszuweisen und Menschen zum Glauben zu führen (vgl. Apg 26,29), sondern daß man dies auch weitererzählt hat, so daß sich bereits verschiedene Erzähltraditionen geformt hatten.

Als der bisherige Verfolger nach seiner Taufe aus Damaskus nach Jerusalem flieht, sucht er dort Kontakt mit den Aposteln und Ältesten. »Alle aber fürchteten sich vor ihm, da sie nicht glaubten, daß er ein Jünger sei. Da war es Barnabas, der sich seiner annahm, ihn zu den Aposteln führte und ihnen erzählte, wie er auf dem Wege den Herrn gesehen, wie dieser mit ihm geredet und wie er dann in

Damaskus freimütig im Namen Jesu gepredigt habe« (9,26 f). Hier handelt es sich um den Bericht einer Bekehrung in ihren verschiedenen Etappen, den nicht einmal der Bekehrte selber erzählt; sein Freund gibt sein Zeugnis den anderen weiter. Daraufhin gehört Paulus zu ihrer Gemeinschaft.

Als er später mit Barnabas nach seiner ersten Reise nach Antiochien zurückkommt, versammelten sie die Gemeinde und berichtete er selber, »welch große Dinge Gott durch sie gewirkt und daß er den Heiden die Tür zum Glauben geöffnet habe« (14,27). Eine ähnliche Szene schildert die Apostelgeschichte zum Abschluß der dritten Missionsreise des Apostels, als er in Jerusalem im Hause des Jakobus mit den Ältesten zusammentrifft. »Er begrüßte sie und berichtete genau alles, was Gott durch seinen Dienst unter den Heiden gewirkt hatte« (21,19). Dieses Zeugnis vom Wirken Gottes führt zum Lob Gottes: »Als sie dies vernahmen, priesen sie Gott« (V 20a).

Zeugnis als Ereignis Gottes: Hier lernen wir ein Kriterium echten Zeugnisses kennen: Zeugnisgeben dient gewiß auch der Information, aber damit ist es nicht zu Ende. Denn es bringt nicht bloße Nachricht, sondern Frohe Botschaft! Der es berichtet, spricht voller Dank, weil er »mit der Erfahrung des Heils« beschenkt worden ist (vgl. Lk 1,77). Und die es hören, sagen Gott Dank für seine Herrlichkeit und jubeln ihm zu für sein lebendiges Wirken, das sie in ihren Brüdern erfahren. Ein Zeugnis, das nicht aus dem Lob Gottes kommt, ist kein Zeugnis! Und wo es nicht den Dank an Gott erweckt, ist es nicht verstanden worden.

Die ersten christlichen Gemeinden lebten in einem viel stärkeren Maß als unsere heutigen aus solchem Zeugnis. In ihnen geschah Gott! Die theologische Unterweisung war eins mit Ereignissen, die man sehen und hören konnte. Sie wurde von gewandelten Menschen vorgetragen, deren Bekehrung und Lebenswandel für Gott zeugten. Sie erfüllte sich in Ereignissen, die spontan Dank hervorriefen.

Denn christlicher Glaube kommt ja aus Ereignis! Jesus von Nazaret ist das Ereignis Gottes! Nicht als Reflexion oder Lehre haben wir Gott kennengelernt, sondern als Heilenden haben wir ihn erfahren; im Geschehen der Freimachung von Sünden, in tätiger Liebe und unbestechlicher Gerechtigkeit, im Verkünden unseres Vaters, der uns zuerst geliebt hat; und dies alles konnten wir sehen

und hören und betasten. Gott ist Ereignis, und wir müssen von ihm
– gewiß nicht nur, aber auch – in Ereignissen berichten können.
Unser Glaube, der aus diesem Ereignis kommt, muß auch wieder zu
Ereignis führen, da wir lebendige Glieder des Leibes Christi sind. Es
ist nicht möglich, daß jemand Christ ist und kein Zeugnis zu geben
hätte.

1.4.3. Chancen und Schutz vor Mißbrauch

Die Vorteile des Zeugnisgebens sind nicht zu übersehen. Ein
Theologe muß für seine Verkündigung einige Jahre studieren; aber
Zeugnis geben im oben beschriebenen Sinn kann jeder Mensch.
Diese Form der Verkündigung setzt nichts voraus, das nicht jeder
hätte: ob arm oder reich, jung oder alt, Laie oder Priester, Frau oder
Mann: Gott erweist sein erbarmendes Wirken in jedem. So ist der
ganze Leib lebendig, nimmt jeder bewußt Anteil durch seine Gabe
des Dienstes, des Zeugnisses, am Aufbau des Ganzen.

Im Zeugnis, das jeder Christ entsprechend der ihm verliehenen
Gnade mitteilt, geschieht so etwas wie ein kleines Heilshandeln
Gottes. Im Teil bildet sich das Ganze ab. Indem in meinem Leben
Heil geschieht, nehme ich existentiell an der Heilsgeschichte des
Volkes Gottes teil; und umgekehrt bildet sich die Heilsgeschichte
der Kirche, mit Altem und Neuem Testament, gewissermaßen in
meinem Leben ab. Was sich in der abstrakten Begrifflichkeit
theologischer Genauigkeit oft verliert, wird hier in der Praxis eines
Lebens auseinandergefaltet, so daß jeder es sehen und hören und
verstehen kann: Gott liebt mich tatsächlich.

Solange ich nur ›über‹ Gott rede, kann ich leicht an ihm
vorbeireden und mich selber auch noch abseits halten. Denn nicht
ich muß mich stellen, sondern irgendein Es steht im Mittelpunkt.
Sobald ich aber vor andere trete, gehe ich heraus aus meinem Ver-
steck, das sehr verschiedenartig sein kann. Ich habe Gott gleichsam
im Geist geschaut und bin nun auch offen für die Menschen.

Wo in einer Gemeinde so Zeugnis gegeben wird, wird der
Glaube lebendiger, wirklicher. Man kann sich besser auf ihn stützen
und andere durch ihn halten. Die Gemeinde wird neu die Früchte
des Heiligen Geistes erfahren und weitere Gaben erhalten, die sie
braucht, um Christus zu leben. Sie wird aber auch die Gefährdungen
wahrnehmen, auf die man achten muß.

Typische Gefahren: Wir haben in Gruppen gelegentlich so etwas wie einen »Leistungsdruck« zu Zeugnissen oder zu zündenden Zeugnissen beobachtet. Manchmal wird auch viel Unwesentliches erzählt; der Erzähler versucht – meist unbewußt –, sich selbst in den Vordergrund zu spielen. Oder man schildert nur die lichten Höhepunkte, die man erlebt, und weckt bei neuen falsche Erwartungen oder auch den Eindruck, als seien die Konsequenzen von Buße und Liebe nicht auch manchmal schmerzvoll; die Zuwendung Gottes nimmt nicht alle Probleme, macht uns aber tragfähig (vgl. Mt 11,30). Um solche Korrekturen soll sich der Leiter einer Gruppe kümmern.

Theologisch gesehen bleiben Zeugnisse gelegentlich im Vordergründigen stecken und geben den Blick nicht zur Verherrlichung Gottes frei. Hier und dort tauchen auch Sprechweisen auf, die theologischer Reflexion nicht standhalten; dann machen sich Zeugnisse selbständig und ordnen sich in ihrer Deutung nicht gläubiger Theologie und dem Glauben der Kirche unter. Die größte Gefahr unkritischen Zeugnisgebens liegt wohl darin, daß Gott in einer Weise »dingfest« gemacht werden soll, die seinem Wesen – unverfügbare Liebe – nicht entspricht. Doch entgeht dieser Gefahr auch jener nicht, der persönliche Zeugnisse grundsätzlich ablehnt oder wer sie nachzuahmen sucht und sie nicht in ihrer Einmaligkeit stehen läßt. Sie wollen ja einmaligen Glauben wecken, nicht Imitation.

1.5. Persönliche Berichte

Wagen wir es also, einige Menschen zu Wort kommen zu lassen. Das neuartige Wirken Gottes in unseren Tagen wird anschaulicher, wenn einzelne Menschen von dem Weg erzählen, den Gott sie geführt hat. Die folgenden Beispiele stehen für viele. Das erste führt uns zurück an den Anfang der siebziger Jahre.

1.5.1. »Von Marx zu Christus« – ein Student

Meine Erstkommunion war für mich eine persönliche Begegnung mit Christus, und ich war lange Zeit gern Ministrant. Später aber wurde mein Beten zusehends trockener. Zur gleichen Zeit erfaßte eine neue Heilswelle große Teile der Jugend, die gegen das spießbürgerliche Leben selbstzufriedener Wohlstandsbürger opponierte. Auch in unserer Klasse wurde es »in«, links zu sein. Meine Freunde und ich versuchten es damit innerhalb der Kirche und brachten sogar ein recht ansehnliches Blatt heraus, um den »Dialog« zu suchen. Doch er wollte uns nicht gelingen.

Dann machte ein neues Thema Schlagzeilen: die »Jesuswelle«. Mit dem festen Vorsatz, einen negativen Artikel über die Jesus-People zu schreiben, fuhr ich eines Tages in das Zentrum der Jesus-Leute in unserer Stadt. Zuerst dachte ich, ich hätte mich vielleicht in der Adresse geirrt. Als aber dann ein langhaariger Hippie auf mich zukam und mich freudestrahlend begrüßte, erkannte ich: Dies mußte ein echter Jesus-People sein. Ich starrte ihn ungläubig an. Nach und nach wurde es voller in dem kinoähnlichen Saal. Junge Leute kamen, umarmten sich und tauschten ihre Erfahrungen mit Jesus aus. Sie sprachen von ihm, als ob es ihn wirklich gäbe und er ihr Leben beeinflusse. Als dann das »Jugendmeeting« nach einigen rhythmischen Liedern und schlichten Gesängen in Gebet überging, wurde ich neidisch. Mir strahlten eine Liebe und ein Frieden von den Gesichtern der jungen Menschen entgegen, wie ich sie so noch nie unter Menschen erlebt hatte – beim Beten schon gar nicht. Das waren hier keine Sektierer oder weltfremden Frömmler, sondern junge, dynamische Menschen, die Freude am Leben hatten durch ihren Glauben.

Der junge Pastor hielt dann eine Predigt, die mich bis ins Innerste traf. Er sprach mit einer Begeisterung und Lebendigkeit von Jesus, wie ich es von einer katholischen Kanzel nie gehört hatte. Ich wußte: Hier mußte ich noch öfter herkommen. Hier wurde das Evangelium zeitgemäß verkündigt, ohne zu einer harmlosen Mitmenschlichkeitsphilosophie verwässert zu werden.

Ein anderes Mal sprach der Pastor von jenen Leuten, die ungeheure Energie investieren, um nicht Christ werden zu müssen. Sie studieren viele Bücher, in denen gesagt wird, warum man kein Christ werden soll, oder in denen der Glaube »problematisiert« wird. Und dann wundern sie sich, daß ihnen Gott problematisch ist. »Würden jene Leute die gleiche Energie investieren, um Gott zu finden«, fuhr er fort, »dann könnten sie alle schon mit Hiob sagen: ›Ich weiß, daß mein Erlöser lebt‹ (19,25).«

Ich erkannte mich in dieser Predigt wieder. Auch ich war solch ein Mensch, der seine ganze Aktivität für die falsche Richtung einsetzte. Deshalb beschloß ich, mich zu ändern. Ich wollte prüfen, ob man Gott wirklich so persönlich erfahren könnte, wie die Jesus-Leute es behaupteten.

Als erstes las ich das Neue Testament. Das hatte ich noch nie zuvor in meinem Leben getan, wie ich zu meiner Schande eingestehen muß. Dabei spürte ich, wie meine Liebe zu Jesus wuchs. Früher war er für mich nur ein Sozialrevolutionär, der gegen das Establishment protestierte. Jetzt las ich zum ersten Mal, wie er wirklich war. So wollte ich auch werden. Diesem Jesus möchte ich nachfolgen. Das war mein fester Wunsch.

Aber immer noch nagte der Zweifel: Ob das wirklich alles stimmt, was im Neuen Testament steht? Ob Jesus wirklich auferstanden ist? Vielleicht sind das alles nur gut erdachte Geschichten!

Da tat ich den zweiten Schritt: Ich betete wieder. Zunächst hatte ich den Eindruck, dies wäre nur ein Selbstgespräch, mein Gebet würde nur bis zur Zimmerdecke dringen. Deshalb betete ich einfach um Glaubensgewißheit: Wenn es Gott wirklich gibt, dann sollte er mir die Gewißheit seiner Existenz so unmißverständlich schenken, daß es bei mir keinen Zweifel mehr gäbe.

Abends in meinem Bett begann ich mit dem Herrn im Gebet zu ringen wie Jakob seinerzeit am Jabbok, bis es mir wie Schuppen von den Augen fiel: Nicht Gott verbarg sich vor mir, sondern ich hatte durch die falsche Ausrichtung meines Lebens eine Mauer um mich errichtet, durch die seine Stimme nicht mehr durchdringen konnte. Nicht Gott war vor mir weggelaufen, sondern ich vor ihm.

In dem Augenblick, wo mir dies bewußt wurde, durchströmten mich eine Wärme und Freude, die mich aus dem Bett riß. Mitten in der Nacht setzte ich mich an meinen Schreibtisch, machte Licht und dankte Gott für seine Liebe zu mir. Die Tränen liefen, und ich spürte, wie ich von diesem Augenblick an ein neuer Mensch wurde. Plötzlich war ich mir nicht mehr so wichtig mit meinen Komplexen und meiner Eigenliebe, wichtig war nur noch eines: daß möglichst viele Menschen Gott erfahren und aus seiner Liebe zu leben beginnen. Nur hierin liegt der Schlüssel zur Lösung der Menschheitsprobleme und einer kirchlichen Erneuerung.

In den ersten Wochen nach diesem Erlebnis fühlte ich mich wie von Zentnerlasten befreit und hatte eine Liebe zu den Menschen in mir, wie ich sie bis dahin nicht gekannt hatte. Ich ging oft zu der Gemeinde. Nach einiger Zeit lernte ich katholische Priester und Laien kennen, die die gleichen Erfahrungen mit dem Heiligen Geist gemacht und einen Gebetskreis gebildet hatten, der zu meiner geistlichen Heimat in der katholischen Kirche werden sollte.

1.5.2. »Wie soll das geschehen?« – ein Ehepaar

Wir, mein Mann und ich, sind schon einige Jahre eng verbunden mit einem Familienkreis der Fokolarini. Hier ist es Brauch, jeden Monat einen Satz der Heiligen Schrift zu betrachten. Wir nennen es »das Wort des Lebens«.

Einmal lautete das Wort: »Wie soll das geschehen?« (Lk 1,34) Wir fuhren in dieser Zeit zu einem Pfingsttreffen der Charismatischen Erneuerung. Das Wort des Lebens ging in meinem Herzen mit, und zwei Dinge waren es, die mich bewegten. Wie soll das geschehen, daß der Herr uns seinen Heiligen Geist schenkt? Das zweite war ein Problem, das mich über viele Jahre schon sehr belastete: Es war mir nicht möglich, mit meinem Mann innerlich eine tiefe Gemeinschaft zu haben; zudem waren wir durch äußere Not und meine schwere Krankheit so sehr belastet, daß ich eines Tages weglaufen wollte. Ich hatte nicht mehr die Kraft zur Versöhnung. Es gab einen Raum in mir, der so etwas wie eine geistige Klausur war: ›Gott und ich.‹ Was da geschah, konnte ich keinem mitteilen. Ich litt sehr darunter, daß unsere Ehe keine Einheit war; so hielt ich dem Herrn immer wieder das Wort hin: »Wie soll das geschehen?« – mehr traurig als hoffend, daß da tatsächlich etwas geschehen könnte.

Nun, unsere Ankunft war dann auch recht traurig. Wir bekamen wegen einer Nichtigkeit Streit, und fast wären wir wieder weggefahren. Doch die Vernunft siegte, und wir versöhnten uns wieder. Das war der Pfingstsamstag. Abends fanden sich alle Teilnehmer zu intensivem Gebet ein. Es war, als wenn wir zusammen im Abendmahlssaal unter Bitten und Flehen den Herrn um seinen Geist baten, arm und leer, aber voll Erwartung. So bekam dieser Abend noch eine tiefe Stille und Sehnsucht.

Am Pfingstsonntag wachte ich morgens auf und nahm wie gewohnt, noch so im Halbschlaf, ein Büchlein zur Hand, in dem für jeden Tag ein Wort der Schrift kurz ausgelegt war. Diesen Morgen war es: »Wer nicht alles läßt, der kann mein Jünger nicht sein.« Es traf mich wie ein Pfeil mitten ins Herz. Ich wußte auf einmal, was der Herr wollte. Er wollte, daß ich mit meinem Mann alles teilte. Auch mein innerstes Leben mit Ihm.

Ich ging in die Kapelle, mußte sehr weinen; aber es waren Reue und Freude zugleich, weil ich nun wußte, was ich falsch gemacht hatte. In der heiligen Messe war es mir, als ob der Herr mir sagte: Nun teil doch aus. Du hast so lange mit mir gelebt; gib weiter, was du erfahren hast!

Ich spürte: eine neue Phase meines Lebens begann. Abends haben wir wieder alle zusammen gebetet, und man spürte, daß der Heilige Geist mächtig in unserer Mitte wirkte. Es war nur natürlich, als einige Priester sagten, sie seien jetzt bereit, mit einzelnen in persönlichen Anliegen zu beten. Plötzlich sagte mein Mann: »Ich will gehen, um mir die Hände auflegen zu lassen.« Ich hatte denselben Wunsch. Mein Mann fragte mich: »Um was willst du denn bitten?« Ach, sagte ich, ich habe eine so große Sehnsucht nach dem Heiligen Geist. Dann waren wir still. Auf einmal kam mir der Gedanke: Warum gehen wir eigentlich nicht miteinander, wo wir doch vor Gott zusammengehören? Ich sagte das meinem Mann, und er antwortete: »Ich habe auch daran gedacht, wagte aber nicht, es zu sagen.«

Was dann geschah, ist fast nicht in Worten zu sagen. Wir waren so glücklich, wie es nicht einmal am Hochzeitstag möglich war. Daß der Herr einem so viel Freude und Kraft schenken kann, hätte ich nicht für möglich gehalten, obwohl ich sicher schon viele Jahre alle Kraft und Freude aus dem Leben mit Gott erhielt. Aber das war eine neue Kraft des Heiligen Geistes! Und diese Freude hielt an.

Jetzt, nach Jahren, staunen wir, wieviel Gott aus diesem gemeinsamen Miteinander- und Füreinander-Beten hat wachsen lassen für unsere Familie, für unsere Pfarrgemeinde und darüber hinaus für viele Jugendliche und Gebetsgruppen. Preis dem Herrn, er schenkt wirklich »neues Leben im Heiligen Geist«.

1.5.3. »Ich vertrau auf den Herrn!« – ein Ordensmann

Aufgewachsen bin ich in einem normal katholischen Elternhaus. Mein Glaube war wohlbehütet, getragen vom Glauben und der Frömmigkeit meiner Familie.

Schon sehr früh äußerte ich den Wunsch: Ich möchte Priester werden. Dieser Wunsch wurde von meinen Eltern nicht nur akzeptiert, sondern stark gefördert. So ging ich mit diesem Berufs-ziel aufs Gymnasium; und eigentlich sind in dieser Zeit keine

Ereignisse aufgetreten, die mich in meiner Überzeugung irregemacht hätten. Der Weg schien klar. Ich trat in eine Ordensgemeinschaft ein und begann mit dem Theologiestudium.

Mein Glaube war eher traditionell, anerzogen; und ich spürte bald, ich muß eine eigene religiöse Basis und Tiefe finden, die mich durchtragen kann. Doch alle Versuche, dem Herrn in einer echten Tiefenerfahrung zu begegnen, schienen zu scheitern. Das Theologiestudium und meine rationale Begabung taten nun das Ihre, daß mein Glaube eher flacher und leerer wurde. »Weltliche Spiritualität« war das Schlagwort. Gott wurde für mich zu einem rationalen Problem, er interessierte mich: So war mir meine Zukunft klar: Ich wollte »professioneller« Theologe werden, Lehrer der Theologie. Ich war gerne bereit, dem Herrn und seiner Kirche zu dienen, aber zu meinen Bedingungen; ich hatte festumrissene Vorstellungen von meinem Leben mit dem Herrn.

In dieser Zeit der Sicherheit kam der große Einbruch: Ich verliebte mich in ein Mädchen und sah meine Existenz radikal in Frage gestellt. Dazu kamen menschliche Schwierigkeiten in meiner Gemeinschaft, so daß auch diese als Basis wegfiel. Das, was ich mir an Resten von Spiritualität bewahrt hatte, konnte nicht tragen, ich stand vor den Trümmern meiner Zukunft. Ich spürte nur eines: Meine Berufung war geblieben, mein Lebensziel war weiterhin Leben für den Herrn. Aber wie? Als Verheirateter? Als Laie?

In dieser Situation nahm mich ein Freund mit zu einer Gebetsgruppe, die gerade entstanden war. Hier machte ich zum ersten Mal die Erfahrung, wie sehr und wie tief das gemeinsame Beten zum Herrn hinführen kann. Aber irgendwie erfuhr ich diese Nähe negativ. Ich fühlte: Der Herr läßt mich nicht los, er will mich haben. Ich kam mir vor wie ein Fisch an der Angel, der nicht loskommt.

Da erwachte in mir Trotz: Das Risiko, mich dem Herrn total zu überliefern, war mir zu hoch. Ich hatte meine Vorbehalte und wollte sie nicht aufgeben. Ein ganzes Jahr lang — ich machte ein Freisemester — suchte ich meine Identität, lief ich hinter mir her. Gruppendynamik, Meditation, alles machte ich mit, um mich zu finden. Ein ganzes Jahr lang kämpfte ich mit dem Herrn, ich wollte frei sein. Ich versuchte, den Herrn zu provozieren. Sünde war für mich keine Sünde mehr — »Was ist schon Sünde — ich will meine Bedürfnisse befriedigen« —, sondern ein Mittel, den Herrn herauszufordern. Ich spürte, wie es immer tiefer ging mit mir, und da bekam ich Angst.

Ich wollte heraus aus diesem Kreis, in dem ich um mich selbst kreiste.

Freunde aus dem Gebetskreis, zu dem ich weiter Kontakt gehalten hatte, luden mich ein, zu einem Treffen der Charismatischen Erneuerung an Pfingsten mitzukommen. Mit beiden Händen griff ich nach dieser Chance, das Alte hinter mich zu bringen und mit dem Herrn neu anzufangen.

In dem ersten persönlichen Gespräch mit einem Priester erzählte ich von meinen Schwierigkeiten, Herz und Kopf in Einklang zu bringen: Einerseits befiehlt der Kopf kritische Distanz, andererseits will das Herz sich total verschenken. Nach einem längeren, tiefen Gespräch legte mir der Mitbruder die Hände auf und betete in Sprachen über mir. Er gab mir ein Wort vom Herrn, eine Prophetie, daß der Herr mich in meiner Schwachheit annimmt, und sagte Dinge, die ich in meinem tiefsten Innern verborgen glaubte. Ich fühlte den Herrn auf einmal ungeheuer nah; ich zweifelte keinen Moment, daß der Herr hier mich ganz persönlich ansprach. In mir war eine ungekannte Freude, und diese Erfahrung der Nähe des Herrn hat mich tagelang begleitet. Wo immer ich ging oder stand – ich mußte beten; ich spürte, wie es in mir betete.

So lernte ich in diesen Tagen erst, was Gebet für mich bedeutet. Ich erfuhr, wie der Herr mich freimachte, wie er durch seine Nähe die Verhärtungen in mir löste. Ich stellte fest, daß der Herr mich liebte und daß ich nie aus seiner Liebe herausgefallen war. Es war ein stiller Neuanfang, ohne großes Getöse, ein ganz langsames Wachsen auf den Herrn hin. Ich hatte wieder ein Ziel: Ich wollte den Herrn selbst – nicht mehr und nicht weniger.

1.5.4. »Ich möchte mein Leben für Gott leben« – eine Jugendliche

Ich wußte gar nicht, daß zwischenmenschliche Beziehungen so hemmen können. Wohl spürte ich, daß zwischen mir und einem Teilnehmer unserer Gruppe etwas nicht richtig läuft und daß es mit an mir liegt (Egoismus). Aber ich hatte nicht die Kraft, reinen Tisch zu machen... Endlich sprach ich mit Z. darüber, und plötzlich war alles enthüllt und ans Licht gekommen.

Wir beteten um Heilung und für unsere Gruppe. Ich fühlte mich so gestützt vom Gebet der anderen, daß ich ans Telefon ging und den Betreffenden anrief und ihn um ein Gespräch bat (diesen Schritt hätte ich längst tun sollen). Am nächsten Abend kam er dann. Ich sagte ihm meine Schwierigkeiten mit ihm, und wir versöhnten uns. Anschließend gingen wir zu den anderen. Ich bat sie, mit mir um völlige Heilung zu beten, daß nichts von dieser Zwiespältigkeit zurückbleibt, und um Liebe.

Am nächsten Tag ging ich frohen Herzens an die Arbeit, und als ich nachmittags heimkam und zu beten anfing, quoll es plötzlich aus meinem Munde; ich kriegte mich fast nicht mehr vor Freude. Wie gut ist doch Gott. Ja, all mein Egoismus, mein Nicht-verzeihen-Können hat ihn nicht hindern können, mich doch zu lieben. – Diese neue Sprache ist ein sehr großes Geschenk für mich. Es ist unbegreiflich, in welche Tiefen man dabei kommt und wie frei man wird. Wenn ich eine Stunde in dieser Sprache bete, komme ich mir immer wie neu geboren vor, wie wenn man aus dem Bad steigt.

Ich merke auch, daß meine Aggressionen schwinden und daß ich fähig bin zur Liebe. Von meiner Seite ist nur nötig, daß ich mich Gott total öffne, das andere macht alles er. Aber auch daß ich mich ihm öffne, ist nur deshalb, weil er mich zieht, sonst könnte ich es gar nicht. Wie groß ist doch Gott, daß alles in seinen Händen liegt. Ich habe auch im Geist gesungen. Man betet so dahin, und plötzlich fängt man an zu singen; und dabei komme ich in Tonlagen, Höhen und Tiefen, die ich normal gar nicht erreiche. Ich kann das gar nicht beschreiben... Es ist fest, daß ich mein Leben für Gott leben möchte. Daran ist nichts mehr zu rütteln – nach Pfingsten und nach all den Erfahrungen.

1.5.5. »Pastoral des Gebetes« – ein Bischof

Uribe Jaramillo, Bischof von Sanson Rio Negro in Kolumbien, gab im Frühjahr 1980 folgendes Interview:

Frage: Wie sind Sie auf die Charismatische Erneuerung gekommen?

Bischof: Seit elf Jahren bin ich Bischof. Während eines Exerzitienkurses lieh mir einer der Teilnehmer eine theologische Zeitschrift aus den USA mit einem Artikel über die »katholischen Pfingstler«. Trotz meiner anfänglichen Reserve fand ich ihn, je weiter ich darin las, theologisch solide und von der Lehre her nicht anfechtbar. Ich wollte mich gründlicher unterrichten. Schließlich genügten einige weitere Bücher, um mich zu überzeugen.

In der Folge bat ich dann einen Priester mit seinem Team, zunächst unseren Priestern und danach den Ordensfrauen Exerzitien zu geben. Es war wichtig, daß von allem Anfang an die Seelsorger nicht am Rand blieben, sondern genügend informiert waren, um die Entwicklung zu fördern.

Dann geschah eines Tages, während ich allein im Gebet weilte, daß mir die Gabe des Sprachengebetes geschenkt wurde. Seit mir das gegeben war, nahm ich die Verbindung zu dem Leitungsteam der Charismatischen Erneuerung auf, die in Kolumbien schon in Gang gekommen war.

Frage: Was hat sich in Ihrem Leben als Priester und Bischof geändert, seit Sie der Charismatischen Erneuerung angehören?

Bischof: Für mich war am wichtigsten der Wandel, der in meinem persönlichen Leben vor sich ging. In meinem ganzen Priesterleben hatte ich dank der Gnade Gottes ein Leben des Gebetes und der Vereinigung mit dem Herrn geführt. Ich hatte mich intensiv dafür eingesetzt, anderen die Lehre vom Priestertum Christi nahezubringen. Aber nun habe ich einen wichtigen Faktor neu entdeckt: die Macht des Heiligen Geistes. Ich hatte in meinen Predigten viel von ihr gesprochen; aber ich hatte ihre Wirklichkeit noch nie so tief erfahren wie jetzt.

Jeden Tag entdecke ich mit neuer Klarheit, wie ich meine Identität als Priester und Bischof zu leben habe; wie ich mich durch das Wirken des Heiligen Geistes umwandeln lassen muß, um immer mehr der Person Christi, des Priesters und Heilands, zu gleichen. Ich glaube, daß wir in der Kirche den Irrtum begangen haben, den priesterlichen Dienst auf bestimmte Punkte eingeschränkt und andere ausgeschlossen zu haben, die dennoch von fundamentaler Bedeutung sind. Für mich besteht heute der Reichtum des priesterlichen Dienstes darin, zu tun, was der Herr getan hat: die Eucharistie zu feiern, die Sünden zu vergeben, die Frohe Botschaft zu verkünden, die Menschen zu trösten, die eine Prüfung durchmachen, für die Heilung der Kranken und die Befreiung der vom Teufel Bedrängten zu beten — mit einem Wort: die Botschaft des Herrn in ihrer ganzen Fülle weiterzusagen.

Frage: Was ist heute die Hauptorientierung Ihrer Seelsorge?

Bischof: Ich habe entdeckt, daß die Pastoral eine Pastoral des Gebetes sein muß. Das halte ich für den wichtigsten Punkt. Je mehr ich in die Erneuerung eindringe, um so mehr wird mir bewußt, daß ich immer mehr ein Werkzeug in den Händen des Herrn werden muß. Das setzt ein Leben inniger Vereinigung mit ihm voraus, die ihre Quelle im Gebet, im innigen Austausch mit ihm besitzt.

Ich verstehe meinen bischöflichen Dienst keineswegs so, als ob er zuerst der Verwaltung der Diözese gelten müßte. Nein, wenn ich Bischof bin, dann zuallererst für das Gebet. Die Pastoral des Gebetes bringt sehr konkrete Konsequenzen mit sich. Wenn ich früher Besucher empfing, beschränkte ich mich darauf, sie anzuhören, ehe ich ihnen zu ihren verschiedenen Problemen meinen Rat erteilte. Heute lade ich meinen Gesprächspartner, nachdem ich ihm genügend zugehört habe, ein, mit mir zu beten, auf daß der Herr selbst uns die Lösung des Problems eingebe. Wenn es dann dazu kommt, daß ich einen konkreten Rat gebe, dann ist er eine Frucht des Gebetes und nicht wie früher ein äußerliches Wort, das der Betreffende verstandesmäßig aufnimmt.

Jeden Mittwoch gehe ich in die nahe Großstadt Medellin (2 Mill. Einwohner), um die Leute zu empfangen. Und es kommen sehr viele aus den unterschiedlichsten sozialen Schichten. Immer bildet sich eine lange Schlange von Wartenden, und jeder reiht sich, so wie er gekommen ist, ein. Trifft der Arme als erster ein, dann kommt er vor dem Reichen, der nach ihm kam, an die Reihe. Es wird nie einer bevorzugt; unter keinem Vorwand.

Wenn die Leute mit ihren materiellen und ebenso mit ihren geistlichen Problemen kommen, begnüge ich mich nicht mehr damit, ihnen zu sagen, daß ich für sie beten will. Ich bete *mit* ihnen. Das hat eine ganz andere Wirkung! Denn wenn der Besucher mit mir betet, erhält er die Kraft und das Licht, um sein Problem selbst zu lösen. Für viele beginnt damit der Weg der Bekehrung und der Heilung, zumal wo es um Haß geht, um Angst und Komplexe. Während sie beten, entdecken sie, daß sie verzeihen müssen. Sie bekennen ihre Sünden.

Der Herr tut zwar nicht immer das gleiche, aber oft schenkt er zur inneren Heilung auch die des Körpers. Wir haben mehrere erstaunliche Heilungen erlebt, z. B. von Knochenmarkentzündung, Krebs und Kinderlähmung. Es ist ein Dienst, der sich immer reicher entfaltet und der sich jeden Tag neu auftut ... Da immer mehr Menschen zu mir kommen, delegiere ich die Verwaltungsarbeit an andere.

Die Erneuerung hat unsere ganze Pastoral umgestürzt. Sie ist wieder wie die Urkirche geworden, nämlich gestützt auf das Wirken des Heiligen Geistes und der Charismen. Der Akzent liegt auf dem Gebet, dem Wort Gottes, den Sakramenten und dem Gemeinschaftsleben. Die Erneuerung besagt, daß der ganze Mensch in allen Dimensionen seiner Existenz sich voll dem Handeln des Geistes öffnet.

Dies sind nur einige Beispiele unter Tausenden – das weiß vor allem der Seelsorger. Niemand wird nun von solchen Menschen eine Perfektion erwarten, aber immer wieder darf man erfahren, wie sich derartige Impulse im Lebensbereich der betreffenden Menschen bewähren. Gott wirkt durch menschliche Schwäche hindurch. Darin liegt auch der Grund, warum in solchen Zeugnissen meist so viel ›Positives‹ zu hören ist, so viele ›Erfolgsmeldungen‹: Weil sie nicht primär von sittlichen Leistungen der Menschen, sondern vom Wirken Gottes reden. Und Gottes Handeln ist immer ›positiv‹; auch wo er Leid zuläßt, kommen von ihm Kraft und Ermutigung. Und wenn er korrigiert, gibt er zugleich die Verheißung einer Wandlung.

Wenn unsere Verkündigung oft so schnell zu einem moralischen Leistungsdruck führt und statt der Zusage sofort die Forderung nennt, möchte man fragen: Haben wir uns Zeit genommen, erst einmal die Liebe Gottes anzunehmen? Glauben wir ihm, daß er uns liebt, oder gehen wir unbewußt davon aus: ›Wenn wir nicht selber etwas tun, geschieht nichts‹? Seelsorgliche Erfahrung vieler Jahre zeigt, daß in den meisten Fällen in dieser Änderung unserer Grundeinstellung der Schlüssel liegt. »Nicht darin besteht die Liebe, daß wir Gott geliebt haben, sondern daß er uns geliebt hat« (1 Joh 4,10).

1.6. Zur Situation in der Weltkirche

Wie man aus der bisherigen Darstellung der spirituellen Grundelemente ersieht, handelt es sich bei diesem charismatischen Aufbruch um so zentrale geistliche Geschehnisse, daß es unmöglich ist, sie innerhalb der Kirche abzugrenzen. Und selbst soweit sich aufgrund derartiger Geist-Erfahrungen soziologisch greifbare Initiativen und Gruppierungen gebildet haben, bleibt es schwer, dieses Gesamtphänomen zu fassen, zumal es quer durch alle Konfessionen geht. Diese Offenheit wird schon sichtbar in den verschiedenen Namen, die in der katholischen Kirche dafür gebraucht werden: Neben dem internationalen »Charismatic Renewal« sagt man im französischen Sprachgebiet gern »le Renouveau dans l'Esprit« (die Erneuerung im Geist); man spricht generell einfach von »der Erneuerung«, von »Charismatischer Bewegung« oder im deutschen Sprachgebiet auch von »Charismatischer Gemeinde-Erneuerung« und »Geistlicher Gemeinde-Erneuerung«. Soweit wir hier von der unter diesen Namen faßbaren Entwicklung sprechen, geschieht das in dem Wissen, daß es ähnliche Geisteswirkungen selbstverständlich auch sonst in der Kirche gibt, zuweilen unter anderem Namen, und daß insgesamt alles, was das Leben der Kirche ausmacht, vom Geist Gottes getragen ist. Die Begriffe werden also positiv, nicht exklusiv (ausschließend) gebraucht.

1.6.1. Ein Wort der belgischen Bischöfe

Als Beispiel für die zahlreichen Stellungnahmen von bischöflicher Seite sei hier eine Erklärung der Belgischen Bischofskonferenz vom Oktober 1979 kurz dargestellt: »Die Charismatische Erneuerung – ihre pastorale Bedeutung«.[7] Sie spricht von dem erstaunlichen Wachstum dieses Aufbruchs in der katholischen Kirche. »Heute gibt es Tausende von Gebetsgruppen charismatischer Prägung. Gleichzeitig bilden sich charismatische Lebensgemeinschaften der verschiedensten Form in allen Teilen der Welt.«

Der weitere Rahmen: Dieses Phänomen ist zunächst einzuordnen unter die »offenkundigen Zeichen religiöser Erneuerung«, die sich heute ganz allgemein zeigen: »Das Bedürfnis nach Gott meldet sich zusehends in Herz und Gewissen nicht weniger Zeitgenossen. Dieses spirituelle Erwachen äußert sich unter anderem in einer neuen Freude am persönlichen wie am gemeinschaftlichen Gebet; in einem wahren Verlangen nach Gottes Wort, im neuerwachten Interesse an Exerzitien, an Bibelgesprächen und an neuen Formen gemeinsamen Lebens nach dem Evangelium.«

Die Eigenart: Hat die Charismatische Erneuerung die bisher genannten Kennzeichen mit vielen geistlichen Aufbrüchen unserer Zeit gemeinsam, so trägt sie doch auch »ganz bestimmte, sie unterscheidende Züge. Zunächst: Es gibt keine offiziellen Gründer. Es handelt sich um einen spirituellen Aufbruch, der spontan und fast gleichzeitig in verschiedenen Kontinenten geschah.[8] Sodann hat die katholische Erneuerung ihren Ursprung in der Welt der Laien, näherhin der jungen Studierenden und Dozenten. Schließlich entsprang sie zuallererst – ganz ähnlich wie die ökumenische Bewegung – im nichtkatholischen christlichen Milieu und eröffnete von da her ein neues Feld für die Begegnung von Christen der verschiedenen Bekenntnisse.« Außerdem wird zur Namensgebung betont: »Von der Bezeichnung ›charismatisch‹ ist an sich niemand ausgeschlossen. Die ganze Kirche ist charismatisch, jeder Christ ist es kraft seiner Taufe. Hier dagegen ist eine bestimmte Bewegung«, eine »spirituelle Strömung gemeint«. Das Wort kann also in einem universalen und einem partikulären Sinn gebraucht werden, als Wesensaussage der Kirche und als Eigenname für eine bestimmte Strömung innerhalb der Kirche. Andererseits bringt das »Beiwort ›charismatisch‹ nicht alle Elemente der Erneuerung zum Ausdruck«, da es ihr neben dem »Charismatischen im engeren Sinne ... noch um viele andere Aspekte des christlichen Lebens« geht.

Bedeutung: Die entscheidende Frage, ob es sich dabei »bloß um schwärmerische Begeisterung« handelt oder »um ein Handeln Gottes in der Tiefe, das uns alle angeht«, wird in vier Schritten beantwortet.

1. Der Schlüssel zum Verständnis liegt in einem »intensiven Ernstnehmen der aktiven Rolle, die der Heilige Geist in der Kirche, in allen Bereichen ihres Lebens und der christlichen Erfahrung spielt«. Es handelt sich um »die Erfahrung einer Konversion, eines bewußten Anschlusses an Jesus Christus, den Herrn, Heiland und Erlöser, und um eine neue Empfänglichkeit für den Heiligen Geist«. Diese Realität einer »Zweiten Bekehrung« – um einen traditionellen Ausdruck zu gebrauchen – wird erfahren wie eine kostbare, erlesene Gnade (comme une grâce de choix)«.

2. In dieser Erneuerung sehen die belgischen Bischöfe mit Paul VI. eine »Chance für die Kirche«. »Und wie sollte man nicht mit allen Mitteln dahin wirken, daß sie sich als solche bewähre?«

3. Unter den »geistlichen Früchten« werden hervorgehoben eine Neuentdeckung Jesu als lebendiger Persönlichkeit, Gewinn einer geistlichen Freiheit, neue Freude an der Heiligen Schrift und am Gebet, brüderliche Verbundenheit im Heiligen Geist und Entfaltung des Familienlebens. – »Die Erneuerung hilft dem Christen, ohne menschliche Scheu und ohne Formalismus zu beten. Sie leitet ihn an, seinem Glauben und seinem Beten vollmenschlichen Ausdruck zu

geben, so daß Geist, Gemüt und Körper auf ihre Weise mitbeten. Sie kennt alle Inhalte des christlichen Betens: Anbetung, Lobpreis, Vertrauen, Reue, Hingabe, Freude, Dank. Solch von Glaube und Lobpreis getragenes Beten ist zugleich eine religiöse, moralische und psychologische Therapie, die unserer Zeit bei ihrer religiösen Blutarmut so not tut.«

4. Um die »Einbindung in die Kirche« zu fördern, soll der Priester »mit den Gläubigen einfach Christ sein, *für sie* aber Priester« (Augustinus). So muß die Kirche »in ihren Hirten offen sein für derartige Geist-Erfahrungen, aber sie muß ihnen auch ihre pastorale Unterstützung bieten«, damit sie die »Gefahren vermeiden«: »übertriebenes Fixiertsein auf die Charismen, die Gefahr des Subjektivismus, übertriebenen Supranaturalismus und eine falsche Unmittelbarkeit sowie die pietistische Versuchung einer gewissen religiösen Euphorie.« Schließlich wird die Einbindung von Lebensgemeinschaften in das Leben der Pfarrei und Diözese als pastorales Anliegen betont.

Insgesamt ist diese Erklärung eine Ermutigung, damit der Geist wirklich wehen kann, »wo Er will«. Denn diese Erneuerung sei »ein Gnadenangebot Gottes«, das wie alle Gnade zum Mittun auffordert.

1.6.2. Dokumente von Mecheln, Indonesien, USA

Bis zum Jahr 1980 sind 18 regionale und 7 internationale Erklärungen von bischöflicher Seite erschienen, die durchwegs eine Ermutigung und Hilfe für die Charismatische Bewegung darstellen, wobei sie auch auf die Schwierigkeiten und Gefahren hinweisen.[9] Im folgenden sollen fünf weitere Texte kurz vorgestellt werden.

Das erste Mechelner Dokument: Auf Einladung von Kardinal Suenens erarbeitete eine kleine internationale Gruppe von Theologen und Laien im Mai 1974 »Theologische und pastorale Orientierungen über die Katholische Charismatische Erneuerung«;[10] ein grundlegender Text, der leider im deutschen Sprachraum viel zuwenig Beachtung gefunden hat. Er betont die trinitarische und ekklesiologische Basis dieses Aufbruchs und nimmt Stellung zu vielen praktischen Fragen und möglichen Gefährdungen. Auch die Probleme der Selbstbezeichnung werden ausgewogen dargestellt (IV D): »Bewegung« — nicht im Sinn menschlichen Organisierens; »charismatisch« — nicht eingeschränkt auf bestimmte Charismen oder bestimmte Personengruppen, sondern: »Die Erneuerung läßt sich das volle Leben im Geist und das volle Spektrum der Gaben angelegen sein«; »spirituelle oder geistliche Erneuerung« – es vermeidet einige der vorher genannten Schwierigkeiten, wird aber von jeder geistlichen Erneuerung verwendet und daher von anderen leicht »als Anmaßung« empfunden.

Eine der Schlußbemerkungen hat inzwischen viel Bestätigung erfahren: »Die Charismatische Erneuerung stammt von der Kirche, ist in der Kirche und breitet sich aus. Es liegt jedes Anzeichen dafür vor, daß sie ein dauernder Ausdruck des Lebens der Kirche bleiben wird. Also hat man es nicht mit einer vorübergehenden Mode zu tun. Die Erneuerung sieht ihre theologische Basis in einer Erneuerung des Taufbewußtseins (Taufe, Firmung, Eucharistie). Ihr Interesse ist es, das christliche Leben als Ganzes durch die Kraft des Geistes unter der Herrschaft Jesu zu erneuern.«

Indonesische Richtlinien: An dem Text der Indonesischen Bischofskonferenz von 1983 fällt auf, daß trotz des anderen Kulturraumes die gleichen Phänomene und auch die gleichen Schwierigkeiten beschrieben werden: »Wir sehen die Früchte des Heiligen Geistes im Leben derer, die der offiziell anerkannten Charismatischen Erneuerung folgen. Deshalb sollten die Pastoren und Leiter der Gläubigen die Charismatische Erneuerung nicht aufgrund eines Vorurteils von vornherein ablehnen.« Man könne sehen, wie dieser geistliche Impuls mehr und mehr »in das Leben und in die Aktivität der Ortskirche integriert« wird und ebenso »in das ganze sakramentale und liturgische Leben« – ein Prozeß, der in der ganzen Welt in den letzten 15 Jahren zu beobachten ist. Um das Mißverständnis einer Abwertung der Taufe zu vermeiden, möge man statt »Geisttaufe« lieber sagen: »Ausgießung des Geistes oder ähnlich«. Schließlich eine Frage der Inkulturation: »Manche meinen, die Charismatische Erneuerung entspreche nicht der indonesischen Kultur, weil in unserer indonesischen Kultur die Beherrschung der Gefühle sehr hochgeschätzt wird, während in der Charismatischen Erneuerung eine Tendenz besteht, Gefühle zu steigern. Darum sollte man sich bemühen, die Charismatische Erneuerungsbewegung unserer einheimischen Kultur anzupassen und zu integrieren.«

Ein pastorales »Statement« aus den USA: Im August 1984 brachte eine Kommission von 7 amerikanischen Bischöfen und zwei weiteren Theologen mit Zustimmung der Bischofskonferenz der USA eine Revision der bischöflichen Stellungnahme von 1975 heraus. War die erste Stellungnahme zwar wohlwollend, aber doch zurückhaltend, so wirkt das Bischofswort aus diesem Land, das die längsten Erfahrungen mit der Charismatischen Erneuerung hat, nun nach 17 Jahren außerordentlich ermutigend.

»Als eine Bewegung innerhalb der Kirche ist die Charismatische Erneuerung verwurzelt im Zeugnis des Evangeliums.« Hilfreich ist die Unterscheidung zwischen den »zentralen Elementen« und den »freigewählten, jeweils entsprechenden Ausdrucksformen« (»optional means«): Wie alle Erneuerungsbewegungen geht die Charismatische Erneuerung auf die gemeinsamen Grundelemente zurück: Die Bundesliebe des Vaters, die Herr-schaft Jesu, die Kraft des Geistes, sakramentales Leben und Gemeindeleben, Gebet, Charismen und die Notwendigkeit der Evangelisation. Die konkrete Art und Weise aber, die geschichtlichen Formen, in welchen die Charismatische Erneuerung diese notwendigen Elemente des Evangeliums verwirklicht (»incarnates«), stehen allen Christen frei, zum Beispiel »Gebetsgruppen, Lebensgemeinschaften, Seminare« u. ä. »Insofern die Erneuerung die bleibende, zentrale Wirklichkeit zu ihrer eigenen Sache macht, kann man sie nicht als etwas Peripheres im Leben der Kirche abtun. Die Charismatische Erneuerung ist deutlich in und für die Kirche, nicht neben der Kirche.«

Grundlage ist die persönliche Beziehung zum Dreifaltigen Gott, Erneuerung des christlichen Lebens, der Familien, Gemeinden und Gemeinschaften. Wenn hier viele bezeugen, »im Heiligen Geist getauft worden zu sein« und »Geistesgaben wie Sprachengebet, Prophetie und Heilung« empfangen zu haben, so müsse man diese geistliche Realität anerkennen. »Es wäre schwierig, das Wirken des Geistes zu hemmen... Wir sollten Gott dankbar sein, daß er in unseren Tagen diese Gaben und Gnaden ausgießt, mit denen er die Kirche an ihrem Anfang gesegnet hat.« Besonders hervorgehoben wird die Rolle der Laien: »Von den Anfängen auf Universitätsebene bis zur Bildung von Tausenden von Pfarr-Gebetsgruppen« haben Laien diese Erneuerung getragen, die einen bedeutenden Beitrag geleistet habe »zur Verlebendigung des Pfarrlebens auf dem Gebiet der Liturgie, Musik, Evangelisation, Schriftlesung, Gebet und Jugendarbeit... Die breite Charismatische Erneuerung sieht sich zuinnerst den Aufgaben der Diözesen und Pfarreien verbunden.«

Die »pastoralen Orientierungen« im 2. Teil behandeln Fragen

wie Evangelisation, soziale Aufgaben, Einführungsseminare, Heilungs- und Befreiungsdienst, Leitungsaufgaben von Laien und das Engagement der Priester und Bischöfe. Zu dem häufigen Vorwurf des Fundamentalismus heißt es, daß dieses Problem »auch allgemein in der katholischen Bevölkerung zu finden und nicht auf die Charismatische Erneuerung beschränkt« sei. Es werde hier nur deutlicher spürbar, weil mehr in der Heiligen Schrift gelesen wird. Allerdings werde auch manches zu Unrecht so abgestempelt: »Wer glaubt, daß Christus tatsächlich Wunder getan und Dämonen ausgetrieben hat und daß eben dieser Jesus von den Toten auferweckt wurde, darf nicht des Fundamentalismus bezichtigt werden.«

Schließlich wird die ökumenische Bedeutung dieser Erneuerung dankbar hervorgehoben. Wenn in einzelnen Fällen Katholiken die Kirche verlassen, weil sie anderswo geistliche Hilfe erfahren, so habe das häufig keine dogmatischen, sondern pragmatische Gründe. Oft seien sie der Überzeugung, »daß sie in ihren Pfarrgemeinden nicht die Nahrung und Gemeinschaft finden, nach der sie ein echtes, berechtigtes Bedürfnis haben« (»an authentic need«). Dies macht nur die Notwendigkeit einer gesamtkirchlichen Erneuerung und eines gesunden Ökumenismus um so dringlicher.

»Eine Bewegung in der Kirche sollte die Möglichkeit haben, mit einer gewissen Freiheit zu handeln und Initiativen zu ergreifen. Unter Wahrung dieser Handlungsfreiheit gibt es doch eine wechselseitige Verantwortlichkeit ... zwischen den Bischöfen und denen, die in der Erneuerung sind.« Das Dokument schließt: »Wir machen uns die Sicht von Yves Congar zu eigen: ›Die Charismatische Erneuerung ist eine Gnade für die Kirche.‹ Wir versichern diejenigen, die in der Charismatischen Erneuerung sind, der Unterstützung von seiten der Bischöfe der Vereinigten Staaten und wir ermutigen sie in ihren Bemühungen, das Leben der Kirche zu erneuern.«

1.6.3. Offizielle Texte im deutschen Sprachraum

Erneuerung der Kirche aus dem Geist Gottes: Unter diesem Titel nahm die Deutsche Bischofskonferenz im Mai 1981 den Text einer Theologenkommission »zustimmend zur Kenntnis« mit der Bitte um einige Präzisierungen. Der Untertitel lautet: »Zum gegenwärtigen charismatischen Aufbruch in der katholischen Kirche der Bundesrepublik Deutschland und zu seinen Auswirkungen im Leben der

Gemeinden.«[11] Der recht umfangreiche Text (ca. 60 Seiten) bringt nach einer theologischen Grundlegung: »Der Geist Gottes als Lebensprinzip in Schöpfung und Heilsgeschichte« einen mehr katechetischen Teil: »Stufen des Christwerdens für Getaufte«.

Die bewußt vollzogene Grundentscheidung des Christen wird im Anschluß an Eph 4,2 als »Geist-Erneuerung« bezeichnet. Im Rahmen eines Erwachsenenkatechumenats werden die Teilnehmer eingeladen, diesen Schritt vor Zeugen zu tun, die dann mit ihnen — oft unter Handauflegung — beten. Je nach Lebenssituation kann dabei einer der drei folgenden Akzente deutlicher hervortreten: 1. Umkehr und persönliche Glaubensentscheidung; 2. erneute Annahme des sakramentalen Gnadenangebotes (Tauf- und Firmerneuerung) und 3. ein Sich-Öffnen für den Heiligen Geist und seine Gaben. »Ob und in welchem Maß bei der Geist-Erneuerung zugleich auch eine Geist-Erfahrung« (z. B. Geist-taufe) »geschenkt wird, bleibt Geheimnis der gnädigen Führung Gottes und ist dem Menschen nicht verfügbar.«

Der dritte Teil spricht von den Gnadengaben und bringt anhand der Aufzählung von 1 Kor 12,8–10 jeweils eine kurze Charakterisierung. »Das Wort Charisma (= Gnadengabe) bezeichnet eine aus der Gnade (Charis) erfließende, jeweils von Gott besonders zugeteilte Befähigung zum Leben und Dienen in Kirche und Welt.« Den Schluß bildet ein pastoraler Teil: »Weg zur Erneuerung der Kirche.« Dem Text ist eine »Ordnung« angefügt.[12]

Gemäß der Einleitung will diese »theologische und pastorale Orientierung eine Hilfe sein für das geistliche Leben der Gebets- und Gemeindegruppen, ihre Dienste in Kirche und Gemeinden fördern und Fehlentwicklungen vermeiden helfen. Sie soll allen in der Seelsorge Verantwortlichen eine Darstellung des charismatischen Aufbruchs in der katholischen Kirche der Bundesrepublik Deutschland geben und der Urteilsbildung aller dienen, die ihm begegnen.« Wir werden unten in Teil 3 bei den Sachfragen mehrmals auf diesen Text zurückgreifen.

Ein österreichisches Arbeitspapier: Im Frühjahr 1985 erschien als »Arbeitsgrundlage«: »Geistliche Gemeinde-Erneuerung, Grundentscheidung – Sakramente – Charismen.«[13] In Fortführung des oben dargestellten Textes von 1981 wird hier versucht, ein theologisches und pastorales Gesamtbild zu entwerfen, in das die aus dem charismatischen Aufbruch kommenden Impulse und andere integriert sind. Allerdings tritt dabei das Spezifische des charismatischen Aufbruchs etwas zurück. Die Bezeichnung »Geistliche Gemeinde-Erneuerung« möchte die Schwierigkeit, die das Wort ›charismatisch‹ auslöst, umgehen und zugleich andeuten, daß die ganze Gemeinde dazu eingeladen ist. Freilich tritt dann die andere, im ersten Mechelner Dokument erwähnte Schwierigkeit wieder stärker hervor.[14] Geistliche Erneuerung einer Gemeinde entsteht selbstverständlich aus dem Zusammenwirken aller Glieder, indem jeder seine Berufung und seine Lebensform einbringt. Der Name wird aber hier einerseits zur Bezeichnung des Gesamtprozesses in der Gemeinde, andererseits als Selbstbezeichnung einer Trägergruppe verstanden, mit »Sprechern« und »Gremien« (Nr. 10); und es wird ausdrücklich betont: »Geistliche Gemeinde-Erneuerung ist nicht die einzige Form von Gemeinde-Erneuerung« (9 und 285). Somit wäre genauer zu fragen, wer sich mit diesem Namen angesprochen fühlt.

Das Geleitwort spricht ferner davon, daß »in den verschiedenen geistlichen Erneuerungsbewegungen« heute »ein grundlegender gemeinsamer Impuls« spürbar werde. Der vorliegende Text wolle zeigen, wie diese Erneuerungsbewegungen »gemeinsam fruchtbar werden für die Erneuerung der Kirche und der Gemeinden«. Selbstverständlich fließen alle derartigen Impulse in einer lebendigen Ortsgemeinde zusammen. Aber werden sie sich in dem hier vorgelegten Sinn als »Geistliche Gemeinde-Erneuerung« bezeichnen? Oder sollen unter diesem Namen wenigstens alle Erneuerungsbewegungen zusammengefaßt werden (vgl. 284), gleichsam in ihr integriert? »Charismatische Gemeinde-Erneuerung« war bisher nicht so verstanden worden,[15] wenn sie sich auch nie als Mitgliederverband, sondern als offene, allgemeine Strömung gesehen hat (vgl. dagegen Nr. 2. 249 und 280). Die »Geistliche Gemeinde-Erneuerung in der Evangelischen Kirche« versteht sich (trotz dieses Namens) nicht als Überbau, sondern als »Teil des weltweiten (charismatischen) Aufbruchs« und als »Erweckungsbewegung innerhalb der Kirche«.[16] Die Einleitung und der Anhang des österreichischen Arbeitspapiers dagegen stellen die Geistliche Gemeinde-Erneuerung als etwas die verschiedenen Erneuerungsbewegungen Übergreifendes dar und grenzen sie andererseits von einer (verkürzt dargestellten) »Charismatischen Erneuerung« ab. Was in der Weltkirche unter diesem Namen verstanden wird, ist jedenfalls weiter zu fassen, wie aus den hier angeführten Dokumenten ersichtlich ist.

Dahinter steht die Frage, ob die Entwicklung im deutschen Sprachraum anders und eigenständig verlaufen sei. Gewiß hat der katholische charismatische Aufbruch in vielen Ländern eine eigene Note, aber größer als dies ist die Gemeinsamkeit. Hat diese nicht ihren Grund darin, daß Gott in der ganzen Kirche auf ähnliche Weise handelt? Diesem Wirken Gottes gilt es zu entsprechen, ohne neue Grenzen zu ziehen. Geistliche Erneuerung der Gemeinde ist selbstverständlich ein Anliegen, das jedem lebendigen Christen aufs Herz gelegt ist, auch und gerade denen, die in der Charismatischen Erneuerung engagiert sind. Wenn also der Eigenname »Geistliche Gemeinde-Erneuerung« wie bei unseren evangelischen Brüdern als Bezeichnung eines Impulses in die Kirche interpretiert wird, der neben anderen zum Wohl des Ganzen beizutragen sucht, mag er richtig verstanden werden. Schwierig dagegen wird es, wenn er zugleich das Ganze der Gemeinden abzudecken sucht. Dann könnten sich manche »vereinnahmt« fühlen und könnte andererseits ein falsches Sendungsbewußtsein die Folge sein.

Der Arbeitstext bringt immerhin viele theologische Klärungen und pastorale Hinweise, die von allgemeinem Interesse sind, und kann darum viele Anregungen geben. Weihbischof Kuntner schließt sein Geleitwort: »Das vorliegende Dokument ist ein Anfang, offen für weitere Entwicklungen, für Besseres und Tieferes: ›Löscht den Geist nicht aus! Prüft alles, und behaltet das Gute‹ (1 Thess 5,19.21).«

1.6.4. Äußeres Wachstum

Zahlen: Fragt man nach der Zahl der Katholiken, die sich regelmäßig in Gemeinden oder charismatischen Gruppen treffen, so ist sie bei dieser offenen Bewegung nur schwer zu gewinnen. Es gibt darüber keine Statistik, aber man hört Zahlen über 100.000 nicht nur von Kanada und Frankreich, sondern auch von Korea; in den USA sind es über 1 Million. In den Ländern Lateinamerikas treten sie vielfach im Rahmen der »Basisgemeinden« in Erscheinung; in der Diözese Sanson Rio Negro/Kolumbien waren es 1982 etwa 40.000, das sind 10 Prozent der Einwohnerschaft. Zahlreich sind die Gebetsgruppen auf den Philippinen und erstaunlich hoch ist ihr Anteil in den relativ kleinen Kirchen Asiens und Afrikas; die kleine Insel Mauritius zählte allein 15.000. Auf dem Internationalen Treffen in Dublin, Pfingsten 1978, waren über 20.000 katholische Christen zusammengekommen, darunter 17 Bischöfe und über 1000 Priester. Vom Pfingstfest 1981 wird berichtet: In Puerto Rico trafen sich 13.000, in Sri Lanka 25.000 katholische Christen mit ihren Bischöfen zu einem Abschlußgottesdienst, dem in Sri Lanka eine 24stündige Gebetsvigil vorausging. In Nordirland brachten die Gebetsgruppen etwa 10.000 Protestanten und Katholiken zusammen zu einem Versöhnungsgottesdienst; und im Gebiet von New Jersey/New York waren es etwa 25.000 in 138 ökumenischen Nachbarschaftstreffen. Beim ersten europäischen ökumenischen Pfingsttreffen 1982 in Straßburg waren 25.000 Teilnehmer bei der Schlußveranstaltung, und seit mehreren Jahren kommen jeden Sommer in mehreren großen Treffen in Paray le Monial/Frankreich insgesamt bis zu 15.000 Menschen aus ganz Europa zusammen. Paray ist die Heimat von Margareta Maria Alacoque, von der im 17. Jahrhundert die Herz-Jesu-Verehrung ausging. Die Treffen sind gekennzeichnet durch eine starke eucharistische Frömmigkeit. In Krakau war der Dom bei einem »Seminar« im Frühjahr 1985 mehrere Tage überfüllt. Dies sind nur einige Beispiele.

In der Bundesrepublik Deutschland zählt man zur Zeit etwa 8000 regelmäßige Teilnehmer an katholischen Gebets- und Gemeindegruppen. Im Juni 1985 waren bei vier gleichzeitigen Regionaltreffen insgesamt etwa 3500 katholische Christen. Kurz zuvor waren beim Österreichtreffen in Linz etwa 6000 Menschen beim Schlußgottesdienst. Darüber hinaus gibt es bei uns viele Katholiken, die an einschlägigen Einführungs- und Vertiefungstagungen, Exerzitien und ähnlichem teilgenommen haben. Der Aufbruch, um den es hier geht, ist aber noch breiter gestreut.

Selbständige Anfänge: In Uganda, wo in den ersten Jahren 95 Prozent aller Gebetsgruppen aus Jugendlichen bestanden, gab es einen solchen charismatischen Aufbruch in der Jugend bereits vor dem Kontakt mit den USA. Es wird verschiedentlich berichtet, daß völlig selbständige Anfänge entstanden sind, wobei die betreffenden Menschen erst im nachhinein bei anderen die gleichen Gaben entdeckten und sich dann mit ihnen zusammenschlossen. Neben zahlreichen Bekehrungserlebnissen, Befreiung aus seelischen Zwängen, den Gaben des Gebetes und einer besonderen Führung (auch Sprachengebet und Prophetie) wird immer wieder von der Gabe der Heilung berichtet.

Verkündigung des Evangeliums: Besonders hinzuweisen ist auf den missionarischen Elan an vielen Orten. In Paris ist eine Art Volkshochschule mit etwa 2000 Hörern ins Leben gerufen worden, die neben der Glaubensverkündigung auch viele andere Disziplinen anbietet. Außerdem gehen wöchentlich viele Gruppen auf die Straße, um mit den Menschen von Christus zu sprechen. Träger dieser Initiativen ist die Immanuel-Kommunität, in der sich über 2000 Personen zusammengeschlossen haben, davon allein in Paris 1200. Ihr Leiter, ein ehemaliger Rechtsanwalt, sagte bei einem Leitertreffen in Rom: »Der Heilige Geist möchte Zeugen haben. In der Enzyklika Evangelii Nuntiandi hat Paul VI. gezeigt, wie die verschiedenen Mittel der Verkündigung einander ergänzen, vor allem das Zeugnis des Lebens und des Wortes. Wir werden niemals unsere Gebetsgruppen leiten können, wenn wir nicht den Hunger und Durst erfahren haben, den die Welt nach dem Wort Gottes hat. In jedem Menschen hat Gott etwas geschaffen, dazu bestimmt, um vor den Wundern Gottes zu vibrieren. Jeder hat diese geistliche Saite, durch die der Herr uns ruft, seine Liebe zu beantworten. Und wenn die Menschen in unserem Gebet und Lobpreis dieses geistliche Geheimnis spüren, dann merken viele zum ersten Mal, wie diese Saite in ihnen zum Schwingen kommt. In Paris waren manche Passanten überrascht, daß wir keine Freikirche waren, und ihre Augen leuchteten auf: ›Katholiken? Aber ihr seht glücklich aus!‹«

Man hört von ähnlichen Initiativen in Grenoble, Madrid, Mailand und Brüssel, aus Großbritannien, Ruanda, Kamerun, von der Elfenbeinküste und bei uns von kleinen Anfängen in Bonn und Würzburg. »Der Heilige Geist läßt sich nicht zurückweisen, von keiner Stadt, keiner Sitte, keiner Schwierigkeit.«

1.6.5. Internationale Kontakte – Rom

Internationale Konferenzen: Nach dem ersten Treffen von Verantwortlichen in der Charismatischen Erneuerung aus aller Welt im Jahre 1974 in Rom fand hier 1975 ein erstes Internationales Treffen mit etwa 10.000 Teilnehmern statt. Auf den »Internationalen Leiterkonferenzen der Charismatischen Erneuerung in der Katholischen Kirche« in den Jahren 1982 und 1984 konnte man einen Einblick gewinnen in die Kraft und die Ausmaße, welche dieser Aufbruch inzwischen erreicht hat. Das »Internationale Büro für katholische

Charismatische Erneuerung« (ICCRO), das 1982 von Brüssel nach Rom umgezogen ist, lud Delegierte aus über 100 Ländern ein. In der außerordentlich bunten Zusammensetzung aus allen Rassen und Kulturen wurde Weltkirche eindrucksvoll sichtbar. Fast alle waren Mitglied einer nationalen Dienstgruppe in ihrem Land (»national service committee« oder ähnlich). Den Vorsitz führte Kardinal Suenens; Bischof Paul Cordes, Vizepräsident des Päpstlichen Rates für die Laien, sprach ein Grußwort. Die Leitung der Tagung lag jeweils bei den elf Mitgliedern des »Internationalen Rates der Charismatischen Erneuerung«, die durch geistliche Vorträge, durch die zeugnishaften Berichte aus den verschiedensten Ländern und durch viel Raum für gemeinsames Beten und Singen die Voraussetzungen schufen für eine geistliche Atmosphäre von großer Dichte, welche besonders die Eucharistiefeiern bestimmte.

Das Internationale Büro sorgt mit ganz geringen Kräften durch Besuche, Veranstaltungen und die zweimonatigen »Newsletters« für Informationen, Querverbindungen und geistlichen Austausch. Es trug auch die Verantwortung für die Priesterexerzitien im Oktober 1984 in der Audienzhalle des Vatikan, wo etwa 6000 Priester, unter ihnen 118 Bischöfe, aus aller Welt zusammenkamen, nicht nur aus den Kreisen der Charismatischen Erneuerung. Es waren Tage von großer geistlicher Kraft.

Zum Ort in der Kirche: P. Tom Forrest CSsR, der damalige Leiter des Internationalen Rates, sagte 1982 in seinem Eröffnungsvortrag, die Charismatische Erneuerung stehe in der Weltkirche an einer Wende. Die erste Stufe, sozusagen das Kindheitsstadium, war dadurch gekennzeichnet, daß Gott alles selbst tat und uns die Dinge leicht machte – ähnlich wie Franziskus anfangs vom Segen Gottes überschüttet wurde, mit Offenbarungen und der Erfahrung seiner Liebe ebenso wie mit der herzlichen Freundschaft seiner Brüder. Nun beginne die zweite Stufe, die zur Reife führen soll. »Wir sind uns mehr unserer eigenen Schwäche bewußt geworden und müssen viel demütiger werden. Wir sind keine Superkatholiken. Auf den Ruf Gottes müssen wir zuerst dadurch antworten, daß wir persönlich heilig werden. Alles andere kommt danach. Wir sind auch nicht die einzige Erneuerung in der Kirche, aber wir sind ein Teil von Gottes Plan. Wichtig ist also, daß wir den Platz einnehmen, an dem Gott uns haben will. Ferner müssen wir eine Sprache finden, daß die ganze Kirche darauf hören und sie verstehen kann. Der Umzug unseres Büros von Brüssel nach Rom ist ein Zeichen dafür, daß wir vom Rand in das Zentrum der Kirche vorstoßen müssen; auf der regionalen Ebene heißt das: in das Zentrum der Diözesen und Pfarrgemeinden. Ziel ist nicht eine Erneuerung in der Kirche, sondern eine Erneuerung der ganzen Kirche, von der wir ein Teil sind.« Das bedeutet also: Indem wir unsere Gliedfunktion richtig wahrnehmen, helfen wir zugleich zur Erneuerung aller Glieder.

Wort des Papstes: In ähnlicher Weise sprach Papst Johannes Paul II. 1982 bei der Sonderaudienz der Delegierten von »diesem wichtigen Werk zur Erneuerung in der Kirche und zur Erneuerung der Kirche«.[17] Mit Freude beobachte er bei den Leitern der Erneuerung eine »umfassende Sicht der Kirche«. Paul VI. habe im Jahre 1975 »Die Bewegung für Erneuerung im Geist als eine Chance für die Kirche und für die Welt« beschrieben, »und die sechs Jahre seit jenem Kongreß« hätten »jener Hoffnung recht gegeben: Die Kirche hat die Früchte der Gebetshingabe gesehen in eurer vertieften Verpflichtung zur Heiligung des Lebens und zur Liebe zum Wort Gottes. Und ebenso haben wir eure Großzügigkeit gesehen, Gottes Gaben in Gerechtigkeit und Liebe mit jenen zu teilen, die in dieser Welt benachteiligt sind, so daß alle Menschen die unschätzbare Würde erfahren, die sie in Christus haben.« Schließlich hebt der Papst den großen ökumenischen Auftrag dieser Erneuerung hervor, angesichts der »Erfahrung reicher Gaben des Heiligen Geistes, die auch unseren getrennten Brüdern und Schwestern zuteil wurden«.

1.6.6. Ökumene

In der Tat können wir diesen geistlichen Aufbruch in der katholischen Kirche nicht losgelöst von den Erfahrungen in den anderen christlichen Konfessionen betrachten.

Vorgeschichte: Bereits am Beginn des 20. Jahrhunderts gab es ähnlich geartete Erweckungen in reformatorischen und orthodoxen Kreisen, und zwar selbständige Anfänge in Topeka (Kansas), Los Angeles und Wales, aber auch in Estland, Südrußland, Armenien und Indien, was meist weniger bekannt ist.[18] John Wesley (1703–1791), der Begründer des Methodismus, hatte von einer Erfahrung der »christlichen Vollkommenheit« gesprochen, welche in der späteren Heiligungsbewegung »Zweiter Segen« oder auch »Geistestaufe« genannt wurde.[19] In Verbindung mit diesem Erfüllungserlebnis tritt seit dem 1. Jänner 1901 in breiterem Maß das Sprachengebet auf. C. F. Parham hatte mit den Schülern einer Bibelschule in Topeka (Kansas) über die Bedeutung des Sprachengebetes im Neuen Testament nachgedacht und dann um diese Gabe gebetet. Es wurde zunächst einem und dann allen Gliedern dieser Gruppe geschenkt. Ähnliches wird in den nächsten Jahren nicht nur aus den USA, sondern auch aus vielen europäischen Ländern berichtet. Da die großen Kirchen diesen Aufbruch nicht zu integrieren vermochten, entstanden daraus zum Teil freie »Pfingstkirchen«. Eine solche Bildung von Freikirchen bedeutet freilich angesichts des protestantischen Kirchenbegriffs nicht dasselbe, wie wenn Katholiken sich von ihrer Kirche trennen würden.

Unsere Brüder, die Pfingstler: Besonders schmerzlich vollzog sich dieser Prozeß im deutschen Protestantismus, wo es zu einem scharfen Bruch innerhalb der pietistischen »Gemeinschaftsbewegung« kam.[20] Für diejenigen, die mit ihren neuen Erfahrungen verdächtigt wurden, begann eine leidvolle Geschichte,[21] in einer Zeit, da die Christen allgemein wenig Toleranz und Verständnis füreinander hatten. Allmählich bildeten sich verschiedene Pfingstgemeinden, in denen jenes pfingstliche Geschenk gehütet und immer wieder neu erfahren sowie der Umgang mit den neuen Geistesgaben in einem geordneten, an der Heiligen Schrift orientierten Gemeindeleben entfaltet wurde. Im Jahr 1979 schlossen sich fünf deutschsprachige Gemeinschaften zu einem »Forum freikirchlicher Pfingstgemeinden« zusammen, die sich ökumenisch neu geöffnet haben und in einem brüderlichen Dialog mit der »Charismatischen Erneuerung« innerhalb der größeren Kirchen stehen. Auf Weltebene haben Gespräche zwischen dem Einheitssekretariat in Rom und einer pfingstlerischen Delegation unter Führung von David du Plessis (1970–1976) ein neues gegenseitiges Vertrauen geschaffen.[22] Während die Pfingstkirchen in Deutschland verhältnismäßig klein geblieben sind, stellen sie in der Weltkirche neben den katholischen, orthodoxen und reformatorischen Kirchen inzwischen einen vierten Block dar (etwa 40 Millionen), der heute — besonders in der dritten Welt — verhältnismäßig am stärksten wächst.

Neupfingstlerische Gemeinschaften: Seit den fünfziger Jahren kann man von einer zweiten großen Welle charismatischer Erfahrungen sprechen. Es bilden sich »überkonfessionelle« Vereinigungen, deren Mitglieder aber in ihren bisherigen Kirchen verbleiben. Von diesen

»neupfingstlerischen« Gruppierungen haben eine starke Ausstrahlung die »Geschäftsleute des vollen Evangeliums International« (GDVEI), »Jugend mit einer Mission« und mehrere »Christliche Zentren«, etwa das »CZB« in Berlin unter der Leitung von Pastor Volkhard Spitzer.[23] Trotz aller Problematik einer kirchlich nicht oder nur lose eingebundenen Verkündigung muß man sagen, daß vielfach das Bemühen vorhanden ist, die Menschen nicht nur zu Christus, sondern auch zu ihrer Heimatgemeinde zu führen.

Innerkirchliche Erneuerung: Im Unterschied dazu, wenn auch oft angeregt durch pfingstlerische und neupfingstlerische Initiativen, formierte sich ebenfalls seit den fünfziger Jahren in den meisten christlichen Konfessionen (in der römisch-katholischen Kirche seit 1967, wie wir oben sahen) ein ähnlicher geistlicher Aufbruch, der sich von vornherein als innerkirchliche Erneuerung verstand und sich nach einiger Zeit »Charismatische Erneuerung« nannte, um nicht mit den Pfingstlern und Neupfingstlern (Pentecostals) verwechselt zu werden. In dieser Gesamtentwicklung erlebten katholische Christen oft mit Dankbarkeit, »daß alles, was von der Gnade des Heiligen Geistes in den Herzen der getrennten Brüder gewirkt wird, auch zu unserer eigenen Auferbauung beitragen kann«.[24] So ist seit langem ein Integrationsprozeß im Gange, wobei die neuen geistlichen Erfahrungen entsprechend der jeweiligen Tradition gedeutet und gestaltet werden. Dazu gehört, daß sie mehr und mehr im Leben der verschiedenen Kirchen ihren Platz finden und zugleich nichts von ihrer ökumenischen Weite und Offenheit verlieren. So fördern sie den »geistlichen Ökumenismus«.[25]

Ökumenischer Rat: Im Herbst 1979 veranstaltete die Untereinheit »Erneuerung und Gemeindeleben« des ÖRK in Genf eine Umfrage bei allen Mitgliedskirchen, welche Bedeutung sie diesem charismatischen Aufbruch zumessen. Im Bericht einer »Konsultation« vom März 1980 heißt es:[26] »An der noch nie dagewesenen Zahl von Antworten« und ihrem Inhalt »erkennen wir, daß die charismatische Erneuerung geographisch wie ekklesiastisch weit stärker verbreitet ist, als allgemein in kirchlichen Kreisen angenommen wird. Wir glauben, daß die Kirche insgesamt ermutigt werden kann, die Spannungen und Belastungen, die diese Erneuerung mit sich bringt, als Geburtswehen einer Kirche zu bejahen, die sich in Schmerz und Freude erneuert.«[27]

2. Die Christuserfahrung des Apostels Paulus:

Ein biblisches Zeugnis und heutige Glaubenserfahrungen

2.1. Theologie aus Erfahrung

Der Christ lernt sich selbst verstehen im Hinhören auf die Heilige Schrift, und er versteht die Schrift im Wiedererkennen seiner eigenen Erfahrung mit Gott. So deutet die Schrift sein Leben, und sein Erleben erschließt ihm die Schrift. Im Pulsschlag dieses hermeneutischen Zirkels geschieht geistliches Wachstum, das voller Spannung und Leben ist.

2.1.1. Die Briefe des Apostels Paulus

In diesem Prozeß erweisen sich die Briefe des Apostels Paulus als besonders hilfreich. Wie kein anderer Zeuge der Urkirche steht er in seiner Persönlichkeit vor uns, da seine zahlreichen Briefe ganz von seinem Leben mit Gott geprägt sind. Sie sind ein klassisches Beispiel dafür, wie sehr Gott ›subjektive‹ Äußerungen benutzen kann, um ein ›objektives‹ Werk aufzubauen: die Kirche. Gewiß ist Paulus ein besonders qualifizierter Zeuge, aber er wird es dadurch, daß er es wagt, sich der Gemeinde auszusetzen: »Unsere Verkündigung geschah euch gegenüber nicht im Wort allein, sondern auch in Kraft und Heiligem Geist und großer Fülle – ihr wißt ja, daß wir unter euch so geworden sind aufgrund von euch« (das heißt: Die Kraft des Geistes konnte in mir so stark zum Zuge kommen, weil ihr mein Wort so gut aufgenommen habt – 1 Thess 1,5; vgl. 1 Kor 2,3–5; 2 Kor 4,2; Röm 1,16). Paulus begab sich mit seiner ganzen Person in dieses Spannungsfeld des Geistes. Seine sehr persönlichen Äußerungen, seine Spontaneität und Impulsivität blieben menschliche Eigentümlichkeiten bis hin zu Einseitigkeiten und Fehlern, aber sie wurden zum Raum der Offenbarung (Gal 4,14; 2 Kor 13,3).

2.1.2. Eine besondere Art der Theologie

Geschichtliche Offenbarung geschieht immer durch die konkrete Existenz von Menschen hindurch, aber in diesem Fall ist in besonderem Maße das persönliche Erleben, die innere Gestalt in Dienst genommen. Bei der Beschäftigung mit den Paulusbriefen habe ich mir oft die Frage gestellt: Woher hat Paulus diese Einsicht und diese Formulierung? Bei den Evangelisten führt diese Frage immer wieder zum geschichtlichen Jesus, auch wenn die Aussagen in der jungen Kirche manche Weiterbildung erfahren haben. Aber Paulus? Seine Texte werden erst verständlich, wenn man seine persönliche geistliche Erfahrung dahinter sieht. Er betont ja selbst, daß er das Evangelium durch eine Offenbarung bekommen und auch nachher nicht »Fleisch und Blut« zu Rate gezogen habe. Wenn auch seine formale Bildung und sein Sprachschatz weitgehend aus der rabbinischen Schule stammen, sind doch der Inhalt seiner Verkündigung und ihre zentralen Begriffe nur aus seiner inneren Erfahrung, wenn man will aus seiner ›Mystik‹ zu verstehen: »Der mich vom Mutterschoß an berufen hat, ihm gefiel es, seinen Sohn *in mir* zu offenbaren« (Gal 1,10–17).

Alles, was Paulus schreibt, hat er zunächst lebendig in sich wahrgenommen. Lesen wir seine Briefe unter dieser Rücksicht, beginnen sie zu leuchten. Die Darstellung seiner Christuserfahrung, die wir nun beginnen, ist darum kein Abgleiten in einen Subjektivismus, sondern lenkt die Aufmerksamkeit auf die zentrale Aufgabe aller Theologie: hinzuführen zu der Beziehung von Person zu Person. Wenn wir uns fragen: ›Was hat Paulus erlebt, wie muß ihm Christus begegnet sein, daß er so schreiben konnte?‹, schauen wir also in die Werkstatt christlicher Theologie, gleichsam in ihre Geburtsstunde, in der sich neue theologische Aussagen zum ersten Mal formten.

Diese Art der Theologie ist anders, als wir es gewohnt sind. Während wir meist theologische Aussagen lernen und sie annehmen, weil wir den betreffenden Autoritäten Glauben schenken (der Kirche, den Aposteln und Propheten, dem geschichtlichen und erhöhten Jesus), wendet sich Paulus direkt an den Jesus, der sich ›in ihm geoffenbart< hat. Damit vermeidet er eine Schwierigkeit, die uns sonst oft begegnet: *Wir* hören und lesen Worte, die von außen an uns herangetragen werden, und versuchen, sie innerlich nachzuvollziehen. Hier dagegen ist das erste das Angerührtsein und Betroffensein, also die innere Schwingung, was dann — oft mühsam — in Worte gefaßt werden will. Beide Ansätze bedürfen einander, sind notwendig komplementär und führen nur miteinander zu einem lebendigen Glaubenswissen. Denn wenn das durch Tradition Übernommene nicht wenigstens ansatzweise auf eine ähnliche Erfahrung in uns stößt, kommt nichts in Bewegung. Dieses innere Geschehen, wie es von Jesus her auf ihn zukommt, nennt Paulus ›Geist‹. Wir können dafür auch sagen: Von Gott geschenkte Bewegung, Vitalität, Lebendigkeit, Spontaneität, Betroffensein, Erfülltsein, inneres Licht, Antrieb, Frieden, kurz: ein ›Wind‹ (pneuma), der durch den Menschen hindurchgeht und ihn mitnimmt.

2.1.3. Schriftauslegung durch Zeugnis

Da die Schrift richtig nur in dem Geiste gelesen werden kann, in dem sie geschrieben wurde, braucht auch der Bibelleser Heiligen Geist. Eine solche aktuelle Berührung durch das Licht und die Liebe des erlösenden Gottes vermag den Ergebnissen der literarhistorischen Forschung erst den richtigen Stellenwert zu geben. Nur so wird die Schrift richtig ›interpretiert‹; und dies ist die innerste, unabdingbare Ordnung aller Schriftauslegung. Das bedeutet aber, daß die Gotteserfahrung jeder Zeit der *eigentliche* Schlüssel zur Bibel ist — ein Heilsereignis, welches in einer inneren Kontinuität und Identität zum biblischen Wirken und Wort Gottes steht. Wie aber erschließt sich dieses heutige Wirken Gottes? Nicht erst durch den Vollzug des Lehramtes, sondern grundlegend durch das Wirken des Geistes Gottes in allen Gläubigen. Dies ist ihr Anteil an dem »prophetischen Amt Christi«.[28]

Biblisches Zeugnis und der »Glaubenssinn des Volkes Gottes«[29] begegnen sich erst, wenn die der ganzen Kirche verheißene Erleuchtung des Geistes in die Auslegung der Schrift einfließt. Erleuchtung aber geschieht nicht nur im Verstehen, sondern ebenso im Leben und Erleben jener Heilserfahrung, von der auch die Schrift zeugt. Darum ist persönliches Zeugnis — sei es direkt oder indirekt — ein wesentlicher Bestandteil geistlicher Schriftauslegung. Denn nicht nur der Hagiograph bedarf göttlicher Eingebung (bei ihm nennen wir es ›Inspiration‹), sondern auch der heutige Leser und Exeget muß vom Geist ›inspiriert‹ werden. Praktisch läßt sich die Ordnung dieses ›Verstehens im Geist‹ (der hermeneutische Zirkel) so beschreiben: Durch die Begegnung mit Christus geht Paulus eine neue Welt auf: ein neues Licht, neue Maßstäbe, eine neue Atmosphäre, die er vorher nicht gekannt hat. Er kann das Eigentliche dieser Erfahrung mit Worten nicht wiedergeben; die Worte sind nur eine Hilfe, um bei dem Hörer/Leser bestimmte Lebenssituationen wachzurufen, sein Verhalten in eine bestimmte Richtung zu lenken, damit er selbst entsprechende Erfahrungen macht. Erst wenn er ähnliches in sich wahrnimmt, ›versteht‹ er die Worte wirklich.

Dieser Prozeß kommt während unseres Lebens nie an ein Ende. Wir werden uns also nicht nur von außen informieren, sondern werden auch auf die Erfahrungen in unserem eigenen Leben achten. Wie Paulus aus seinem Leben heraus reflektiert und formuliert, so ist es dann auch uns möglich, aus unserem Leben heraus unser Leben mit Gott zu formulieren. Der Mensch muß erst innerlich etwas geschmeckt haben, bevor er es sagen kann. Was man sonst schnell in einer Formel auswendig hersagt, wird dann transparent und lebendig. Und was wir als objektiven Text vorgelegt bekommen – obwohl es von Paulus her gesehen sehr subjektive Aussagen sind –, suchen wir persönlich nachzuvollziehen, um in die gleiche Wirklichkeit einzudringen. Dabei wird häufig in uns etwas aufgeweckt, von dem wir gar nicht wußten, daß es in uns ist, weil der Alltag es zugeschüttet hatte.

Wo aber haben die Gläubigen eine praktische Möglichkeit, diesen aktiven Vollzug ihres ›Glaubenssinnes‹ im Gemeindeleben einzuüben und auszuüben? Bei charismatischen Bibelkreisen, Gebetstreffen und Gottesdiensten wird großer Wert darauf gelegt – gelegentlich durch Unterteilung in Kleingruppen –, daß immer die Schrift im Mittelpunkt steht und ihre Auslegung von persönlichem Zeugnis durchsetzt ist. Und es kann nicht verwundern, daß hierbei neben der Apostelgeschichte gerade die Paulusbriefe neu entdeckt werden, nicht nur die ›einschlägigen‹ Kapitel Röm 12, 1 Kor 12–14 oder Eph 4.[30] Neben exegetischer Sachinformation geht man davon aus: Was hat mich getroffen? Wo ist in mir etwas lebendig geworden? Und dies teilt man einander mit.

Vielleicht ist dann in den Beiträgen manches unausgegoren und einiges ›nicht richtig‹. Aber wichtiger ist zunächst das Einbringen, und durch das Nebeneinander verschiedenartiger Zeugnisse wird schon manches korrigiert. Darum ist es wichtig, anderslautende Erfahrungen nicht zu unterdrücken, sondern ehrlich einzubringen. Jede menschliche Entwicklung braucht den Freiraum, in dem sie Fehler machen darf, sonst wächst nichts Eigenes. Warum sind katholische Christen gerade in der Bibelauslegung oft so unsicher und unselbständig? Nicht auch darum, weil persönliche Erfahrung neben der kirchlichen Lehre immer den kürzeren zieht und leicht unter Verdacht gerät? So zieht man sich wieder in sein Schneckenhaus zurück. Der immer neue Integrationsprozeß von Leben und Lehre gelingt nur, wenn beide ihren Teil einbringen dürfen, sonst verkümmern beide.

So soll im folgenden der Versuch gemacht werden, die Paulusexegese durch heutige Glaubenszeugnisse zu erhellen. Nachdem sachgemäß geklärt wurde, was der Autor direkt sagen will, ist es legitim, ähnliche Erfahrungen im eigenen Leben zu entdecken und danebenzustellen. Andererseits werden Erfahrungen mit Gott oft erst durch Rückbezug auf ein Schriftwort verstehbar und deutbar. Darum führen viele Zeugnisse wie von selbst auf Schriftworte hin. Damit öffnet sich zugleich ein neuer Zugang zur Schrift – und man beginnt, sie zu lesen und mit ihr zu leben.

2.2. Gott redet deutlich

Wie hat sich das Geschenk des Geistes in Paulus gestaltet? Welche Wirkungen hat es hervorgebracht? Was sagen uns seine Briefe über das Leben seiner Gemeinden? Neben dem außerordentlich großen Spielraum für menschliche Originalität, den der Geist ihm einräumt, zeigen seine Zeugnisse Grundlinien des Christseins auf, die für alle Zeiten gültig sind, aber auch Eigentümlichkeiten, die in der Gegenwart auffallende Parallelen finden.

2.2.1. Paulus: Die Offenbarung

Die äußere Dramatik des Anfangs weist auf einen intensiven inneren Vorgang hin: Plötzlich umstrahlt ihn ein Licht vom Himmel, er stürzt zu Boden und hört, wie eine Stimme zu ihm sagt: ›Saul, Saul, warum verfolgst du mich?‹ (Apg 9,3 f) Paulus erkennt darin die

Stimme seines »Gegners«, beugt sich und fragt ihn, was er tun soll. Er erblindet, ißt drei Tage nichts und geht in das Lager derjenigen, die er eben noch verfolgte und die sich immer noch vor ihm fürchten.

Wie ist das zu erklären? Es bedurfte offensichtlich in ihm einer starken Gegenkraft, um eine solche Kehrtwendung zu vollbringen. Gewiß haben Versuche, die psychologischen Voraussetzungen dieses Vorgangs zu untersuchen, ihre Berechtigung. Die Intensität seiner Verfolgungstätigkeit zeigt ja, daß in ihm schon lange eine Auseinandersetzung mit Jesus stattgefunden hatte. Er hatte Augen, um das Leuchten auf dem Gesicht des Stefanus und der Opfer seiner eigenen Verfolgung zu sehen, und war ehrlich genug, diesen ›Glanz‹, von dem er später so viel schreiben wird, nicht einfach zu leugnen. So trifft ihn schließlich die Erkenntnis Jesu mit solcher Wucht, daß er den Unsinn und die Verkehrtheit seines bisherigen Verhaltens einsieht.

Hier kommt freilich alle menschliche Psychologie an eine Grenze, und es bleibt nur die Frage: Rechnen wir damit, daß Gott ganz und gar, im Inneren und Äußeren, Partner unseres Lebens ist? Daß er, der in allen physikalischen und psychischen Vorgängen der tragende Grund ist, noch über alle immanente Logik der eigenen Psyche hinaus in unser inneres Leben eingreift, oder besser: es umgreift und letztlich zentriert? Paulus war nicht nur vom Alten Testament her ein theologischer Realist, sondern wurde es noch viel mehr durch die Begegnung mit Jesus Christus. Hier war deutlich ein Anderer am Werk, ein Gegenüber, der ihn herausforderte, der in ihn drang und Anspruch auf ihn erhob: »Dank sei Gott, der allezeit über mich in Christus triumphiert und durch mich überall den Wohlgeruch seiner Erkenntnis verbreitet« (2 Kor 2,14). Immer wenn er sich auflehnen will, spürt Paulus die stärkere Hand dessen, der ihn »ergriffen« hat (Phil 3,12), dessen »Gefangener« und »Sklave« er nun geworden ist. So liegt ein »Zwang« auf ihm, eine innere Notwendigkeit: »Es geht mir schlecht, wenn ich das Evangelium nicht verkünde« (1 Kor 9,16). Und dies sagt der Apostel der Freiheit!

2.2.2. Gottes- und Christus-Erfahrung als Geist-Erfahrung

Es kann kein Zweifel bleiben: So sehr Jesus von Nazaret und dessen junge Gemeinde für Paulus ein Anstoß sind, so sehr und weit mehr weiß er, daß das, was in ihm nun geschieht, ein Werk eben dieses Jesus ist. Und er erkennt ihn als den Sohn Gottes: »Der mich vom Mutterschoß an gerufen hat, ihm gefiel es, *seinen Sohn* in mir zu offenbaren« (Gal 1,15). Zugleich schenkte Gott ihm selbst die Annahme an Sohnes Statt durch den »Geist der Sohnesannahme« und »sandte den Geist seines Sohnes in unsere Herzen, der ruft Abba – Vater« (Röm 8,15; Gal 4,5 f). Die Tatsache, daß Paulus zweimal die Geist-Erfahrung durch einen aramäischen Gebetsruf charakterisiert, zeigt, daß hier eine Ur-Erfahrung der ersten Christen eingefangen ist, gewiß in Anlehnung an den Gebetsruf Jesu (Mk 14,36).

Ähnlich ursprünglich ist der andere aramäische Gebetsruf ›Maranatha‹. Er besagt in 1 Kor 16,22 wohl nicht ein Ausschauen nach der Wiederkunft, sondern: ›der Herr ist gekommen‹. Dieser Ruf dürfte in den urchristlichen Versammlungen zunächst erschollen sein, wenn die Gemeinde die ›Gegenwart‹ Jesu besonders dicht erlebte: ›Der Herr ist da, er ist unter uns durch seinen Geist.‹[31] Somit sind im Neuen Testament beide Grundkomponenten der Geist-Erfahrung – der Vater-Ruf und die Christusbeziehung – in der Muttersprache der ersten Jünger festgehalten.

Paulus machte seine ersten Erfahrungen ebenfalls zu einer Zeit, da er aramäisch sprach, in einer aramäisch-sprechenden Gemeinde. Jenes Geschehen reichte offenbar so tief, daß ihm diese Grundbeziehungen nun in seiner ›christlichen Muttersprache‹ über die Lippen kommen. So haben wir in diesen Formeln gleichsam Urgestein christlicher und paulinischer Frömmigkeit vor uns. Auf griechisch dann ›kyrios‹: »Niemand kann sagen, Herr ist Jesus, außer in Heiligem Geist« (1 Kor 12,3).

Ein autobiographischer Hinweis ist auch hinter 2 Kor 4,6 anzunehmen: »Gott, der sprach: aus Finsternis soll Licht werden, er ist aufgeleuchtet in unserem (meinem) Herzen.« Das ist nicht nur gelehrte theologische Anspielung auf Gen 1,3 oder Jes 49,1, sondern gibt einen Einblick, wie stark Paulus jenen Neuanfang erlebte: ein Ruf, gewaltig wie am Schöpfungsmorgen! Für ihn wurde von da an das Wirken Gottes in der Schöpfung, in der Geschichte Israels und in seinem bisherigen Leben deckungsgleich mit dem Wirken Jesu (Gal 1,15). Paulus erkennt seine eigene »Neuschöpfung« (2 Kor 5,17; Gal 6,15) als die tiefste Intention des Handelns Gottes an ihm von Anfang an, sozusagen als Heilung von der Wurzel her, und er erfährt Gott als die ständige schöpferische Kraft in seinem

Innern. Das Licht, das in ihm aufleuchtet, ist das »Licht auf dem Antlitz Christi« (2 Kor 4,6), und die Stimme, die er hört, ist die Stimme des Jesus von Nazaret, dessen Ruf noch in seinen Zeitgenossen nachhallt.

2.2.3. Verwiesen auf die Gemeinschaft der Glaubenden

Paulus macht sich keine Gedanken darüber, wie solche Identifikation des Handelns Gottes mit dem Menschen Jesus möglich ist; er kann nicht zweifeln, daß dies so ist! Und er gibt Zeugnis davon. So wird ihn der innere Ruf weiter an Jesus verweisen, an den »Jesus, den er verfolgte« (Apg 26,15), an »den Christus« (1 Kor 12,12), und das heißt an die »Leute in der Stadt«, wo man ihm »sagt, was er tun soll« (Apg 9,5). Auf diese Weise geht der Vorgang der Menschwerdung Gottes weiter. Das göttliche Leben trifft den Menschen Paulus zunächst in seinem Inneren, aber dann gewinnt es Wachstum und Gestalt im Rückbezug auf Geschichte — auf Geschehenes und Geschehendes —, nämlich auf das, was in der Gemeinde Jesu und später in seiner eigenen Glaubensverkündigung vor sich geht. Darin ereignet sich für Paulus der immer neue Erweis, daß seine innere Begegnung wahr ist und kein Produkt der Phantasie.

Das ist Gottes- und Christuserfahrung als Geist-Erfahrung: nicht ein Hineinsteigern in Gefühle, sondern das Überraschtwerden davon, daß in uns ein Anderer ruft. Dieser Andere weist sich durch sich selbst aus, durch die innere Qualität seines Lichtes und seines Rufes, zugleich aber auch dadurch, daß er uns auf verifizierbare Daten der Heilsgeschichte und auf realisierbare Handlungen in unserem eigenen Lebensbereich hinweist. So zeigt er, daß er uns Menschen in unserer Begrenztheit und geschichtlichen Bedingtheit ernst nimmt.

Der innere Ruf wird Paulus sein Leben lang nicht mehr verlassen, und er wird damit zum Typ für alle späteren Christen. Denn er ist nicht, wie die übrigen Apostel, von dem historischen Jesus gerufen, sondern — wie wir alle — von dem erhöhten Herrn. Er ist gerufen von dem, der von Anfang an alles geordnet und uns »vor Grundlegung der Welt« erwählt hat (Eph 1,4) und somit die bisherige Geschichte und die neue Geschichte des Glaubens zu einem Ganzen zu integrieren vermag. Das gibt Paulus eine große innere Sicherheit und Festigkeit, ein »Fundament«, auf dem er stehen kann, gegen eine ganze Generation jüdischer Gesetzesfrömmigkeit, gegen die gesamte heidnische Welt und auch gegen die Tendenzen, die aus diesen beiden Bereichen noch in der neuen Gemeinde zu finden sind oder wieder in sie eindringen. Zugleich weiß er, daß er auf diese Gemeinde, auf diesen ›Leib Christi‹ verwiesen bleibt; so kämpft er immer wieder um die innere Einheit von Juden- und Heidenchristen (1 Kor 1; Gal 2). Solche Klarheit und Festigkeit kann letztlich nur in einem *Menschen* liegen, im Kern einer *Person*, und nicht etwa in einer unpersönlichen ›Institution‹.

So ist die lebendige Gemeinde aufgebaut auf dem »Fundament der Apostel und Propheten« (Eph 2,20). Die katholische Kirche hat einen ausgeprägten Sinn dafür bewahrt, daß lebendige Kirche ständig auf dem Fundament lebendiger Menschen mit ›apostolischer Sendung‹ ruht. Ihre Lebensfunktionen können letztere aber nur wahrnehmen, wenn sie aus dem Geist heraus handeln; dazu gehört, daß sie stets offen bleiben für die Glieder mit prophetischem Auftrag, so daß sich beide Pole immer wieder neu als von Gott geschenkt und aufeinander verwiesen erfahren. Darum gehört es bis heute zum Wesen der Kirche Christi, aus dieser doppelten Quelle zu leben, und anders ist Kirche gar nicht denkbar. Wir sollten also nicht erstaunt sein, wenn Gott auch heute zu Menschen in der Kirche deutlich redet, unmittelbar und eindringlich, und müßten uns eher wundern, wenn prophetische Aufträge ausblieben (vgl. 1 Sam 3,1; Ps 74,9; 1 Makk 4,46; 14,41). Dabei wird dann die außerordentliche Vielfalt Gottes sichtbar: Er ruft jeden Menschen mit einem eigenen Namen, gibt jedem Glaubenden sein unverwechselbares ›Charisma‹, und das heißt doch: Er behält es sich vor, den einen und selben Geist, durch den wir alle zu dem einen Leib getauft sind (1 Kor 12,4–13), in immer neuer Weise zu schenken.

2.2.4. Heute ein neues Suchen

Suchen wir heute ähnliche Spuren, so beginnt es meist sehr einfach. Auf einer Tagung von BDKJ-Mitarbeitern berichtete der Jugendseelsorger von einer Informationsreise in die USA, bei der er die Charismatische Erneuerung kennengelernt hatte, und lud zu einem Wochenende ein. Ein Teilnehmer schreibt:

»Obwohl ich einem konsequenten christlichen Leben damals nicht viel Sinn abgewinnen konnte, habe ich mich für dieses

Wochenende angemeldet. Ich weiß heute nicht mehr genau, was in diesen zwei Tagen passierte, aber ich weiß noch, daß sehr vieles für mich fremd und ungewohnt war und daß sich bei mir irgendwo ein ›Hemmungsmechanismus‹ ausgelöst hatte. Spontanes Gebet – noch dazu sehr persönliches – vor mehr als 40 Leuten schien mir einfach unmöglich. Ich hatte ja schon Schwierigkeiten, mit den mir meist fremden Leuten überhaupt nur zu sprechen.

Ein Beichtgespräch am ersten Abend war wohl der erste Durchbruch. Es gab mir Mut, etwas aus mir herauszugehen, und beim Gottesdienst habe ich dann sogar eine Fürbitte frei gesprochen. Heute lächle ich manchmal über mich selbst, aber ich habe leider feststellen müssen, daß ich mit meiner Verschlossenheit keine Ausnahme, eher die Regel war.

Nach außen hatten diese Tage in der Gemeinschaft vorerst keine Auswirkungen, aber ich weiß, daß ich mit einer Riesenfreude und dem Bewußtsein, irgendeine Beziehung zu Gott gefunden zu haben, nach Hause gefahren bin. Regelmäßige Gebetsabende, deren Teilnehmerzahl bereits nach einigen Wochen mehr als 30 betrug, wurden sehr bald der wichtigste Bestandteil meines Gebetslebens. Es dauerte eine Weile, bis ich bemerkte, daß ich meinen Kontakt mit Gott nicht auf ein paar Stunden im Gebetskreis beschränken kann. Darauf folgte dann eine Zeit intensiven Schriftstudiums, und daraus erwuchs ganz langsam eine gewisse Treue zum Herrn. In dieser Zeit des Tastens und Suchens erlebte ich: Gott wurde erfahrbar, im Leben eine Realität, im Gebet ein lebendiges Gegenüber, und er begann, mich umzukrempeln. Bei der Aufzählung der Früchte des Heiligen Geistes nennt Paulus nach der Liebe an zweiter Stelle die Freude. Von dieser Freude, die mir Gott schenkt, geht eine Kraft aus, die mich durchhalten läßt.«

2.2.5. »Erfüllung« mit dem Heiligen Geist

›Erfüllung‹ bedeutet, daß Gottes Geist den Menschen ›ausfüllt‹, alle Bereiche durchdringt, und daß der Mensch »aus seiner Fülle empfängt, Gnade über Gnade« (Joh 1,15), ob in einem plötzlichen Durchbruch oder allmählich.

Eine Ordensschwester schreibt nach 25 Jahren Ordensleben: »Vor einigen Jahren ging ich in Einzelexerzitien, nicht ahnend, was geschehen könnte. Mein Gebet war bis dahin mühsam und schleppend. Worte wie in Offb 2,2.4: ›Ich kenne deine Werke, deine Mühe, deine Ausdauer – aber ich habe gegen dich, daß du deine erste Liebe verlassen hast‹, bestätigten in mir die Leere, unter der ich litt. Beim ersten gemeinsamen Gebet mit dem Exerzitienleiter war es mir, als ob mich jemand mitnahm über die Brücke an das andere Ufer. In mir kam das große Verlangen auf, mit Gott allein zu sein. Der Exerzitienleiter sagte: ›Beten Sie, und Gott wird Ihnen alles zeigen.‹

Ich suchte mir einen einsamen Platz. In mir betete es, ohne daß ich nach Worten suchte. Ich brauchte mich nur zu öffnen. Gott nahm mir meine Selbstsicherheit, und ich gab mich in seine Hände. Vulkanartig brachen in mir Tiefen auf – wie bei einem Tiefpflug, der die Mutterschicht im Boden freilegt und fruchtbares Erdreich an die Oberfläche holt. Gott paßte sich ganz meiner Natur an. Sturmartig kam jeder Einbruch, der dann Ruhe und einen tiefen Frieden in mir hinterließ. Auf einmal konnte ich ›ja‹ sagen mit ganzem Herzen, mit ganzer Seele und aus allen meinen Kräften.

›Ich schließe mit dir einen neuen Bund – du wirst mir angetraut auf immer – angetraut in Gerechtigkeit und Recht, in Liebe und Erbarmen. Du wirst mir angetraut in Freude, auf daß du erkennst, daß ich Gott bin!‹ (Hos 2,20-22) Diese Sprache, die mir vorher fremd war, bekam einen trauten Klang. Ich lernte es, mich lieben zu lassen, mich führen zu lassen, mich ganz und gar Gott zu überlassen.

Sehr klein, bat ich den Herrn um Demut, und am gleichen Abend zeigte er mir, was Demut und Bescheidenheit ist – im Umgang mit anderen. Alles, aber auch alles wandelte sich in meinem Leben. Ich wurde ein froher Mensch. Meine Fehler und Sünden, die mich ehemals von Gott wegzogen, wurden nun Anlaß, zu ihm zu gehen. Der Anruf des heiligen Paulus: ›Weißt du nicht, daß Gottes Güte dich zur Umkehr treibt?‹ (Röm 2,4), befreite mich aus meiner inneren Not. Nun ist es ein ständiges Neubeginnen mit Gott. Gerade in meiner Schwäche erfahre ich seine Kraft. Seine Liebe ist Erbarmen. So kann ich nur danken, und im Dank gegen Gott habe ich dies geschrieben.«

Bei anderen geschieht die »Erfüllung« fast unmerklich, in vielen kleinen Schritten: »Damals – zwei Jahre vor dem Abitur – mußten wir bei unserem Religionslehrer die lateinische Pfingstsequenz lernen und jedesmal vor dem Unterricht beten. Wir taten es lustlos. Jahre später kam mir die Sequenz wieder in den Sinn und ich begann, sie zu beten, denn ich liebte sie plötzlich. Ich interessierte mich für das, was darin über den Heiligen Geist ausgesagt wird: ›Dring in unsre Seelen ein.‹

Von da an betete ich zum Heiligen Geist zunächst vor schwierigen Situationen, später täglich. In meiner Arbeit als Sozialarbeiterin sollte er mir im Umgang mit den Menschen Ratgeber und Helfer sein. Nach Jahren wurden diese meine Erfahrungen und Gedanken zufällig, wie mir schien, in einem Gespräch mit einem Priester angesprochen. Gegen sein Angebot, in eine Gebetsgruppe zu kommen, hatte ich zunächst viele Einwände: Ist das nicht nur für junge Leute? Ich bin doch fremd — allein hingehen? Dann fand sich jemand, der mich mitnahm. Ich hatte viele Hürden zu überwinden — vieles war mir zu neu. Aber ich gab nicht auf und ging immer wieder hin. Eines Tages fühlte ich mich nicht mehr fremd.

Dann kam ein Pfingsttreffen. Am Ende dieser Tage wußte ich, daß mir eine neue, lebendige Begegnung mit Gott, unserem Vater, geschenkt worden war, und mit seinem Sohn, der zu unserem Heil auf die Erde gekommen ist, auch um mich ganz persönlich heil zu machen. Von da an spürte ich, daß der Geist des Herrn in uns wirkt. Immer wieder gab es Erfahrungen seiner Liebe und seiner Lenkung. Gott hat sich viel Zeit genommen, um mir die Erfahrung seiner Nähe zukommen zu lassen.«

2.2.6. »Abba — Vater«

»Es war am zweiten Tag unserer üblichen Jahresexerzitien. Ich kniete in einer Reihe mit den anderen Studenten unseres Hauses. Wir hielten in der Kirche eine stille Meditation über das, was wir eben gehört hatten: ›Gott ist unser Vater.‹ So versuchte ich, ihm zu danken und seine Liebe zu erwidern. Da spürte ich auf einmal, wie dieser Dank von ihm angenommen wurde. Ich durfte ›Du‹ zu ihm sagen; und indem ich es leise aussprach, merkte ich, daß es eine lebendige Bewegung in mir auslöste: ein Geben und Nehmen, Empfangen und Erwidern. War mein spontanes Gebet gewöhnlich an Christus gerichtet gewesen, konnte ich jetzt aus einer neuen Tiefe ›Vater‹ sagen; und jedesmal ging eine Welle von Ehrfurcht und Liebe, Anbetung und Lobpreis durch mich hindurch. Es war, wie wenn eine stark sprudelnde Quelle aufbricht; und bald war es, wie wenn man eine Schleuse öffnet. Ein starker innerer Strom trug mich zu Ihm hin, und gleichzeitig war es, wie wenn von Ihm her eine

Welle auf mich zukam, die mich immer wieder und immer tiefer in Ihn hineinzog. Ich konnte nur geschehen lassen, in Staunen, Anbetung und tiefer Freude. Bei jedem ›Wellenschlag‹ wußte ich neu: Das ist es, was ich immer gemeint und im Tiefsten geahnt hatte; daß mich das göttliche Glück allerdings so restlos ausfüllen würde, hätte ich nie erwartet. Ich ließ geschehen und sagte immer wieder aus tiefstem Herzen ›Ja – Vater – Du – mein Vater‹. Als ich auf mein Zimmer kam, war es, wie wenn ich eine Kapelle betrete.

Selbstverständlich war ich der Meinung, dies sei eine einmalige Gnadenstunde, und morgen würde es wieder in der bisherigen schlichten Weise weitergehen. Aber wie war ich erstaunt, als die innere Bewegung sich nicht zurückzog, sondern immer wieder neu aufbrach und eher noch intensiver wurde und tiefer drang. Oft erlebte ich einen Ansatz zum Sprachengebet; aber da ich damals – vor mehr als 25 Jahren – nicht wußte, was dies war, ließ ich die Worte nicht fließen und hielt mich zurück. Ich fragte mich vielmehr, ob ich eine solche intensive Liebe und Freude zulassen dürfe, und ich hatte auch Bedenken, ob ich das seelisch verkraften könne oder ob gar eine Versuchung dahinterstecke. Aber immer wieder stand mir als Antwort vor Augen: ›Du sollst den Herrn, deinen Gott lieben aus deiner *ganzen* Seele, aus deinem *ganzen* Gemüt und aus *allen* deinen Kräften.‹ Und allmählich begriff ich, daß ›der Geist in uns Abba, lieber Vater ruft‹ (Gal 4,6).«

2.2.7. »Ich fand aber Jesus«

Ein Priester: »Jahrelang hatte ich das Gefühl gehabt, nicht weiterzukommen, im geistlichen Leben zu stagnieren, obwohl ich alle gewohnten Übungen durchhielt. Viel betete ich um den Heiligen Geist. Auf das erste Angebot der mir bis dahin unbekannten Charismatischen Erneuerung hin, das mir zu Gesicht kam, meldete ich mich an.

Unter der Führung des Heiligen Geistes wurde der zu eng gezogene Kreis meines geistlichen Lebens aufgebrochen. Zugleich wurde mein Beten einfacher und schlichter. Es geschah etwas Merkwürdiges: Eigentlich war ich aufgebrochen, um den Heiligen Geist zu finden. Ich fand aber *Jesus*. Ganz neu und stark leuchtete er vor mir und in mir auf. Und doch war dies nicht merkwürdig, denn: ›Er wird euch an alles erinnern, was Ich euch gesagt habe‹

(Joh 14,26). Der Heilige Geist ist ganz hingeordnet auf Jesus. Es ist seine Aufgabe, uns Jesus vor Augen zu stellen, uns zu ihm hinzuführen. ›Er wird Mich verherrlichen, indem Er aus dem Meinigen nehmen und es euch verkünden wird‹ (Joh 16,14). Und mit Jesus fand ich neu die Menschen.«

Derartige Berichte habe ich in den letzten 15 Jahren so viele gehört und oft durch längere Begleitung der Betreffenden überprüft, daß ich daraus schließen muß, daß Gott unsere Zeit in neuer Weise »mit der Erfahrung des Heils beschenkt« (Lk 1,77). Gott geht dabei so auf die Eigenart des einzelnen ein, daß die Geschehnisse immer original und einmalig sind; zugleich aber sind sich viele Erfahrungen in ihrer Grundlinie sehr ähnlich, daß hierin einer der Hauptgründe liegen dürfte, warum sich bestimmte Menschen zusammenfinden. Die Gemeinsamkeit liegt sicher nicht, wie man oft vermutet, im menschlichen Erfahrungstyp. Liegt sie in einer bestimmten Führung Gottes? Auch Paulus wurde ja anders geführt als die übrigen Apostel. Es kann nicht darum gehen, Erfahrungen zu klassifizieren oder zu bewerten, sondern nur darum, sie positiv zu bezeugen – in Ehrfurcht davor, daß Gott in der Geschichte der Kirche bis heute sich vielen Menschen auch in anderer Weise zeigt.

2.3. Mit Christus sterben und auferstehen

2.3.1. Paulus: Tod der Sünde in uns

Wie in den Berufungsvisionen der alttestamentlichen Propheten, so ist auch in der Berufung des Paulus bereits keimhaft die künftige Gestalt seines Lebens und Auftrages angedeutet: Zum ersten Mal erlebt er, was es heißt ›mit Christus sterben‹ – angedeutet auch durch seine Erblindung und sein Fasten. Innerlich bedeutet es ein Freiwerden von allem, »was er bisher als Gewinn erachtete« (Phil 3,7). Auf dem Hintergrund dieser neuen Freiheit erkennt er seine bisherige »Knechtschaft unter der Sünde«, ja er sieht sich als »Mißgeburt« (Röm 6,20; 1 Kor 15,8). Aber dieser Kontrast drückt ihn nicht nieder, sondern läßt ihn erst recht die Liebe Gottes erkennen, da er uns gerettet hat, »als wir noch Sünder und seine Feinde waren« (Röm 5,6–10).

Paulus sieht hier einen scharfen Gegensatz: einerseits die Haltung des Menschen, der sich von Gott abgewandt und in sich verschlossen hat, andererseits die Haltung dessen, der sich Gott öffnet und von seinem Leben durchdrungen wird. Wir abendländischen Menschen würden einen solchen Gegensatz eher mit abstrakten Begriffen bezeichnen, etwa ›Sünde – Heil‹, ›Egoismus – Liebe‹; Paulus dagegen gebraucht dafür echt semitisch konkrete Begriffe wie »Fleisch – Geist« (Röm 8,4–5; Gal 5,24f), »Leib – Geist« (Röm 8,13) oder »alter Mensch – neuer Mensch« (Röm 6,6; Kol 3,9f), sündige »Welt« – »neue Schöpfung« (Gal 6,14f). ›Fleisch‹ und ›Leib‹ meinen also in diesen Zusammenhängen nicht etwa den Körper im Unterschied zur Seele oder gar nur die Sexualität, sondern bezeichnen die Verfallenheit des Menschen und eine sündige Grundhaltung. Neue Übersetzungen wie die »Gute Nachricht« sagen darum dort, wo im Griechischen »Fleisch« (sarx) oder »Leib« (sōma) steht, mit Recht oft »Egoismus« oder »Selbstsucht«. Paulus meint also nicht etwa eine Teilung oder Spaltung in der menschlichen Substanz (die Unterscheidung von Körper und Seele oder anthropologischen Dualismus), sondern will mit diesen Gegensatzpaaren die beiden Zustände vor und nach der Erlösung darstellen (den Kontrast von Heil und Unheil oder soteriologischen Dualismus).[32]

Durch unsere Verbindung mit Christus wurde so »der alte Mensch mitgekreuzigt« und das Sündige in uns »aktionsunfähig gemacht und außer Kraft gesetzt« (Röm 6,6). Paulus sieht also, wie Gott selbst in ihm das entscheidende Machtwort gegen die Sünde gesprochen hat, sozusagen über seinen Kopf hinweg. Oft darf man heute wieder hören, daß Gott durch eine Zuwendung einen Fehler wegnimmt, mit dem sich jemand viele Jahre geplagt hatte. Wenn Paulus so schreiben konnte, muß er ähnliches erlebt haben. Dabei ist ihm bewußt, daß auch nach dem Geistempfang die Sünde noch Angriffsflächen im Menschen hat (Röm 8,10; Gal 5,13–18). Aber es ist keine echte Koexistenz mehr, denn Christus hat schon den Sieg errungen (1 Kor 15,57), und alle, die an ihn glauben, sind nicht mehr »im Fleisch«, sondern »im Geist« (Röm 8,9). Gerade darum muß sich der Mensch nun immer wieder eindeutig entscheiden und darf nicht auf beiden Schultern tragen.

2.3.2. Kampf mit den Waffen Gottes

Damit ist deutlich gesagt, daß der Christ nicht etwa seiner Verantwortung enthoben wäre oder daß nun alle Schwierigkeiten verschwinden. Vielmehr hat Gott eine neue Basis geschaffen, auf der dem Menschen ein erfolgreiches Kämpfen überhaupt erst möglich wird (Röm 6; 8,1–13). Es ist etwas anderes, ob wir »gegen die Mächte und Gewaltherrscher dieser Finsternis« mit menschlichen Kräften angehen, oder ob wir es tun mit der »Waffenrüstung Gottes« (Eph 6,10–20), im Gebrauch jener Kräfte, die wir als nicht von uns kommend im Glauben wahrnehmen. Derjenige, der diesen Kampf in sich mit dem ›Töten‹ vergleicht und — weil gegen sich selbst gerichtet — ihn als ›Sterben‹ empfindet (Röm 6,7; 8,13), muß einen Kampf auf Leben und Tod geführt haben. Er kennt das Aufbäumen des ›alten Menschen‹, der um sein Leben kämpfte, weil er sich dem Evangelium vom Kreuz nicht beugen wollte; und er hat darum Verständnis für den Zorn Gottes. Und er hat erfahren, wie die Gnade Gottes ihn »von diesem todbringenden Leib befreit« hat (vgl. Röm 7). Er räsoniert nicht über den ›Widerspruch‹ zwischen Zorn und Liebe Gottes, sondern weiß, daß der Zorn Gottes die Kraft ist, die der Macht des Bösen in uns gegenübersteht, ihr Einhalt gebietet (Röm 3,5f) und somit die erste Tat der Liebe Gottes ist. Er erfährt es als eine Gnade, wenn Gott ihm an diesem Zorn Anteil gibt, um ›sich selbst‹, d. h. diesen alten Menschen wie in einem Faustkampf zu bezwingen (1 Kor 7,26f: eigentlich ›k. o. schlagen‹) und auch bei den seiner ›Vollmacht‹ zugewiesenen Brüdern »alles, was sich gegen die Erkenntnis Gottes erhebt, gefangen zu nehmen« oder »wie ein Bollwerk zu schleifen« (2 Kor 10,4f). Die Berufung ist also ein Ruf in die Entscheidung, zu einem uneingeschränkten Ja.

Das innere Gesetz dieses Kampfes aber heißt: Nicht nach eigenen Plänen Anstrengungen machen, sondern horchen, wozu der Geist treibt, und den göttlichen Kräften in sich Raum geben, um so »das Böse durch das Gute zu überwinden« (Röm 12,21). Die Macht (›dynamis‹) des Geistes entfaltet also eine ›Dynamik‹, der sich Paulus anvertraut. Das ist die Art, wie Gott mit unserer Schuld umgeht: Er deprimiert nicht, überfordert nicht, bringt nicht in ein unfruchtbares Grübeln, sondern weckt positive Kräfte in uns: Die Beschämung führt zur Bescheidenheit, die Erkenntnis unserer Schuld zum Aufleuchten seiner Güte, die Erfahrung der eigenen Ohnmacht zum Vertrauen auf seine Waffen. Wenn also der Geist wider das Fleisch, das heißt das Göttliche gegen das Sündige in uns streitet (Gal 5,17), so läßt Paulus sich nicht von seiner sündigen Schwäche das Gesetz des Handelns aufdrängen, etwa Verbissenheit und

Krampf, Ängstlichkeit oder Selbstherrlichkeit, auch nicht Übertreibung oder Fanatismus, sondern bleibt elastisch und entschieden zugleich, gelehrig und unverdrossen, kurz, er kämpft mit den Waffen des Geistes, mit Frieden und Freude, mit Glaube, Hoffnung und Liebe und all den Ermächtigungen des Heiligen Geistes (Röm 8,4–14; Gal 5,16–26).

2.3.3. Eine neue Art des Sterbens und Lebens

Dieser Sieg über die Sünde in uns gründet in der Hingabe Jesu, der »gehorsam wurde bis zum Tod am Kreuz« (Phil 2,8). Durch diesen Tod wurde »der Tod im Sieg verschlungen« (1 Kor 15,54) und wurden wir befreit »vom Gesetz der Sünde und des Todes« (Röm 8,2). Damit sind wir in die Lage versetzt, an seinem Auferstehungsleben teilzuhaben, wobei allem noch verbleibendem Sterben (= Bedrängnis und Leid) der Stachel genommen ist (1 Kor 15,55), da es gewandelt wird in Teilnahme an seinem Erlösungstod.

Der Grund für diese neue Art des Sterbens liegt darin, daß wir es bereits tun in der Kraft Seines neuen Lebens: »Ständig werden wir, die wir (in Jesus) leben, dem Tod ausgeliefert kraft (unserer Verbindung mit) Jesus, damit wirklich das Leben Jesu (nicht etwa unser eigenes, schwaches und vergängliches Leben) offenbar wird in unserem sterblichen Fleisch« (2 Kor 4,11 und 7). Nur weil wir in ihm leben, können wir *mit ihm* sterben, um dadurch zu noch größerem Leben aufzustehen. Dies ist der Dreischritt, der unseren Lebensrhythmus prägt und zu einem »Tanz« der Erlösten wird: Leben – Tod – überreiches Leben (vgl. 2 Kor 5,14–21).

Das Erschrecken des Anfangs: ›der, den ich als einen Toten verfolge, lebt‹, wandelt sich für Paulus zu einem ständigen »Trauen auf den Gott, der die Toten lebendig macht und das, was nicht ist, ins Dasein ruft« (Röm 4,17). Was Paulus in diesem Vertrauen in die Hände Gottes hinein losläßt, wird ihm von Gott »umgewandelt« (Röm 12,2), da er uns »mit Christus lebendig gemacht hat« (Eph 2,5 f). Paulus hat es nicht von irgend jemand gelernt, etwa in einer theologischen Schule, sondern weiß es aus seinem Erleben: In mir ist ein Leben und eine Kraft, die ich nie gekannt habe, eine absolut neue Existenz, eine unbesiegbare Hoffnung, Freude und Jubel in meinem Herzen, Glanz, Ehre und Frieden, eine Dynamik, die vorandrängt, durch alle Verfolgung und Bedrängnis hindurch, hin zu Ihm, eine zarte und aufmerksame Liebe; und das Ganze ist geworden »ohne mein Zutun« (Gal 2,15–21), rein als Geschenk: ›Charis‹ und ›Charisma‹.

So ist das Wort von der »täglichen Erneuerung« und »Auferweckung« (2 Kor 4,10–16) aus Schmerz und Not (= aus dem täglichen Tod) und das Wort von dem neuen »In-Christus-Sein« an der lebendigen Wirklichkeit abgelesen. Paulus betrachtet solche Heilserfahrung keineswegs als sein besonderes Vorrecht. Gerade beim Lesen seiner Worte klärt sich darum häufig das freudige Erschrecken, das einen Menschen überfällt, wenn er die Spuren dieses neuen Lebens so elementar in sich wahrnimmt: den tiefen Frieden oder die sprudelnde Freude; die innige Zuneigung des Herrn, ob in Freude oder Schmerz; die immer wieder neu aufbrechende Kraft, die zu Offenheit und sachgemäßem, ruhigem Handeln befähigt, zu einem Handeln nicht im eigenen, sondern in seinem Namen. »In mir ist lebendiges, sprechendes Wasser, das in mir ruft: ›Hierher zum Vater‹!« Dies schreibt Ignatius von Antiochien auf seiner Fahrt zum Martyrium (1 Röm 7,2).

2.3.4. Heute: Gott überführt und befreit

»Nach einiger Zeit im Gebetskreis«, schreibt ein Student, »spürte ich: Gott will, daß ich nicht tue, was ich will, sondern was er will. Das ist in mir so stark geworden, daß ich vor einigen Wochen Gott mein Leben ganz übergeben habe. Und während des Pfingsttreffens wurde mir ein neues Hindernis in meinem Verhältnis zu Gott klar – nämlich meine Faulheit. Bei der Pantomime am Abend trug ich Fesseln um meine Füße. Sie waren ein Symbol für meine Lahmheit und Faulheit. Als es mir gelang, bis zur Osterkerze vorzudringen, fielen die Fesseln von mir ab. Ich brauche wohl keine weitere Erklärung zu der Erfahrung zu geben, die ich bei diesem Spiel gemacht habe.«

Ein anderer Student nach einer Erfahrung des Sprachengebetes: »Mir wird immer mehr bewußt, wie sehr ich Sünder bin und wie tief noch Unglaube in mir steckt. Diese Klärung erfahre ich als Wirkung des Geistes: ›Und wenn er kommt, wird er die Welt der Sünde überführen‹ (Joh 16,8). In mir steckt noch sehr viel ungläubige ›Welt‹.«

2.3.5. Leben – Sterben – größeres Leben

Eine Ordensschwester, die sich zu Anfang im Gebetskreis sehr passiv verhielt und dann um Heilung ihres Kopfleidens betete: »Nun ist alles vorbei, ich bin glücklich! Nicht daß mein Kopf jetzt heil ist. Nein, das ist nicht der Fall. Gott wird es schon noch tun, wenn es nötig ist. Er hat mich viel reicher und tiefer beschenkt: Ich durfte *ihn* erfahren!

Zuerst dachte ich, diese Erfahrung gilt für meine Verwandte; seit einem halben Jahr hat sie Krebs und ist erst 38 Jahre alt. Dann glaubte ich, sie hilft mir, besser die Leiden meines vor sieben Jahren verunglückten Vaters zu verstehen. Jetzt erst dämmert mir, diese Erfahrung galt mir. Und nun versuche ich zu sagen, was ich an jenem Tag erfahren habe.

Ich befand mich gerade in Heimaturlaub, im Haus meiner Tante. Es war schrecklich heiß. So gegen halb vier Uhr morgens wurde ich von einer Schnake wachgestochen. Ärgerlich schimpfte ich vor mich hin, stand auf, holte mein Neues Testament, setzte mich auf einen warmen Teppich und begann die Stelle Markus 8,22–9,1 zu lesen. Es war der Text von jenem Tag. Nach dem Lesen des Textes sah ich mir den kurzen Kommentar dazu an. ›Nun werden die Augen der Blinden geöffnet, damit Jesus erkannt wird ...‹

Mir war, als ob die Zeilen Leben bekamen. Besonders diese: ›Jetzt ist alles Leid Anteil an der Erlösung, die durch Jesus gekommen ist.‹ Dann las ich von neuem den Schrifttext. Ich war ganz benommen und prüfte mich, ob ich auch ganz wach wäre. ›Niemals ist Leid Strafe‹, durchfuhr es mich, ›nein, Anteil an der Erlösung‹! Welche Teilnahme: Miterlösen!

Plötzlich war ich so froh. ›Ja, Herr, öffne mir die Augen, laß mich sehen.‹ Das Dunkel, die Nacht vergangener Monate hatten einen Sinn, auch wenn ich nur noch aushalten und durchhalten konnte. Wie lange ich so verharrte, weiß ich nicht. Und dann, so echt und wahr, vernahm ich die Paulusworte: Wenn wir mit ihm sterben, werden wir auch mit ihm auferstehen!«

2.3.6. Gemeinsame Feier von Jesu Sterben und Auferstehen

Von Gebetstagen in der Karwoche »mit auffallend vielen Jugendlichen« berichtet eine Teilnehmerin: »Je tiefer wir einander kennenlernten, um so mehr wuchsen Achtung und Liebe. Der Gründonnerstag wurde für viele von uns ein besonderer Tag. Vielleicht war er der glücklichste meines Lebens. *Er* war da. *Er* war für mich spürbar da, den ganzen Tag, bis in die Nacht. *Er* war da, mit seinem Frieden und mit seiner Liebe. Alles war erfüllt von ihm, die Häuser, die Menschen, die Natur.

Am Karfreitag ließ der Herr mein Herz ein wenig an seinem Leiden teilnehmen, und ich weinte sehr. Karsamstag: der stillste aller Tage. Es war vollbracht! Wir hörten aus Ezechiel, wie der Geist Gottes in tote Gebeine neues Leben hineinatmen kann. Ja, der Geist Gottes kann alles, was tot ist in uns, zu neuem Leben erwecken. Vor einigen Jahren erlebte ich das selbst. Jene Erfahrung faßte ich an diesem Karsamstag in Worte: Herr, ich wollte sterben, als ich dein Sterbealter hatte. Ich fühlte, ich war nur Gebein, ohne Leben, ohne Sinn. Ich dachte: Was soll ich älter werden als mein Herr? Er brauchte auch nicht länger auszuharren als 33 Jahre!

Dann aber kam der Geist Gottes über mich. Und langsam kamen Fleisch und Blut in mir zum Leben, zu neuem Leben, ganz langsam. Und das Leben wurde froh, ganz langsam. Und es wurde ganz glücklich, ganz langsam.«

2.4.   Leben mit Gott

2.4.1. Paulus: In Gottes Gegenwart

Versuchen wir weiter, das innere Erleben des Apostels nachzuzeichnen. Seit der Begegnung vor Damaskus ist Gott für ihn in neuer Weise der ständige Partner seines Lebens. Auffallend häufig betont er, daß er in seiner Verkündigung »vor Gott« redet, »im Angesicht Gottes«, »des Vaters« (Röm 14,22; 2 Kor 2,17; 4,2; 5,11; 7,12; 8,21; 12,19). Dies ist nicht asketische Leistung oder Forderung, sondern Reflex seines tatsächlichen Lebens. Es ist für ihn beglückendes Geschenk des Herrn, so daß er »nicht Fleisch und Blut zu Rate zieht«, sondern »nach Arabien geht«, um vom Herrn selbst, durch »seine Offenbarung« das Evangelium verstehen zu lernen (Gal 1,12 und 16f). Er braucht einfach Zeit für die Zweisamkeit mit Gott, um das aufzuarbeiten, was ihm der Herr eingegossen hat; und er wird in eben diesem Prozeß ständig von ihm selbst unterwiesen.

Dabei nimmt er mit Staunen in sich wahr, daß der Geist in ihm Erkenntnis bewirkt (1 Kor 2,10–16). Christus selber ist es, der ihn unterweist. Das zeigt eine erstaunliche Selbständigkeit seines Weges, eine Führung des Heiligen Geistes. Wenn er sich diesem Strom überläßt, der in ihm aufgebrochen ist, erkennt er nicht nur sein eigenes Leben neu, sondern weiß auf einmal, wer Christus und wer der Vater ist. Wenn sein Blick dorthin gezogen wird, »wo Christus zur Rechten Gottes thront« (Kol 3,1), heißt das nicht, daß er in einen fernen, zukünftigen Himmel schaut. Diesen Himmel erfährt er in sich als den Raum, in dem sich sein »Lebenswandel« vollzieht (sein »Politeuma« – Phil 3,20). Dort nimmt er das Beisammensein des Sohnes mit dem Vater wahr. Was Paulus über die Dreifaltigkeit sagt, hat er ja nicht aus irgendeinem theologischen Buch. Es wird ihm auch nicht ein fertiges Dogma offenbart, sondern im inneren Umgang mit Gott wird ihm deutlich, daß es drei sind, weil der Geist ihn hindrängt, bei Christus zu sein, und in ihm ›Abba – Vater‹ ruft. So entstehen die Briefe, aus denen die Kirche die Trinitätstheologie ableiten konnte. Paulus jedenfalls lernt die Drei Göttlichen Personen im vertrauten Umgang kennen und formt daraus seine Theologie, nicht umgekehrt.[33]

Wenn wir ihn nun in der inneren Zwiesprache mit dem Herrn belauschen, hören wir ihn »singen und jubeln in seinem Herzen«, »allezeit loben und danken« und »bei allem Bitten und Flehen jedesmal im Geiste beten« (Eph 5,19f). Derartige Aufforderungen an die Gemeinden sind der Versuch, sie in jene Bewegung mitzunehmen, die er in sich wahrnimmt, und sind nicht eine abstrakte Forderung. Davon zeugen auch die gelegentlichen Lobpreisungen mitten im Text, etwa dort, wo er gerade von dieser ständigen Zwiesprache mit dem Herrn Zeugnis gibt: »Ich danke meinem Gott, mehr als ihr alle bete ich in Sprachen« (1 Kor 14,18; ferner Röm 9,5). Dies ist ein »Sprechen für den Herrn« (1 Kor 14,2); es fließt offenbar aus ihm heraus, sobald er sich dem Herrn zuwendet. Und der Herr gibt ihm auch Antwort. Wie er durch seine Offenbarung dies alles erst in ihm ausgelöst hat, zeigt er ihm nun immer mehr von den »Schätzen seiner Weisheit und Wissenschaft« (Kol 2,3), die in Paulus ein grenzenloses Staunen auslösen. Gott gibt ihm Antwort durch konkrete Weisungen, auch durch Worte und Gesichte (vgl. Apg 16,6–10; 20,23; 21,11; 23,11; 27,23; 2 Kor 12,8; Gal 2,1). Das alles ist für Paulus selbstverständlich; er stellt es nicht als etwas Besonderes heraus, sondern ist der Überzeugung, daß die Leser seiner Briefe dies verstehen, weil sie ähnliches erfahren (1 Kor 14,30; Phil 3,15).

Offenbar handelt es sich hier um das, was die spätere Tradition als das ›Wandeln in Gottes Gegenwart‹ bezeichnet, eine Gnade, die von vielen Menschen durch die Geschichte hindurch bezeugt wird. Dann ist der ganze Tag eingetaucht in eine göttliche Atmosphäre; mehr noch: Die Verbindung zum Herrn verdichtet sich immer wieder in konkrete Anrufe und Antworten. Der in jedem Menschen stattfindende Dialog im Gewissen wird hier ›offenbar‹ als das, was er in seinem tiefsten Kern ist: Es ist Gott selbst, der zu *jedem* Menschen spricht; aber im Rahmen der geschichtlichen ›Offenbarung‹ tut er es hin und wieder in einer Deutlichkeit, die überrascht. Dies hat dann jene Liebe zum Inhalt, die er uns in Jesus geschenkt hat, sowie die Kraft seines Geistes, aus der wir leben dürfen. Gott schenkt diese neue Stufe des vertrauten Umganges mit ihm, um die Gemeinde der Gläubigen zu sammeln und aufzubauen. So war es bei Paulus; so geschah es immer wieder in der Geschichte der Kirche; so ist es heute.

2.4.2. Liebe – Hoffnung – Trauen

»Gottes Liebe ist ausgegossen in unsere Herzen durch den Geist« (Röm 5,5) – so empfindet Paulus das Wirken des Heiligen Geistes. Die zunächst unter dem Eindruck der Majestät Gottes gestellte Frage: »Herr, was willst du, daß ich tun soll?« formt sich mehr und mehr zu der liebenden Frage: ›Herr, was möchtest du von mir? Womit kann ich dir gefallen?‹ Auffallend häufig gebraucht Paulus dieses Wort ›gefallen‹ (Röm 12,1f; 14,18; 2 Kor 5,9; Gal 1,10; 1 Thess 4,1) – wie eine Frau, die ihrem Mann ›gefallen‹ möchte (1 Kor 7,32), in Einfachheit und liebender Hingabe (2 Kor 11,2.3). So formt sich in seinem Innern das Hohelied der Liebe (1 Kor 13). Paulus hat es zunächst durchlebt, wie die Liebe alles andere hinter sich läßt, wie sie das Zentrum seines Lebens mit Jesus ist.

Ihre Basis ist eine »lebendige Hoffnung«, das ständig neue »Ausschauen« nach dem Herrn (Röm 5,4; 8,19–25; Phil 3,13). Dies besagt bei Paulus nicht so sehr ein Ausschauen nach der Zukunft, sondern ›Hoffnung‹ meint vor allem ein Rechnen mit der »unsichtbaren, gegenwärtigen Herrlichkeit« Gottes. So ist in 2 Kor 3,12 dieses »Hoffnungsgut« die überreiche gegenwärtige Herrlichkeit, die durch den Geist in ihm entfaltet wird (2 Kor 3,6.8–18), das aber jetzt noch nicht nach außen hin ›sichtbar‹ = ›verherrlicht‹ ist (3,10).[34] Es ist keine mit naturwissenschaftlichen oder psychologischen Methoden nachweisbare Erfahrung. Das Licht vor Damaskus hätte wohl kein Physiker messen können, aber es war Licht. Hoffnung bedeutet also für Paulus, mit dieser ›unsichtbaren‹ Gegenwart Gottes rechnen und leben; es deutet darauf hin, daß die liebende Begegnung mit dem Herrn von anderer Art ist als die Ereignisse dieser Welt – nämlich nicht verfügbar, nicht ›machbar‹. Paulus drückt damit aus, daß er die Wahrheit: ›Jesus ist der Messias, der Herr‹ nicht erfaßte, weil er ein scharfer Logiker war, sondern daß ihm diese Einsicht geschenkt wurde. Das Licht Gottes wird nicht zugänglich, wenn man es in den Griff bekommen will, sondern wenn man sagt: Herr, zeige es mir! Ich bin unwissend, aber du bist das Licht.

Am häufigsten kennzeichnet Paulus das neue Gottesverhältnis mit jenem Wort, welches wir gewöhnlich mit ›Glauben‹ übersetzen. Aber ›pistis‹ ist voller als unser deutsches ›Glaube‹; es meint auch Zutrauen und Vertrauen, oder einfach *Trauen*. Dann heißt die Frage, die Jesus häufig vor einer Heilung stellt: »Traust du mir?« – Paulus hat erfahren, daß er Gott trauen darf und kann. Er sieht sich dazu befähigt, weil Gott ihm zuerst »traute« (1 Thess 2,4; Röm 3,2 f). Gott ist also als erster in dieser Art auf uns zugekommen. Und darin liegt geradezu ein paulinisches Grundprinzip: Alles, wozu wir im Heiligen Geist gerufen und befähigt sind, wird uns dadurch geschenkt, daß Gott zuerst uns gegenüber sich so verhält: Wir können ihn erkennen, weil wir von ihm erkannt (Gal 4,9; 1 Kor 8,3), können ihn nur lieben, weil wir von ihm geliebt werden (Röm 5,5–8); und wir mühen uns »gemäß seiner wirksamen Tätigkeit, die in uns kräftig entfaltet wird« (Kol 1,29; vgl. Eph 3,20).

Was ›Trauen‹ meint, wird besonders deutlich im Unterschied zu der vorherigen Haltung. Während Gott zunächst im Gesetz mit seiner Forderung an uns herantrat, um uns bewußtzumachen, daß wir Sünder sind, hat er uns doch gerettet allein in der Atmosphäre des Trauens. Er lockt unser Zutrauen heraus, indem er uns etwas zutraut. Das ist gute Pädagogik. Auch wir erziehen unsere Kinder zur Liebe, indem wir sie zuerst lieben, und nicht anders. Und eine Atmosphäre des Vertrauens kann nur dadurch entstehen, daß einer einen Vorschuß an Vertrauen gibt, einer sich ungeschützt in die Bresche wirft, auf die Gefahr hin, daß er belächelt und ausgenutzt (gekreuzigt) wird (wenn wir also gelegentlich die Erfahrung machen, daß die anderen nicht entsprechend reagieren, haben wir deshalb noch nichts falsch gemacht). Gott ist uns mit Vertrauen begegnet wie ein Vater seinem Kind.

2.4.3. Freiheit und christliches Selbstbewußtsein

Wir dürfen Gott trauen, weil auch er uns traute und weil er vertrauenswürdig ist. Paulus erlebt das wie einen Dammbruch. Der ganze Krampf des Gesetzes — so wie er die Forderungen bislang empfunden hatte[35] — fällt von ihm ab. Während er sich vorher als Pharisäer an der Gesetzesordnung festgehalten hatte, merkt er nun, daß diese Art, mit Gott umzugehen, nicht zum Heile führt. Man kann mit ihm nicht sozusagen über den Rechtsanwalt verhandeln und sagen: ›Das sind deine Forderungen; ich habe sie alle erfüllt; also sind wir klar.‹ Die Kehrseite wäre das ständige, ängstliche Fragen: ›Habe ich auch alles richtig gemacht?‹ Solche Gesetzhaftigkeit wäre ein Mißbrauch des Gesetzes. Aufgrund seiner neuen Erfahrung des Trauens erkennt Paulus auf einmal den Unterschied zwischen dem von ihm selbst gemachten Werk und dem, was Gott in uns durch seinen Geist beginnt: Dieses führt zu einer inneren Aufmerksamkeit und Offenheit, einer kindlichen Ehrfurcht und Unbefangenheit, in der er sich ganz von Gott tragen läßt und sich Seiner Ungreifbarkeit anvertraut. »Deswegen aus Trauen, damit aus Gnade« (Röm 4,16). So ist Charis und Charisma — Geschenk — wieder das letzte Wort.

Um diesen Unterschied gegenüber seinem früheren Verhaftetsein auszudrücken, spricht Paulus gern vom »inneren Menschen« des Geistes im Gegensatz zum »äußeren Menschen« des Fleisches. Jenes »alte« Leben verlief nach dem Prinzip: ›Ich muß alles in der Hand haben, dann bin ich gesichert.‹ Aber das bedeutete letztlich Gefangenschaft, denn der Mensch erfährt auf Schritt und Tritt, daß er nichts, nicht einmal sich selbst in der Hand hat (Röm 7). Dann wird der Mensch verkrampft, verbohrt, engstirnig und ängstlich, wird mutlos, mißmutig und deprimiert — ein Gefangener seiner unerfüllbaren Wünsche. Doch nun hat Paulus erfahren, daß Gott ihn ohne Bedingung trägt und liebt, so daß er sich nicht länger gegen ihn abzusichern braucht. Und dies ist Freiheit, Befreiung von einem unerträglichen Druck. Gott ist auf ihn zugekommen und hat ihn ermutigt: ›Vertrau dich mir an. Du brauchst keine Angst zu haben vor mir, und darum auch vor niemand sonst, keine Angst um dein Leben oder um die Welt. Ich trage die Welt in Händen, nicht du. Und ich habe dich geschaffen und dich dir neu geschenkt, indem ich dich in meinem Sohn als Sohn angenommen habe‹ (Röm 8,15). Eine solche Liebe schenkt Raum zum Atmen, und das neue Lebensgefühl ist Freiheit, Friede und Freude (Gal 4 und 5).

Durch diese neue Unmittelbarkeit zum Herrn werden alle anderen Vermittlungen an die zweite und dritte Stelle gerückt oder fallen ganz weg. In dem Maße, in dem der Herr selbst den Paulus führt, werden darum auch Normen überholt: »Ich bin frei vom Gesetz« (Röm 7,6). Dann sind alle Gebote und Forderungen Gottes nur Interpretation jenes Zutrauens, das Gott uns schenkt, und werden erst von da her verständlich. – So wird auch alle Ordnung der Kirche erst dort und in dem Maß verbindlich, wo der einzelne im Glauben dazu geführt wird, sich einzufügen, wenn also der lebendige Herr selbst darauf verweist: »Geh in die Stadt, dort wird man dir sagen, was du tun sollst.« Die Ehrfurcht vor der individuellen Führung jedes Menschen, also vor seinem Gewissen, ist darum der Maßstab aller Seelsorge. Sie führt oft in ungeheure Spannungen, da wir versucht sind, jenen inneren Prozeß bei anderen und bei uns selbst durch ein ungeistliches Durchsetzen allgemeiner Normen abzukürzen, vielleicht auch, weil wir uns selbst durch das Verhalten eines anderen in Frage gestellt sehen.

Wiederum ist es eine Frucht seines eigenen Lebens mit dem Herrn, wenn Paulus betont: »Du bist frei von jedem fremden Gewissen« (1 Kor 10,29). Da er den lebendigen Richter in der verborgenen Tiefe seines Herzens erfährt, vermag Paulus im Glauben auch dem Bruder jenen Freiraum zu geben, wo er »seinem eigenen Herrn steht und fällt« (Röm 14,4.13 f.22). Auch die Erfahrung der Grenze seiner eigenen Wirksamkeit führt ihn dazu, jeden auf die für ihn *letztgültige* Norm zu verweisen: auf den lebendigen Herrn in ihm selbst. – Ein gefährliches Prinzip? Gefährlich nur, wenn man nicht konkret damit rechnet, daß der Herr selbst durch seinen Geist die Gläubigen lenkt und »zusammenfügt«; beglückend für den, der immer wieder neu auf den Herrn schaut und so seine Brüder und Schwestern auffordern kann, sich *als erstes* ganz dieser Mitte anzuvertrauen, zu der alle äußere Ordnung ›relativ‹ ist. So wird gerade diese Weite zu einem Prüfstein echten geistlichen Lebens. Nicht um eine Mißachtung von Ordnung geht es – Paulus kann darin auch sehr fordernd werden –, sondern um die Reihenfolge und innere Rangordnung der Werte.

Die »Freiheit der Kinder Gottes« greift dann auf alles über, was nicht der Herr ist. »Alles ist euer, ob Kosmos, Leben oder Tod, Gegenwärtiges oder Künftiges; alles ist euer, ihr aber seid Christi« (1 Kor 3,21f). Daher die erstaunliche Freiheit gegenüber dem heidnischen Opferfleisch. Obwohl Paulus weiß, daß wir »nicht gegen Fleisch und Blut kämpfen, sondern gegen die Gewaltherrscher in den Lüften«, hat er doch keine Furcht vor diesen Dämonen; nichts von Magie oder ängstlichem Abschwören.[36] Wenn deine Beziehung zu Christus klar ist, kannst du das Opferfleisch ruhig essen. Die einzige Rücksicht: Wenn dein Bruder daran Anstoß nimmt, laß es um der Liebe willen (1 Kor 10; Röm 14). Wovon du dich lossagen mußt, ist einzig und allein die Sünde, die letztlich immer in einer falschen Anhänglichkeit und Bindung besteht. Dieses Lossagen aber geschieht durch Reue und Vergebung. Darin ist die Macht des Bösen bereits gebrochen.

Die gleiche Freiheit auch in der Frage der Mischehe: »Die ungetaufte Frau ist für den Bruder in Christus ›heilig‹« (1 Kor 7,12–16).[37] Und ganz allgemein: »Es ist nichts unrein von sich aus« (Röm 14,14.20), sondern wird es erst durch eine verkehrte Einstellung, mit der wir an die Dinge herangehen. Die Souveränität, die aus solchen Worten spricht, war damals mindestens so schockierend wie heute. Sie ist freilich, soll sie nicht zum »Deckmantel der Bosheit« werden, nur in dem Maße nachvollziehbar, als man es mit Paulus als Geschenk erfährt und vollzieht: »Nicht mehr ich lebe, Christus lebt in mir« (Gal 2,20).

Paulus nennt diese Urbeziehung ›Freiheit‹. Man möchte dagegen einwenden: Ist dies nicht gerade das Ende der Freiheit, daß nicht mehr ich lebe, sondern ein anderer in mir? Muß ich nicht doch an der Wurzel des ganzen Geschehens entdecken: ›Ich kann ja doch nicht, wie ich will‹? Dies scheint menschlich logisch, aber es ist dennoch Theorie. Paulus setzt dem keine Spekulation entgegen, sondern was er mit Christus erfahren hat: ›Nachdem ich mich so von Gott her angenommen und seinem Vertrauen mit Zutrauen geantwortet habe, erfahre ich in mir eine innere Lockerheit und Freiheit, eine Gelöstheit und Freude, Gesundheit und Lebendigkeit. Ich bin jetzt endlich als Mensch in meinem Element, wie der Fisch im Wasser. Es ist wirklich das Höchste und Schönste, was es gibt, Ihm zu gehören‹

(Phil 1,21; 3,7–15). Für Außenstehende läßt sich dies freilich nicht durch Argumente, sondern nur durch euren »Lebenswandel«, durch eure überzeugende Lebensart und Freude dokumentieren (Phil 4,5; 1 Thess 5,14f) – wenn der Herr es ihnen enthüllt.

2.4.4. Festigkeit in Gott

Aus dieser Freiheit entsteht dann im Menschen eine Sicherheit, der »alle Feinde nicht widerstehen können« (Lk 21,15; Apg 6,10). Paulus sagt: »Wir rühmen uns im Herrn«, nicht im »Angesicht oder in uns selbst«, sondern »im Herzen«, wo der Herr selbst in uns spricht (Röm 5,2.11; 2 Kor 5,12; 10,17). Dieses rätselhafte Wort vom Rühmen, das uns so oft begegnet, bedeutet nichts anderes, als daß Paulus jede Art von Selbstbestätigung und Selbstrechtfertigung aufgibt und nur das gelten läßt, was Gott in ihm wirkt. Wenn aus der »verborgenen Tiefe seines Herzens« Anerkennung, Sicherheit und Dank aufsteigen, sieht Paulus darin ein Urteil Gottes (1 Thess 2,4ff; 1 Kor 4,4–7; Röm 9,1). Das gibt ihm das unerhörte Selbstbewußtsein, an dem sich so mancher in seinen Briefen stößt. Es ist nur zu verstehen, wenn ein Mensch bis in die Tiefe hinein Christus als sein »Fundament« *erfährt*, als die Kraft, die ihn trägt und ihm Festigkeit verleiht, so daß er nicht mehr »wie ein unmündiges Kind auf den Wellen oder vom Wind hin und her getrieben wird« (Eph 4,14). Wie dies mit äußeren Gründen gestützt wird, haben wir oben (2.2.3) gesehen.

So findet das Rühmen seine Berechtigung und sein Maß: seine Berechtigung, denn Christus ist kein Gott, der uns in permanente Ungewißheit und Skepsis treibt, sondern der ein sicheres Zeugnis auf einer sicheren Erkenntnis gründet; sein Maß, denn jede Beimischung menschlicher Selbstdarstellung und Eitelkeit kommt an den Tag, sobald man sein Werk vor den Herrn bringt oder der Herr es prüft – sei es im Innern, sei es vor der Gemeinde. Paulus überläßt das Urteil darüber dem Wirken Gottes, indem er die Gemeinde nur darauf hinweist, auf die Früchte zu achten: »Das Evangelium besteht nicht in großen Worten, sondern im Erweise von Geist und Kraft« (1 Kor 2,4; 4,20; Röm 15,18f). Gegen Erstarrung und Hochmut schützt ihn der Herr dadurch, daß er ihn immer weiter lockt, »sich auszustrecken nach dem, was vor ihm liegt«. Darum seine Lieblingsworte vom »Wachsen« und »Überreichwerden in Christus«

(2 Kor 9,8–10). Paulus weiß sehr tief darum, daß er selbst nie fertig und daß der Herr immer noch reicher und größer ist.

2.4.5. Heute: »Die Gegenwart allein genügte«

Ein Ordensmann: »Zweieinhalb Jahre nach dem ersten erlebte ich ein zweites ›Seminar‹ für ein Leben im Heiligen Geist. Ich brauchte diesmal keine Wahl zu treffen und keine große Reise zu machen: In einer halben Stunde war ich im nächsten Krankenhaus. Über ein Jahr lang hatte ich gegen eine immer wieder sich bemerkbar machende Mattigkeit und Schwäche angekämpft in der Hoffnung, nach der Rückberufung ins Kloster würde sich mein Befinden wieder bessern. Krankenhaus war für mich eine Schreckvorstellung. Aber ich gab den Widerstand auf. Ich konnte die Augen schließen; ich öffnete sie nur, wenn etwas um mich her geschah, wenn ich aus dem Fenster sehen wollte. Ein Schild an der Tür verbot jeden Besuch. Ich hatte noch die hl. Kommunion; alles andere entglitt mir. Von den liebgewordenen Gebetsübungen blieb mir nichts. Doch, eines blieb: Jesus. ›Jesus, mein Jesus; Jesus, Maria...‹ Das konnte ich noch denken. Maria zeigte mir Jesus, wie ich im ›Salve Regina‹ zusammen mit meinen Mitbrüdern unzählige Male gesungen hatte. Die Gegenwart des Herrn war die kostbare Gabe jener langen Wochen. ›Ich lege mich in Dich hinein wie in eine große Hand‹ (Jörg Zink). Angst und Sorge fielen völlig ab. Die Gegenwart allein genügte. Mit den Aposteln müßte ich heute auf die Frage Jesu antworten: Mir hat es an nichts gefehlt (Lk 22,35).

Noch eines muß gesagt sein: Ich bin noch mehr zu einem Dankenden geworden. Als schließlich nach langen Untersuchungen die Diagnose ›unheilbar‹ feststand, focht mich das wenig an. Für alles suche ich Jesus und den Menschen zu danken, aus der Freude über die Geborgenheit in Jesus. Die kleinsten Dinge gewannen neuen Glanz: die Schritte aus dem Zimmer hinaus, der Blick auf die nun im Abenddunkel aufleuchtende Stadt, jeder Atemzug klarer, frischer Luft, der Gang zum Tabernakel, schließlich die Eucharistie – Danksagung am Altar nach fünf Monaten.«

2.4.6. Innere Heilung: Trauen

»Als ich in der Kirche die Plakate ›Gemeindemission‹ mit der Einladung zu Predigt und Seminar las, hatte ich ein ungutes Gefühl.

Zwar stand ich nicht gegen Gott und gegen die Kirche, aber ich wollte mir auf keinen Fall noch mehr aufbürden lassen, als ich schon – nach meiner Meinung zu Unrecht – zu schleppen hatte. Mein Ehepartner ist Alkoholiker; und ich war deshalb zeitweise schon so verzweifelt, daß ich meine Ehe lösen, ja sogar mein Leben wegwerfen wollte. Ich habe mit Gott gehadert; ich war verbittert, habe mich, meinen Mann und, so schrecklich das klingt, manchmal sogar Gott gehaßt.

Ich ging dann doch zum Seminar, wollte nur mal hineinschauen, wie ich mir sagte, um mein Gewissen zu beschwichtigen. Und dann kam ich nicht mehr los. Was ich hörte, traf mich. Ich saugte die Worte des Paters auf wie ein ausgetrockneter Schwamm das Wasser. ›Gott liebt dich, so wie du bist!‹ Das sank in mich tief ein, tief und tiefer, und machte mich unendlich froh. Nach und nach begriff ich: alles in meinem Leben war von ihm geplant; und ich brauchte alles so und nicht anders, um ihn zu finden; und er brauchte meine Lebensumstände, um mich nach seinem Bild formen zu können.

Bei einer Eucharistiefeier während des Seminars übergab ich Gott mein Leben von Anfang an bis zu meinem Sterben. Unbeschreiblicher Friede und Freude überflossen mich. Gott heilte mein Mißtrauen und meine Erinnerungen. Seitdem hat sich auch meine Ehe geändert. Ich kann meinen Mann wieder von Herzen lieben. Ich mußte aber auch erkennen, daß es mit einer einmaligen Lebensübergabe nicht getan ist. Jeden Tag muß ich mich erneut loslassen, meine Wünsche und meine Sorgen, und alles Gott überlassen. Was ich bin und habe, ist alles sein Geschenk.«

2.4.7. Eine neue Art des Umgangs mit Gott: Sprachengebet

Ein 14jähriges Mädchen berichtet: »In den letzten Wochen hatte ich fast nicht gebetet, und es ging mir auch dementsprechend schlecht. Als ich dann bei einem Bibelkurs so viel über das Sprachengebet hörte, wünschte ich mir, das auch zu können. Dieser Wunsch war unbeschreiblich stark in mir. Ich wollte in die Kapelle gehen, aber die war zu diesem Zeitpunkt gerade geschlossen. Darum rannte ich, so schnell ich konnte, in unseren Betraum auf dem Dachboden. Dort war ich allein und betete um diese Gabe. Plötzlich fing es in mir an zu singen. Und ich machte den Mund auf und fing laut an, in fremden Sprachen zu singen. Ich spürte, wie ich in diesem Gebet all das vor Gott bringen konnte, was in den letzten Wochen nicht in Ordnung gewesen war. Das hätte ich im normalen Gebet überhaupt nicht gekonnt.

Wenn ich das aufschreiben soll, merke ich, daß ich eigentlich gar nicht ausdrücken kann, was mir da geschehen ist. Aber ich weiß: Es ist Wirklichkeit. Gott liebt mich, und ich bin sehr glücklich darüber.«

Eine Mutter: »Der Dank will nicht enden. Mein ganzes Beten ist wie verwandelt. Das Bittgebet tritt in den Hintergrund, und nachts sogar, wenn ich erwache, kommt mir ein Lobgebet über meine Lippen. Ich habe keine Angst mehr, daß ich ›etwas anderes‹ beten soll, denn – ich horche mehr und mehr. Ich werde still – und dann kommt es über mich, es ist da – das Herzensgebet, das Sprachengebet. Ich wollte es erst nicht fassen, ich versuchte sogar, es zu unterdrücken. Es war ein Tag nach jenem unvergeßlichen Sonntag; plötzlich spürte ich beim Beten: Du mußt laut sprechen, denn ein inneres Ergriffensein verlangte nach Ausdruck. Ich ließ es fließen – ich war erstaunt – ich war überglücklich – eine Herzenssprache – sie klingt wie Gesang. Ja ich glaube es: ›Er versteht dieses Stammeln‹.

Es stimmt schon, daß man mit dem Sprachengebet ›beginnen und enden kann, wie man möchte‹. Doch ich habe jetzt erfahren, daß es wunderbar ist, wenn man es von Ihm beginnen läßt und enden läßt – in der Grundhaltung der Hingabe. Ich fange jetzt nicht mehr an – Ihn lasse ich beginnen.

Und etwas Zweites: Das Sprachengebet ist wirklich Sprache des Geistes, wenn mit ihm ein tiefer Friede in der Seele ist. Sobald ich Unruhe oder Unsicherheit verspüre, scheint es mir nicht echt. Dann muß ich den Mut haben, es zu beenden. Wie geduldig war der Herr mit mir, daß er mir das Sprachengebet nicht entzogen hat, obwohl ich es manchmal mißbrauchte.«

2.4.8. Geist-Erfahrung: Ein lebenslanger Prozeß

Eine Ordensfrau schreibt: »Meine entscheidende Umkehrerfahrung geschah plötzlich, an einem Abend: ›Gott hat ein Herz für den Menschen, Jesus ist dieses Herz.‹ Die Erfahrung dieses persönlichen Gottes war Wirklichkeit für mich geworden. So vorbereitet, fand ich etwa ein Jahr später zur Charismatischen Erneuerung.

Die Heilige Schrift hatte ich vor und nach meinem Ordenseintritt verstandesmäßig studiert — und bald nach der Erstprofeß kam die Zeit, da ich sie kaum mehr in die Hand nahm. In den Gebetsgruppen fand ich Laien, die von ihrer Liebe zur Heiligen Schrift sprachen, die vom Wort Gottes lebten.«

Ein Professor der Theologie: »Ich bin sehr dankbar für unsere Begegnung ... Sie bedeutete für mich so etwas wie einen Durchbruch. Ich hatte seit langem keinen Zweifel über den allein richtigen Weg, es fehlte aber immer der Mut. Wie es im Leben so ist, auch diesmal mußte Gott den ersten Schritt tun ... Durch den Kontakt mit einer lebendigen Gemeinde Gottes ist mir ein neues Licht aufgegangen. Ich komme aus den biblischen Texten nicht mehr heraus, dabei sind es die alten Texte, die von neuem zum Quell des Lebens geworden sind.«

Ein Jugendseelsorger: »Ich hatte schon zweimal um die Handauflegung gebeten, doch leider nichts Besonderes gespürt. Im Laufe der Zeit wurde mir klar, daß ich eine falsche Vorstellung vom Wirken des Heiligen Geistes hatte. Ich merkte, daß seine Wirkungen oft erst nach einiger Zeit deutlich werden. Seither erlebe ich, wie Gott ständig an mir arbeitet.

Einmal betete ich mit zwei Freunden. Nach einiger Zeit bemerkte ich, wie ihr Gebet stiller wurde, gleichsam in sich gekehrt. Dann hörte ich nur noch unverständliches Gemurmel. Ich betete weiter, wie ich es gewohnt war: Lob, Dank und Bitte — doch ich spürte eine Grenze für meine Worte. Sie konnten nicht das ausdrücken, was ich gern gesagt hätte. Auch meditatives Schweigen entsprach in diesem Augenblick nicht meiner inneren Verfassung. Ich vermutete, daß meine Freunde in Sprachen beteten, und sehnte mich sehr danach, auch so beten zu können. Im anschließenden Gespräch sagten sie: ›Wir versuchen, vor dem Herrn wie ein Kind zu sein.‹ — Ich fuhr nachdenklich nach Hause. Nach einigen Stationen leerte sich mein D-Zug-Abteil. Ich wollte jetzt beten, wußte aber nicht wie. Meine bisherigen Gebetsformen erschienen mir unzulänglich. Da erbarmte sich der Herr und ließ mich in Sprachen beten; am hellichten Tag, im D-Zug!

Geist-Erfahrung ist nicht ein einmaliges Ereignis, sondern ein lebenslanger Prozeß. Wichtig ist nur: sich dem Herrn zu öffnen, ihm ›grünes Licht‹ zu geben. Die Wirkungen zeigen sich oft erst im Laufe der Zeit und können auch unscheinbar sein. Wenn das Wirken des Geistes auffallend ist, besteht die Gefahr, sich an dieser einen geistlichen Erfahrung festzuhalten. Sie kann dann sogar hindernd zwischen Gott und Mensch stehen. Sie wird allmählich zu einem Ereignis der Vergangenheit: glanzvoll, aber unfruchtbar! Vielmehr ist es wichtig, auf das weitere Wirken des Geistes aufmerksam zu werden.

Die Israeliten in der Wüste sollten von dem Manna nichts bis zum nächsten Morgen aufheben (Ex 16,4.19). Sie erhielten jeden Tag frische Nahrung. Auch wir beten im Vaterunser: Unser tägliches Brot gib uns *heute* (Mt 6,11). Damit ist gesagt, daß wir keine Vorräte anlegen sollen, auch keine geistlichen. Es ist schön, jeden Tag von neuem beschenkt zu werden.«

2.5. Die leibliche Gestaltwerdung der Gnade

Die neugewonnene innere Freiheit ist für Paulus nicht eine theoretische Erkenntnis oder eine theologische Forderung, sondern wiederum Ausdruck dessen, wie er die Gnade erfahren hat. Wir können es uns wohl kaum real genug vorstellen, wenn er sagt, daß in Christus »die Fülle der Gottheit *leibhaftig* wohnt«, daß wir »davon erfüllt werden« und er so »unser Haupt« ist (Kol 2,9–12).

2.5.1. Paulus: Tägliche Auferstehung des Leibes

Der »in uns wohnende Geist« ist von der Art, daß er unseren Leib jetzt mehr und mehr umgestaltet »von Herrlichkeit zu Herrlichkeit« – von liebendem Leben zu geistlichem Leben (vgl. Röm 8,11; 2 Kor 3,18). Wenn wir mit ihm schon auferstanden sind, muß dies ein Leben sein, das jetzt schon den Leib ergreift, sonst wäre das Wort ›Auferstehung‹ irreführend (Eph 2,5 f; 3,1); denn eine rein seelische Verwandlung ist eigentlich keine ›Auferstehung‹, da zu diesem Begriff die leibliche Komponente notwendig dazugehört.

Die abendländische Theologie ist aufgrund des griechischen dualistischen Menschenbildes häufig genug dem Fehler erlegen, das gegenwärtige göttliche Leben der Gnade ausschließlich der menschlichen Seele zuzuschreiben und die ›Erlösung des Leibes‹ allein dem Ende vorzubehalten. Das ist weder jüdisch noch paulinisch gedacht, wo das Heil *immer* ganzheitlich gefaßt wird, als leib-seelische Wirklichkeit: in dieser Weltzeit, in der letzten Vollendung, aber auch in dem Schattendasein des Totenreichs.[38] So werden in der Auferstehung am Jüngsten Tag ›Leib *und Seele*‹ aus dem Grab, aus der Unterwelt herausgeführt; und auch bei den Überlebenden werden Leib *und Seele* ›umgewandelt‹ in eine unsterbliche Seinsweise (1 Kor 15,52). Andererseits verändert das neue Leben schon jetzt den ganzen Menschen: nicht nur die Seele, sondern *auch den Leib.*

Dieses neue Leben ist freilich noch »mit Christus verborgen in Gott« (Kol 3,3), und zwar ist es in der Seele ebenso noch verborgen wie im Körper, obwohl beide schon in einem gewissen Sinne gewandelt werden. Das heißt: Gottes Gnade ist in der menschlichen Psyche ebensowenig mit psychologischen Methoden meßbar wie im Leib mit medizinischen Mitteln. Der Psychologe kann wohl nach einer Gnadenerfahrung seelische Veränderungen feststellen und manchmal sogar der Mediziner auch leibliche Auswirkungen, aber daß es Gnade Gottes ist, können beide nicht ›fassen‹. Dies ›erfaßt‹ ein Mensch nur, wenn er unter der personalen Zuwendung Gottes und in der eigenen personalen Hinwendung zu Gott steht. Gnade ist eben eine Realität, die nur ›im Glauben‹ wahrgenommen wird, also ›im Heiligen Geist‹, in der Erkenntnis, die aus Gott stammt. Aber in diesem Sinne ist sie dann doch eine ganzmenschliche Erfahrung. Dies ist nicht mit körperlichen Heilungen zu verwechseln, die immer nur ein gelegentliches Signal auf der medizinisch wahrnehmbaren Ebene für jenes andere, neuartige Leben sind, das der Herr — verborgen — auch dem Leib des Menschen mitteilt, indem er das ganze Wesen des Menschen neu von der Mitte her gestaltet.

2.5.2. Erlösung der Sinne

So werden alle Sinne des Menschen, alle geistigen und körperlichen Wahrnehmungen erfaßt, alle Glieder vom Geist erfüllt und alle Lebensvorgänge und Tätigkeiten geheilt und transparent, weil eben die Zuwendung Gottes den Menschen in seiner Ganzheit trifft. Wie der »Glaube vom Hören kommt«, so muß ich ihn auch »mit dem Munde bekennen« (Röm 10,9–17). Wenn Paulus sich selbst als den »Wohlgeruch Christi« bezeichnet (2 Kor 2,15), um den »Duft seiner Erkenntnis überall zu vermitteln«, weist dies darauf hin, wie er selber Gott wahrgenommen haben muß. Er betet für seine geliebten Philipper (1,9), daß ihre »Liebe überfließt an Erkenntnis und aller *Wahrnehmung*«, nämlich des geistlichen Spürsinns, der zu unterscheiden vermag. Denn alles Handeln des Christen muß gegründet sein in der Erkenntnis, der Kraft und der Empfindung der Liebe, die der Herr verleiht.

Der Tastsinn ist einbezogen, wenn Paulus davon spricht, wie der Herr sein »Gewand« geworden ist. Er hat die Verkehrtheit unserer aus der Sünde folgenden Beschämung und Sterblichkeit »bedeckt« oder bietet uns Schutz wie eine Waffenrüstung (Röm 13,12–14; 2 Kor 5,2–4; Gal 3,27; Eph 6,11–20). Gewiß sind solche Metaphern in der antiken Literatur nicht unbekannt, aber bei der Unmittelbarkeit, mit der Paulus sie gebraucht, schwingt doch eine tiefe Erfahrung mit. Christus hat sein ganzes Wesen erfaßt und durchströmt, bis hin zu einem neuen Lebensgefühl und Leib-Bewußtsein. So kommt es gewiß aus einem inneren Impuls, wenn Paulus betont, daß er »seine Knie beugt vor dem Vater unseres Herrn Jesus Christus« (Eph 3,14), oder wenn die Männer aufgefordert werden – wie schon im Judentum –, »beim Gebet reine Hände zu erheben« (1 Tim 2,8). Auch die »Spuren der Leiden Jesu«, die Paulus »an seinem Leibe trägt« (Gal 6,17), sind ein Hinweis darauf, wie sehr die Christuserfahrung in ihm leiblichen Ausdruck findet. Diese ganzheitliche Identifikation mit dem »Todesleiden Jesu, das er an seinem Leibe herumträgt«, soll dazu führen, daß »auch das Leben Jesu an seinem sterblichen Fleisch offenbar wird« (2 Kor 4,10f). Zusammengefaßt ist dieses Geschenk der Erlösung unseres Leibes in der Eucharistie (vgl. 1 Kor 11,17–34).

Indem Paulus dem Herrn gleich-gestaltet (sym-morphos) wurde, hat er eine wirkliche Um-gestaltung (Meta-morphosis) seines ganzen Wesens erfahren, »an Geist und Seele und Leib« (1 Thess 5,23). So kann er sagen, daß Christus die Kirche oder den Menschen »reinigt durch das Bad des Wassers im Wort«, sie »schmückt wie eine Braut«, sie »hegt und pflegt wie sein eigenes Fleisch« (Eph 5,21–32). Unzucht ist nicht darum Sünde, weil der Leib sündig oder minderwertig wäre, sondern weil ich »die Glieder Christi nicht nehmen darf, um sie zu Gliedern einer Dirne zu machen«. Die »Sünde gegen den eigenen Leib« hat ihre spezifische Qualität und ihr besonderes Gewicht daher, daß »der Leib heiliger Tempel Gottes«, »Tempel des Heiligen Geistes« ist, also gerade in dem positiven Wert des Leibes, der »dem Herrn gehört« (1 Kor 6.12–20). Darum ist andererseits die eheliche Hingabe für die Eheleute Ausdruck ihrer Hingabe an den Herrn – und für alle Gläubigen ein Bild dafür. Paulus ist besorgt, die

Korinther könnten – wie Eva – abgewichen sein von der Einfachheit der Hingabe an den Herrn (2 Kor 11,3); und er betont, daß wir »durch den Leib Christi«, das heißt durch sein Sterben »getötet wurden in unserer Gesetzhaftigkeit, um einem anderen Manne zu eigen zu werden« (Röm 7,4).

Solche Worte sind Ausdruck einer reifen Empfindung der Liebe und einer tiefen, zarten Zuneigung zum Herrn. Hier ist nichts von sexueller Verklemmung, die man ihm manchmal nachsagt,[39] sondern im Gegenteil eine Erlösung auch des Leibes. Es geschieht wirklich ›Heil‹ für den ganzen Menschen, der von der Gnade Gottes durchströmt wird und der alles in diese Liebe hineingezogen weiß (vgl. auch 2 Kor 13,12 und Apg 20,36f). So sieht sich Paulus denn auch als »Vater« seiner »Kinder« (1 Kor 4,14; 2 Kor 6,13), als »Mutter, die Geburtswehen um sie leidet« (Gal 4,19f; vgl. 1 Thess 2,7f), als der Partner, der sich der Gemeinde verbindet, um »Christus eine Braut zuzuführen«.[40] Sein ganzes Inneres (seine »Eingeweide« als Sitz der affektiven Zuneigung, Phil 1,8; 2,1) sind erfaßt von dieser alles verändernden Liebe.

Paulus faßt diesen ganzen Aspekt zusammen in dem so schwer übersetzbaren hebräischen Wort ›Kabod‹ – griechisch: ›doxa‹. Es ist die Ausstrahlung, die von einer Person ausgeht, Würde, Glanz und Schönheit in einem. Wir übersetzen es meist mit ›Herrlichkeit‹. Von Gott ausgesagt, bezeichnet es die Ausstrahlung der Heiligkeit Gottes, die alles erfüllt, den unvergänglichen göttlichen Glanz, der so ganz anders ist als alles, was der Mensch aus seiner sonstigen Erfahrung kennt; ein Schatz, den Paulus »im Übermaß« in sich erfährt, die Wahrnehmung Gottes selbst. Denn wenn das göttliche Licht auch von anderer Art ist und von Paulus darum »unsichtbar« genannt werden kann (2 Kor 4,5.18), ist es doch etwas, das ihm in Enthüllungen und Schauungen gezeigt wurde und das durch Paulus »vor der Welt offenbar und sichtbar gemacht« werden soll (2 Kor 4,2–11). »Dank sei dem Herrn für sein unbeschreibliches Geschenk« (2 Kor 4,17; 9,15).

2.5.3. Erlöstes Handeln

Wie von selbst »fließt diese Gnade über in jedes gute Werk« (2 Kor 9,8); alle Imperative des Apostels werden nur von hier her richtig gelesen. Die Werke ergeben sich fast mühelos, auf jeden Fall aber ohne krampfhafte Anstrengung aus dem Wirken des Geistes in uns. Sie sind organische Verleiblichung der Kräfte des Geistes. Denn Gott selbst wirkt »die Bereitwilligkeit und das Wirken, das Gefallen findet«[41] in denen, die zu ihm gehören. »Er hat uns in Christus geschaffen zu guten Werken, die Gott vorbereitet hat, damit wir in ihnen leben« (Eph 2,10). Darum nennt Paulus die Werke gern eine »Frucht« (Gal 5,22; Phil 1,11.22), weil sie wachsen, ohne von uns geplant und gemacht zu werden. Auch die Sklaven können, wenn sie in Christus sind, ihre traurige Lage besiegen, indem sie ihren Dienst »für den Herrn« tun.[42] Kurz: »Ihr möget essen oder trinken oder irgend etwas tun; tut alles so, daß die Herrlichkeit Christi darin aufstrahlt« (1 Kor 10,31). So kann alles geheiligt sein, selbst ein Geldgeschenk (Phil 4,17). Auf diese Weise wächst geistliches Leben, liebendes Leben; es ist Erlösung des ganzen Menschen, ja des ganzen Kosmos, der »stöhnt und in Wehen liegt, um befreit zu werden in die herrliche Freiheit der Kinder Gottes« (Röm 8,21ff).

2.5.4. Heute: Gestaltwerdung des geistlichen Lebens

Manche Aspekte der Verleiblichung sind in früheren Berichten angeklungen.[43] Naturgemäß werden die Zeugnisse über geistliche Sinneswahrnehmungen meist diskret behandelt. Sie sind auch für andere nur schwer nachvollziehbar. Aber es gibt unter den Gläubigen mehr imaginative und auditive geistliche Wahrnehmungen, als man gewöhnlich annimmt, und zwar nicht nur in der Charismatischen Erneuerung. Die Skala reicht von Traumerfahrungen über innere Bilder bis zu Wahrnehmungen, bei denen man hellwach ist – oft mitten am Tag – und die man subjektiv zunächst von anderen Sinneswahrnehmungen kaum unterscheiden kann. Wenn ich bei Exerzitien auf derartige Dinge zu sprechen komme, erlebe ich es immer wieder, daß Menschen zu mir kommen und von solchen Erfahrungen berichten. Für die Echtheit spricht manchmal unter anderem der Umstand, daß sie es bisher niemand gesagt hatten, obwohl es viele Jahre zurückliegt. Aber sie hatten den Eindruck, »daß es nicht verstanden würde«, auch nicht von Priestern und Ordensoberinnen. Die Heilige Schrift dagegen spricht unbefangen von Visionen und akustischen Wahrnehmungen. Wer dies allein aus der menschlichen Psyche, also rein innerweltlich erklären will, rechnet offensichtlich nicht damit, daß Gott in seiner Selbstmitteilung alle Wege zum Menschen, sozusagen alle ›Kanäle‹ benützen kann. Liegt es doch in der Linie der Menschwerdung, daß er durch unsere Sinne zu uns kommt.[44]

Viel häufiger als solche rezeptiven Vorgänge sind freilich die kreativen geistlichen Prozesse. Seit Jahren scheint mir »Gestaltwerdung« eines der wichtigsten Stichworte für den gegenwärtigen spirituellen Aufbruch in der ganzen Kirche. Dabei ist die Kommunikation, der gegenseitige Austausch und das Miteinander-Tun ein wesentliches Element, damit das geistgewirkte Leben Gestalt werden kann. Ist nicht unsere Frömmigkeit − gerade im deutschen Sprachraum, trotz richtiger Theorie und der Betonung der Liturgie − in eine falsche Innerlichkeit abgeglitten und damit zugleich in einen schädlichen Individualismus? Wenn sich eine ursprüngliche Freude an Gott heute in neuen Formen Bahn bricht, sollten wir ihr zunächst Raum zur Entfaltung geben, in dem Bewußtsein, daß diese Formen ihre Authentizität nur finden können in dem Horchen auf den Herrn. Hier sollte nichts imitiert, aber auch nichts voreilig abgetan werden. Wer den Mut hat, die innere Quelle in einer spontanen Gebetssprache sprudeln zu lassen und sich mit erhobenen Armen Gott entgegenzustrecken, wer die innere Empfindung der Liebe und Freude nicht unterdrückt, sondern ihr in seinem Mienenspiel und seiner Gestik Raum gewährt und auch Tränen nicht gewaltsam zurückhält, und wer dies alles auch vor anderen und mit anderen zusammen tut, ist deshalb noch nicht ein Schwärmer. Wieviel Leben wurde in der Kirchengeschichte unter diesem Vorwurf abgedrosselt, statt geformt!

Gewiß muß bei manchen Menschen der Sinn für religiöses Schamgefühl differenzierter entwickelt werden. Und es ist wahr, daß in charismatischen Gruppen das geistliche Taktgefühl manchmal zu wünschen übrig läßt (1 Kor 13,5a). Aber es gibt auch eine falsche Verschämtheit, die einengt und unfrei macht. Gerade an diesem Punkt hat Paulus einen Durchbruch erfahren. Auffallend häufig spricht er davon, daß er sich »nicht schämt«, sondern »mit Freimut« auftritt. Offenbar ist ihm die Überwindung dieser Schranke ein persönliches Problem gewesen (2 Kor 3,12−4,6). Und nun nehmen bis heute immer wieder Menschen an seiner impulsiven, subjektiven Art und seiner spontanen Direktheit Anstoß. Die Urkirche bekennt sich ausdrücklich zu Ausdrucksweisen, die von außen her gesehen Anstoß erregen, wenn Lukas in der Pfingstrede des Petrus die

Überlieferung weitergibt: »Diese Männer sind nicht betrunken« (Apg 2,15; 26,24). Und Eph 5,18: »Berauscht euch nicht mit Wein, sondern laßt euch erfüllen mit Geist.«

Für Christen kann sich also nicht die grundsätzliche Frage stellen, ob stärkere Ausdrucksformen legitim sind, sondern nur, ob die Proportionen stimmen, also ob die jeweiligen Formen ›echt‹ sind: ob eine Äußerung innerlich wirklich gedeckt ist, wo der richtige Ort und wann die richtige Zeit ist und wie ein Zeugnis dem Nächsten wirklich hilft. Wenn man hier und da Anstoß erregt, wird man sich prüfen, wie weit diese Anstößigkeit aus eigener Erlebnis- und Geltungssucht oder aus der Natur des Auftrages kommt. Wir merken es schnell an dem Gottvertrauen, an der Ehrfurcht und der Liebe, die unser Tun begleiten. Es ist ein Dienst der Liebe, den wir letztlich dem Herrn selbst tun, wenn wir »den Geist nicht auslöschen« (1 Thess 5,19; 1 Kor 14,39), sondern einander einen großen Freiraum schenken, in dem das Wirken des Geistes Gestalt gewinnen und unter uns heranreifen kann.

2.5.5. »Was ihr einem meiner Brüder getan habt ...«

»Mein Examen garantiert mir die Bezeichnung der staatlich anerkannten Krankenschwester, aber Gott schaut nicht auf Titel und Stempel. Er schaut in mein Herz, und dieser Blick drängt mich, meinen Beruf ständig neu von ihm anerkennen zu lassen. Von ihm empfange ich die offenen Augen für meine Aufgaben, mit ihm gehe ich an ihre Erfüllung und zu ihm bringe ich sie zurück. Jesus macht mich zu einer Schwester der Kranken! Damit vertraut Er mir so viel an, daß weltliche Ziele (Geldverdienen, Karrieren) in den Hintergrund treten – denn Er möchte sich verschenken. Wenn man das ganze Streben auf Rang und Einfluß ausrichtet, hat jede Handlung nur noch den eigenen Ruhm zum Ziel und nicht den Nächsten. Durch Egoismus und Stolz wird ihm die wirkliche Nähe und Hilfe vorenthalten.

Jesus befreit mich von dieser Sucht. In ihm erkenne ich, daß meine Hilfeleistung mich nicht über den Nächsten erhebt und mein Dienst mich nicht geringer macht. Im Gegenteil, Jesus beschenkt mich um so reicher, je mehr ich bereit bin, mich selbst zu geben. Es fällt nicht schwer, freundlichen und dankbaren Patienten mit Freude entgegenzukommen und Jesus dabei zu finden. Aber wie sieht es aus bei jenen, die sich zu erniedrigen meinen, wenn sie sich erkenntlich zeigen oder gar ein Lächeln auf die Lippen bringen? Und liegt es nicht nahe, daß die Arbeit zur unliebsamen Pflicht wird, wo sich trotz großer Bemühungen keine Besserung, keine neue Lebenskraft zeigt?

In solchen Situationen habe ich erfahren dürfen, daß Gottes Liebe mir gerade in verachtetem, leidvollem und niedrigem Tun zutiefst nahe ist. Wo manche klagen über ihre innere Leere und Unzufriedenheit, über die erniedrigenden Pflichten ihres Berufes, da begegnet mir Jesus in großer Vielfalt. Durch bittende Augen eines zum Sprechen Unfähigen sagt mir der Herr, daß Ihn dürstet; ein von Sorgen und Kummer gekennzeichnetes Gesicht führt mich zu Ihm als dem Licht, das in jede Dunkelheit strahlt; verächtliche und nörgelnde Worte erinnern mich an Jesu grenzenlose Geduld und Hingabe. Und sogar die Putzarbeit kann freudig geschehen, wenn ich Ihn dabei lobe und Ihm meine Seele entgegenhalte.«

2.6. Vermittler der Herrlichkeit

Die Bewegung der Liebe, in die Paulus vor Damaskus hineingezogen wird, weckt in ihm mit der Hinwendung zu Jesus auch eine Öffnung und Zuwendung zu den Menschen. Gott hat seinen Sohn »in mir« geoffenbart, »damit ich ihn verkünde unter den Völkern« (Gal 1,16). Diese Sendung zu den Menschen gehört konstitutiv zu seiner Urerfahrung. Zugleich wird hier deutlich, wie sie vor sich geht: Der Apostel empfängt zuerst für sich, was er anderen weitergeben soll: »Gott hat uns mit sich versöhnt und uns so den Dienst der Versöhnung aufgetragen« (2 Kor 5,18); ich wurde mit dem Wort Gottes »betraut«, um andere zum Trauen zu führen (1 Thess 2,4); »Gott tröstet mich (ganz persönlich), damit ich euch trösten kann«. Ja dieser Trost überkommt ihn in solcher Fülle, daß er regelrecht »überfließt« auf die anderen (2 Kor 1,4f). »Ahmet mich nach, wie ich Christi Nachahmer geworden bin« (1 Kor 11,1; 4,16). »Griechen und Barbaren bin ich Schuldner« (Röm 1,14), eben weil ich etwas empfangen habe, das nicht nur für mich bestimmt ist. Die Botschaft geht ganz und gar in die Person des Boten ein; und erst so Gestalt geworden, soll er sie weitergeben.

2.6.1. Paulus: Identifikation des Herrn mit seinem Mitarbeiter

In diesem Sinne einer personalen Einswerdung mit Christus ist es zu verstehen, wenn Paulus sich den Gemeinden gegenüber mit Christus identifiziert. Wohl ist er »Apostel« – offiziell Beauftragter des Auferstandenen, mit seiner »Vollmacht« ausgestattet (2 Kor 1,1; 10,8); aber er versteht diesen Auftrag nicht als einen Automatismus (nur ›ex opere operato‹), sondern das Verständnis für den ihm aufgetragenen Dienst erwächst daraus, daß er wie Christus und mit Christus denkt und liebt und fühlt. Die Apostel sind »der Glanz Christi« (doxa, 2 Kor 8,24). »Ich bitte euch anstelle Christi« (2 Kor 5,20); »ihr sucht einen Beweis des in mir sprechenden Christus« (2 Kor 13,4); »in mir ist für euch Tag des Heiles« (2 Kor 6,2). Ihr Galater »habt mich aufgenommen wie Jesus Christus« und »ich bezeuge euch, wenn es möglich gewesen wäre, hättet ihr euch die Augen ausgerissen und sie mir gegeben« (Gal 4,15 f). Die Gläubigen in Makedonien schließlich gaben nicht nur eine Geldspende, sondern »gaben zuerst sich selbst dem Herrn und uns durch Gottes Willen« (2 Kor 8,5), sie, denen er »nicht nur das Evangelium Gottes, sondern auch seine eigene Seele gegeben« hatte und die »das Wort nicht aufnahmen als Menschenwort, sondern als das, was es in Wahrheit ist, als Wort Gottes« (1 Thess 2,8.13).

Daraus ergibt sich von selbst, daß der Herr im Wirken des Apostels die Führung innehat, da er über ihn verfügt. Paulus weiß sich als *sein* »Mitarbeiter« und »Sklave« (1 Kor 3,9; 2 Kor 6,1; Gal 1,10), den Gott fest im Griff hat. So sehr weiß er sich als Instrument, daß er die Gemeinde um ihr Gebet bittet, »damit mir beim Öffnen meines Mundes ein Wort gegeben wird« (Eph 6,19). Wenn jemand zu reden anfängt, ohne zu wissen, was er sagen wird, kann dies ein Zeichen von Leichtfertigkeit oder Vermessenheit sein. Aber es gibt auch das andere: daß ein Mensch »mit Furcht und Zittern« vor andere hintritt, in seinem Inneren »nichts anderes kennt als Jesus, den Gekreuzigten« und dann »den Mund öffnet«, weil dieser ihm die Zunge führt (1 Kor 2,1–5). Je mehr er um seine eigene »Schwachheit« weiß, um so mehr ist sein eigener Beitrag einzig das Vertrauen auf den, der »ihn ergriffen hat« (Phil 3,12). Und wie seine Worte, so lenkt der Herr seine Schritte hin zu den Menschen: Nicht nur die große Aussendung auf die Missionsreise (Apg 13,2), auch die Entscheidung, in welche Stadt er nun gehen soll (Apg 16,6–10), oder die Festlegung seiner Reisepläne (2 Kor 1,17.23; 1 Thess 3,11; Röm 1,10.13; 15,32; 1 Kor 16,7) geschieht durch ihn.

Dabei hat Paulus die Hoffnung, daß die Gemeinde dieses Wirken des Herrn in seinem Leben erkennt. Wenn ihm auch nichts daran liegt, »von einem menschlichen Gerichtstag beurteilt zu werden« (1 Kor 4,3), so hofft er doch, daß seine Gemeinden »ihn ganz durchschauen«, um das »Antlitz Christi« in ihm wahrzunehmen (2 Kor 1,14; 4,6; 5,11). Diese Offenheit zur Gemeinde hin ist für ihn konstitutives Element seines Dienstes; das »Wegnehmen des Schleiers« ist die Geste, die darauf hinweist, daß die Christen in der gegenseitigen Mitteilung des Geistes »von Herrlichkeit zu Herrlichkeit« wachsen (2 Kor 3,12–18). Darin unterscheiden sie sich vom Alten Bund, wo der Bote sich durch einen Schleier vom Volke abgrenzte. Damit erhebt Paulus seinen Dienst über den des Mose – für einen Juden eine Ungeheuerlichkeit! Aber dadurch wird deutlich, welche Herrlichkeit er selbst erfahren hat, denn von dieser Erfahrung her nimmt er – im Gegensatz zu Mose – den Mut zur Offenheit. Er traut diesem Glanz in sich zu, daß er nicht verblaßt, sondern nur noch wächst, wenn er mitgeteilt wird. Im Zusammenhang mit den vielen persönlichen Aussagen des Apostels im 2. Korintherbrief ist dieser Passus die theologische Rechtfertigung dafür, daß man unter Christen ein persönliches Zeugnis vom Wirken Gottes im eigenen Leben geben darf und soll. Paulus hat dabei das Vertrauen, daß die anderen Christen dann das wieder erkennen, was der Herr auch in ihnen bewirkt oder was er als Sehnsucht und Ahnung in sie gelegt hat (2 Kor 1,14; 6,11–13).

2.6.2. Kraft aus der Schwachheit

Dank dieser Offenheit des Paulus wissen wir auch sehr klar, wie er in der Verkündigung der Botschaft vom Kreuz selbst immer wieder in Schwachheit und Ohnmacht geführt wurde, gemäß jenem Prinzip, daß er das Heil nicht nur verbal verkündete, sondern real austeilte. Er ist wie Jesus mit seiner ganzen Person in dieses Geschehen hineingenommen. Darum findet er es ganz in der (Heils-) Ordnung, daß Gott wie seinen Sohn so auch die »Apostel an den letzten Platz gestellt hat« (1 Kor 4,9). Aber die Korinther nehmen Anstoß daran und meinen, Gott habe ihn verlassen. Paulus sucht ihnen in seinem zweiten Brief klarzumachen, daß diese Teilnahme an dem Leiden und Tod Jesu gerade zu einem Zeichen der Echtheit seiner Sendung werden kann: Wenn ihn auch das Leid an die Grenze seiner Tragfähigkeit bringt, so bleibt er doch in seinem Vertrauen ungebrochen, bleibt fröhlich inmitten großer Bedrängnis. Und daß dies so ist, ist nicht eine asketische Leistung oder Forderung, sondern etwas, das er in sich vorfindet und die anderen in ihm; es ist ein Geschenk, dessen er sich »rühmt«, eine übermäßige Kraft, an der deutlich wird, daß seine Verkündigung aus der Kraft eines anderen kommt (2 Kor 4,7–16; 6,1–10).

Wir sollten sehr darauf achten, daß das Wort vom Kreuz immer von dieser Kraft, diesem Frieden und diesem inneren Einklang getragen ist. Hier mischen sich in unsere Verkündigung oft falsche Töne einer Werkgerechtigkeit hinein: Je mehr ein Leben von Leid gezeichnet ist und je mehr Leiden jemand auf sich nimmt, um so größer und heiliger (›verdienstvoller‹) scheint sein Leben zu sein. Aber auch das »Für-ihn-Leiden« ist etwas, das von Gott »gegeben« wird (Phil 1,29); und Gott gibt mit der Prüfung auch den guten Ausgang (1 Kor 10,13). Entscheidend ist also, daß wir in Bedrängnis und Leid in ihm verwurzelt sind: »Ich mühe mich gemäß der Kraft, die in mir mit Macht vollzogen wird« (Kol 1,29). Mit dieser Zuteilung der Kraft ist also für jeden einzelnen das Maß seines Kreuzes verbunden. Auch in diesem Punkt sollten wir also bescheiden sein und nicht »über das Maß hinaus« streben, das Gott einem jeden zugeteilt hat (Röm 12,3). Wenn das Wort vom Kreuz aus düsteren Gesichtern kommt, ist es mehr ein Zeugnis unserer Unerlöstheit als eine Verkündigung seiner Erlösung. Das bedeutet nicht, daß wir das (unerlöste) Leid bagatellisieren, sondern daß Erlösung dort beginnt, wo sich die Kraft Gottes als größer erweist und das Leiden dadurch befreit. »Wenn auch unser äußerer Mensch aufgerieben wird, so wird doch unser innerer erneuert Tag für Tag« (2 Kor 4,16).

Es ist darum nicht etwa ein Verrat an dem Kreuz, wenn die Grundstimmung der Christen die »Danksagung«, Lob und Preis Gottes ist. In unserer »Schwachheit« kommt vielmehr »seine Kraft zur Vollendung« (2 Kor 12,9f); und das ist ständiger Grund zum Staunen und Danken und Rühmen.

2.6.3. Ausrüstung des »Abgesandten«

Ich wage nicht, »von etwas zu reden, was nicht Christus durch mich gewirkt hätte zum Gehorsam der Völker, durch Wort und Werk, in der Kraft von Zeichen und Wundern, in der Kraft des Geistes« (Röm 15,18f). Erst hier ist nun von den »Gaben des Geistes« zu reden, mit denen Gott seinen ›Abgesandten‹ (Apostel) und seine junge Kirche ausgerüstet hat. Diese Kraft erweist sich zunächst in seiner Verkündigung, in einem Wort der Weisheit, der Erkenntnis oder prophetischer Rede. Paulus hat gelernt, daß er eine Zeit des Wachstums braucht. Seine ersten Ansätze in der Predigt brachten die Christen in Verwirrung. Er mußte erkennen, daß Predigen erst seine Aufgabe wurde, als er von demselben Herrn, der ihn gerufen hatte, auch ausgesandt wurde (Apg 13,2). So hat auch Jesus gewartet, bis der Vater ihm den Auftrag gab (Lk 3,21–23; 4,1.14; Joh 5,19; 7,6).

Da der Geist selbst es ist, der seine Gaben austeilt, kann der Mensch, der sich seinem Wirken geöffnet hat, in fröhlicher Geduld bitten und warten zugleich. Sein Bemühen um Wachstum in den Gaben des Geistes, besonders der prophetischen Rede (1 Kor 14,1.12), hat nichts von hektischer Unruhe an sich, sondern erwächst aus dem echten Mittragen der Nöte der Menschen. Wenn er dies immer wieder »mit Bitten und Flehen« vor Gott bringt (Eph 6,18), wird ihm Gott seine Antwort nicht verweigern; und es wird von neuem wahr, was Paulus erlebt hat: »Das Evangelium besteht nicht in geschickter Rhetorik, sondern im Aufweis von Geist und Kraft« (1 Kor 2,4).

Die Kraft erweist sich sodann in Zeichen und Wundern. Einige werden uns in der Apostelgeschichte berichtet, aber sie müssen im Leben des Apostels Paulus viel zahlreicher gewesen sein, denn er beruft sich mehrmals summarisch auf sie. Wie Jesus in den Evangelien, so hält auch er es nicht für unter seiner theologischen Würde, auf diese Heilungen und »Machtzeichen« hinzuweisen, um die Gläubigen in der Annahme seines Evangeliums zu stärken (Röm 15,19; 1 Kor 2,4; 4,20; 2 Kor 12,13; Gal 3,5). Er weiß selbst am besten, daß diese Zeichen nur »im Heiligen Geist« richtig gelesen werden können.

Ist es nicht Hartherzigkeit, wenn theologisch Gebildete das »Wunder« heute oft nur in den innersten Bereich der Gottesbegegnung einschließen und nicht die ganze Breite menschlichen Lebens seinem Heilswirken auftun (Mk 6,5f)? Statt um Zeichen zu bitten, die dem Wort Gottes Nachdruck verleihen (Apg 4,29f; Mk 16,20), und um Prophetie, welche »Menschen überführt« (1 Kor 14,24f), haben manche nur ein müdes Lächeln für das ›einfache Volk‹, das nach Lourdes pilgert. Aber Paulus weiß um das ›Gesetz des Umschlagens‹, daß Gott das »Törichte benutzt, um die Weisheit zu beschämen«, so wie vor Gott »Armut zu Reichtum wird« und menschliche Schwachheit zum Ort göttlicher Kraft (1 Kor 1,26f; 2 Kor 8,2.9; 12,5–10). Zwischen Wundersucht und Skepsis gibt es den »Glauben, der Berge versetzt« (1 Kor 12,9; 13,3), aus der Liebe heraus und »zum Ruhm und Lob Gottes« (Phil 1,10). Das Motiv ist also entscheidend.

In der Person des Apostels Paulus sind viele Befähigungen des Geistes zu einer überzeugenden Gestalt integriert. Dabei »mißt er sich nicht an sich selbst« und »rühmt sich nicht unmäßig«, sondern nach dem ihm zugewiesenen Maß (2 Kor 10,12f). Dieses Selbstbewußtsein des Apostels mag manchen verwundern. Aber Paulus zeigt uns in seiner Person, daß aus der Sendung Gottes eine Sicherheit und Kraft erwächst, der »alle Feinde nicht widerstehen können« (Lk 21,15). Nichts von frommer Leisetreterei oder jener sogenannten ›Demut‹, welche lebensuntüchtig macht und den Sieg Gottes verschweigt. Vielmehr hat Paulus die Hoffnung, durch das Wachsen des Glaubens der Korinther unter ihnen als Verkünder noch stärker und kraftvoller zu werden – da sein ›Maß‹ ja immer der Überfluß ist –, um so das Evangelium in noch größerem Maß zu verkünden (2 Kor 10,15). Paulus ist somit offen für die Begegnung mit allen Menschen; und seine weiten Reisen sowie seine Pläne für Rom und Spanien (Röm 15,19.24) zeigen ihn als Apostel der ganzen Welt.

2.6.4. Heute: Der Geist Gottes führt meinen Alltag

Einige Zeit nach einem Pfingsttreffen schreiben zwei Teilnehmerinnen: »In stiller Freude gingen wir auseinander. Eine Rückbesinnung auf die Stille brauchte ich in den nächsten Tagen oft. In mir war so viel Begeisterung, daß ich Gott um Demut bitten mußte, damit ich nicht andere überfalle, sondern meine Sendung aus der Stille und Anbetung, aus dem Hören auf Gott annehme. Zu Hilfe kam mir ein Gedanke aus dem Vortrag über ›Sendung aus der Feier der Eucharistie‹: In dem Augenblick, da wir den gegenwärtigen Christus anbeten, haben wir die größte Freiheit von uns selbst und können ausgesandt werden. Unsere Sendung geschieht also aus der Anbetung, aus dem Schweigen.«

»Die Freude, die über unseren Begegnungen zu Pfingsten lag, hat uns gezeigt, daß der Geist uns die österliche Dimension unseres Lebens eröffnen will. Vielleicht durfte dieser oder jener etwas spüren von dem Geist, der wie ein Sturm über den Menschen kommt, ihn mitreißt, Ängste wegfegt; von dem Geist, der wie Feuer in ihm brennt — wie Feuer, das nichts von dem, was es berührt, im selben Zustand beläßt; oder vielleicht von dem Geist, der uns wie ein Hauch tief in unserem Innern anrührt und zu Anbetung und Schweigen vor den Herrn bringt.

Wenn wir dies Wirken des Geistes, seine Gaben in unserem Leben bereits deutlich wahrgenommen haben, dann wird uns das in eine Entwicklung drängen. Diese Gabe des Geistes ist von ihrem Wesen her ein Anfang, auf Wachstum angelegt. Wachstum aber erfordert viel Offenheit. Gott nimmt uns so ernst, daß er keinen unserer Lebensbereiche aus der lebenspendenden Kraft seines Geistes ausnimmt. Ich kann nicht festlegen, in welche Richtung es zu gehen hat.

Mit der Zeit habe ich gelernt: Der Geist ist es, der uns die Klarheit gibt, zu sehen, was notwendig ist, und zu erkennen, daß die kleinen alltäglichen Dinge wichtig sind, um Gemeinschaft aufzubauen, nicht die großen, die wir so gerne tun würden; der Geist ist es auch, der nicht will, daß wir große Sprünge machen, sondern die kleinen Schritte gehen, einen nach dem anderen; der nicht will, daß wir uns fragen, ob wir glänzen können mit dem, was wir tun, sondern daß wir einfach tun, was notwendig ist; und der Geist ist es noch, der uns im Gesicht eines Menschen, dem wir begegnen, ahnen läßt, ob er unsere Hilfe, ein gutes Wort oder unsere Zeit braucht und der uns in schwierigen Situationen die notwendige Feinfühligkeit gibt und uns hilft, daß wir nicht uns selbst und unsere Ideen diesem Menschen ›verkaufen‹ wollen, sondern uns fragen, was wichtig und richtig für ihn ist.

Das Wirken des Geistes muß sich nicht immer in gewaltigen Zeichen, in Sturm und Feuer kundtun. Oft kann es viel wichtiger sein, daß wir Zurückhaltung üben, die dem anderen den Lebensraum gibt, den er braucht. Denn die Gabe des Geistes bewirkt eine neue Lebensbejahung, weil sie uns hineinnimmt in eine neue Sicht der Dinge, die von der Liebe ausgeht.«

2.6.5. Auswirkung in alle Lebensbereiche

Familie: »Das Leben einer Mutter ist ein einziges Abenteuer. Ich bin Mutter von fünf Kindern zwischen 21 und 9 Jahren und bin eine sehr glückliche Mutter. Doch das war nicht immer so. Es gab eine Zeit — sie liegt noch nicht allzu lange zurück —, da war ich sehr unglücklich. Ich erkannte, daß ich meinen Kindern in ihren Problemen nicht mehr weiterhelfen konnte. Wir verstanden uns nicht mehr, die Kinder zogen sich von den Eltern zurück. Es kam so weit, daß die psychische Belastung meine Gesundheit angriff. Ich bekam Herzschmerzen, fand nachts keinen Schlaf. Die Atmosphäre in meiner Familie war zum äußersten gespannt.

Ich betete viel. Eines Tages bat ich den Herrn: ›Herr, Du allein kannst helfen. Sage mir, was ich tun soll!‹ Und ich erhielt die Antwort: ›Gib mir deine Kinder zurück. Ich habe sie dir anvertraut, damit du sie eine Zeitlang auf ihrem Weg begleitest. Doch jetzt gib sie in meine Hand zurück. Glaubst du nicht, daß ich sie besser führen kann als du?‹ Und diese Übergabe habe ich vollzogen — voller Schmerz und voller Freude! Jedes einzelne Kind habe ich ihm zurückgegeben, mit seinen Schwächen und Fehlern, mit seinem Charme und seiner Liebe, mit seinem Hoffen und seinen Zukunftsträumen.

Seither hat sich ein Wandel vollzogen. Ich habe keine Angst mehr, was auch mit meinen Kindern geschieht. Wenn sie Wege gehen, die ich nicht verstehen kann, so bin ich gewiß: Er hat sie in seiner Hand. Alles wird gut. — Und ein zweites hat sich gewandelt: unser Familienleben. Eltern und Kinder sind wieder neu zusammengewachsen. Nun kommen unsere Studentenkinder am Wochenende nicht nur, um die Wäsche in Ordnung bringen zu lassen, sondern sie freuen sich auf unser Zusammensein, auf die gemeinsamen Gespräche und Erlebnisse. Es kommt mir vor, als hätte der Herr mir meine Kinder aufs neue zurückgeschenkt.«

Jugendarbeit: In einer großen Pfarrei stellten sich viele Mitglieder einer Gebetsgruppe als Firmhelfer zur Verfügung. Eine Mutter berichtet: »Beim Durchlesen der Firmmappe wurde mir klar, daß wir anders vorgehen sollten. Uns hatte Gott die Kraft des Heiligen Geistes neu gezeigt. So setzten wir uns Woche für Woche zusammen, um jede Stunde anhand der Heiligen Schrift neu durchzudenken und mit unserer Glaubenserfahrung zu ergänzen. Für die Firmhelfer bedeuteten gerade diese Abende ein neues Hineinwachsen in den Glauben. Schon bei der ersten Stunde, die recht gut gelang, spürte ich: Den Kindern fehlt das Wesentlichste, die Erfahrung mit Gott. Ich spürte ihr Staunen und auch ihre geheime Sehnsucht; doch wechselten diese mit Zweifeln und oft auch mit Resignation. An ihren Augen war abzulesen: Es wäre ja alles so schön, wenn es nur wahr wäre, was ihr da sagt. Aber das gibt es nicht in unserer Welt!

Bei einem Wochenende mit 55 Kindern und Jugendlichen aus allen Schichten sprang bei vielen ein Funke über: Gott in der Mitte, Jesus unser Freund und Bruder, wir geführt durch die Kraft des Geistes, in der Freude an Gott in der Gemeinschaft mit den anderen. Das Schönste war, daß sie selbst immer wieder darum gebetet haben, daß keiner aus der Gemeinschaft ausgeschlossen sei. Daheim wollten viele weiter miteinander beten. Beim ersten Abend im Gemeindehaus legte ich jedem ein Schriftwort auf seinen Platz und nahm die Stelle aus dem Evangelium, wie der Herr seine Jünger ermahnt, nicht nach oben zu schauen, sondern hinunterzugehen ins Tal und das weiterzugeben, was sie auf dem Berg erfahren hatten. Einige berichteten ihre Erfahrungen, die sie durch das Treffen gemacht hatten. Wir beteten zusammen, und es war ohne viele Worte beschlossene Sache, daß wir uns in der nächsten Woche auch wieder treffen würden, zusätzlich zu den kleinen Firmgruppen.

Bei einem Erntedankgottesdienst, den wir mit dieser Gruppe gestalten sollten, spürte die ganze Gemeinde, wie sehr die Kinder für Gott zu begeistern sind. Mir selbst ist in diesem Gottesdienst ganz stark klargeworden, daß der Herr das alles so geführt hat. Nach der Firmung blieb ein fester Kern. Bei einem achttägigen Aufenthalt in einem Bauernhaus lernten wir miteinander leben, Schwierigkeiten auszusprechen und auszuräumen, und zwar anhand regelmäßiger Bibelarbeit. Der Pfarrer dieses Ortes sagte uns nach einem Gottesdienst, den wir gestalten durften, ein schönes Wort: ›Es kommt nicht so sehr darauf an, daß wir selber spüren, daß der Heilige Geist mit uns selber ist, sondern daß die anderen es spüren.‹ Und das, meinte er, sei bei uns der Fall gewesen.

Inzwischen ist unsere Gruppe fest gewachsen. Jeder Abend ist anders und hat einen bestimmten Aufbau. Einer der Jugendlichen bereitet den Abend vor, immer anhand der in der vorigen Woche ausgesuchten Schrifttexte. Er trägt seine Gedanken vor, dann werden wir still und denken alle darüber nach. Nun kann jeder seine Fragen, Gedanken äußern. Der Austausch ist äußerst lebhaft. Alles wird dann ins Gebet genommen und ist wegweisend für den nächsten Schritt. Jesus, der uns den Geist schenkt, wird uns auch helfen, ›alles zu halten, was er uns geboten hat‹.«

Gesellschaft: Ein Sozialarbeiter schreibt: »Die Erfahrung des Heiligen Geistes dient nicht nur der persönlichen Befreiung und Bereicherung, sondern wirkt ins soziale Umfeld und kann auch eine Kraft zur Veränderung der Gesellschaft werden. Da wir nicht schweigen können über ›das, was wir gesehen und gehört haben‹, müssen wir unseren Mitmenschen kundtun, welche Befreiung durch das Einlassen auf den Geist Gottes möglich ist. Wer sich eingelassen hat, weiß, welche Tiefen in ihm freigeworden sind und daß eine andere Lebensqualität als die eines oberflächlichen Daseins möglich ist.

Aber viele Menschen sind für eine direkte Mitteilung dieser Dimension Gottes nicht zugänglich. Glaube ist für sie ein abgegriffenes Wort. Sie verstehen nicht unsere Worte; sie können überhaupt nur etwas verstehen, wenn sie es durch unser Leben erfahren, wenn wir uns, trotz allen Scheiterns, immer wieder auf die Menschen einlassen. Daß wir lieben, ohne Bedingungen zu stellen — auch nicht jene Bedingung, daß andere Christus lieben! Auch jenen muß unsere Liebe gelten, die von Christus nichts hören wollen. Oft ist es daher besser, zu schweigen und das Evangelium zu leben, um durch unser Leben etwas von seiner Fülle sichtbar zu machen.

Glaube und Liebe, das sind die Dimensionen, auf die wir uns eingelassen haben: nach innen hören auf das, was der Geist uns eingibt; und nach außen schauen, wo wir im Mitmenschen Christus begegnen. Oder anders ausgedrückt: Wir lernen, die Welt mit dem Auge der Liebe zu betrachten, um zu entdecken, wo wir gefordert sind, und im Gebet zu überprüfen, worin unser ureigenster Auftrag besteht.

Wenn wir mit der Liebe zum Menschen Ernst machen, erkennen wir, daß dies auch Strukturveränderungen notwendig macht. Das beginnt schon im kleinen. Ich arbeite beruflich mit jugendlichen

Strafgefangenen. Selbst für jene, die im Gefängnis einen Prozeß der Veränderung durchmachen und ein neues Leben wagen wollen, bestehen relativ geringe Chancen, es nach der Entlassung zu schaffen, wenn nicht Gemeinschaften bestehen, in denen und mit denen sie leben können. Strukturveränderungen im Interesse jener, die aus einer kriminellen Vergangenheit ausbrechen wollen, begänne damit, solche Gemeinschaften aufzubauen. Im Laufe von Jahren zeigte uns Gott einen Weg, ein solches Haus aufzubauen, Schritt für Schritt; er führte die Menschen zusammen, zeigte die Wege und gab uns, was wir brauchten. Unser Vertrauen auf ihn hat er nie enttäuscht.

Auch in anderer Weise konfrontieren mich Gefangene mit der Notwendigkeit von Strukturveränderungen. Ich muß mich auch für das Recht des anderen einsetzen, eine Arbeit zu bekommen, in der er sich verwirklichen kann und an der er nicht zerbricht. Für mich persönlich ergeben sich daraus politische Folgerungen. Ich kann nicht von Liebe reden, gleichzeitig aber achtlos daran vorbeigehen, daß Menschen unterdrückt und gefoltert werden. Oder wenn seelisch gestörte Menschen einen lebenslangen Weg durch die Gefängnisse antreten müssen, nur weil wir uns nicht der von Gott gegebenen Phantasie bedienen, andere Möglichkeiten zu ihrer Heilung aufzubauen als jene kümmerlichen, die unsere Institutionen anzubieten haben.

Je mehr wir uns die Situation der Menschen und der Gesellschaft bewußtmachen, desto ohnmächtiger fühlen wir uns. Wir spüren unsere Grenzen und erfahren, wie sehr wir des Eingreifens und der Kraft Gottes bedürfen und seiner Führung. Die Entstehung von Gebetsgruppen und Basisgemeinden ist ein notwendiges Zeichen dafür, daß wir uns eingestehen, daß wir mit unseren eigenen Kräften am Ende angelangt sind – das heißt aus eigener Kraft allein die Welt nicht zu ändern vermögen –, und daß wir der Kraft des Gottesgeistes bedürfen, um selbst heil zu werden und die Welt heil zu machen.«

2.6.6. Gaben der Prophetie und der Leitung

»Die Anfänge meiner Erfahrungen mit der Prophetie«, so schreibt eine Lehrerin, »liegen etwa 12 Jahre zurück. Ich erlebte sie erstmalig im schlichten Rahmen und in der dichten Atmosphäre

eines evangelischen Gebetsgottesdienstes in einem kleineren landeskirchlichen Kreis. Der Leitende, ein Baptistenpfarrer aus England,
legte einzelnen die Hände auf, während er ihnen kurze Verheißungen oder Worte der Ermahnung zusprach. Als erstmals in diesem
Kreis ein von mir laut gesprochenes Sprachengebet interpretiert
wurde, wirkte die Auslegung in ihrer dichten, leuchtenden Sprache
auf mich wie eine Prophetie, als Motto für mein weiteres geistliches
Leben, obwohl es einen Lobpreis Gottes zum Inhalt hatte: ›Gelobt
sei der Sohn!‹ Der Interpret sprach es mehrfach leise, sehr ehrfürch-
tig und voller Liebe. Es war frei von jeder falschen Gefühlsüber-
ladung, wie ich sie erst viel später in anderen Gruppen vorfand.

Später empfing ich durch andere Menschen prophetische Worte,
die mich in Stil und Atmosphäre an von mir besonders geliebte
Texte aus dem Alten Testament erinnerten, obwohl sie sprachlich
immer original gestaltet und mit keiner mir bekannten biblischen
Formulierung identisch waren. In wenigen Fällen wurden mir auch
Verse aus dem Neuen Testament zugesprochen, die mich unmittelbar trafen.

Ein anderes Mal wurde mir ein Sprachengebet philologisch
ausgelegt durch einen Kenner der hebräischen Sprache, der für
Charismen offen war: ›Jesus, du unser Vertrauen!‹ Und in einer
anderen Sinngebung: ›Rette unser Volk!‹ Auch dieses Wort der
Fürbitte, wie es in dieser spezifischen Formulierung wohl kaum im
natürlichen Sprachgebrauch anklingen würde, wirkte auf mich prophetisch; es begleitet mich bis heute. Nicht, daß ich sachlich daran
besonders hohe Erwartungen knüpfe; doch in die Atmosphäre der
damaligen Gebetsversammlung hineingesprochen wirkte es auf
mich wie eine klärende und sehr schöne Antwort auf mein ängstlich
hervorgebrachtes Sprachengebet, das ich, obgleich es klar klang, wie
ein Stammeln empfunden hatte. Ich erkannte den tiefen Zusammenhang zwischen Sprachengebet, Auslegung, Prophetie und liturgi-
schem Gebet, das ja aus ähnlichen oder gleichen Wurzeln stammt.

In meinem ›Habenwollen‹ und auch aus wirklicher geistlicher
Sehnsucht, die ich zurückschauend nicht abwerten möchte, hatte ich
mir damals neben dem überraschend schnell und eindeutig empfangenen Sprachengebet auch die Gabe der Prophetie gewünscht und
erbeten; denn es wurde uns gesagt, zwischen beiden Gaben bestehe
ein Zusammenhang, und das Sprachengebet sei wie ein Tor zu
anderen Charismen.

Nach einiger Zeit erreichte mich mitten im alltäglichen Tun, manchmal beim Abwaschen, der Ruf: ›Geh und schreibe!‹ Ich empfing Worte für einzelne Menschen, Christen und Nichtchristen; Anweisungen, Mahnungen, Bestätigungen, die ich sachlich nicht einordnen und klären konnte. Sie schienen in einem mir selbst fremden Zusammenhang zu stehen. – Meine Worte wurden unterschiedlich aufgenommen, aber immer mit Wohlwollen. Nicht jedes Wort traf; doch ist mir auch kein Fall bekannt geworden, wo eines ernsten Schaden angerichtet hätte.

Manchmal fühlte ich mich freilich unter Druck, da sich die Impulse, Weisungen aufzuschreiben und weiterzureichen, häuften. Ungeübt und unerfahren, wie ich damals war, fehlte mir und den jungen Leuten, mit denen ich mich zusammengetan hatte, die geistliche Korrektur reifer Christen. Darum gab ich die Gabe nach einem endlich möglich gewordenen Seelsorgegespräch an Gott zurück, der sich bekanntlich des Esels des Bileam bedient hatte (Num 22,28) und nicht auf mich angewiesen war. Als ich nach Jahren katholisch wurde, empfing ich allmählich Gabe und Ruf wieder.

Ich fühle mich jetzt frei von Druck und Zwang (›Die Geister der Propheten sind den Propheten untertan‹, 1 Kor 14,32). Die Worte, die mir der Herr schenkt, sind nach wie vor meistens an einzelne Menschen gerichtet. Gewöhnlich soll ich sie aufschreiben und sie zu gegebener Zeit dem Betreffenden geben oder schicken. Sie sind gekennzeichnet durch eine knappe, gestraffte Form und oft von einer sprachlichen Geschlossenheit, die mich froh macht und die auch irgendwie zu Mentalität und geistlichem Leben des Adressaten paßt.

Seitdem konnte ich schon viele ermutigen, um diese schöne und wichtige Gabe zu bitten. Sie überfordert oder ›überfremdet‹ uns in keinem Falle, solange wir uns selbst treu bleiben; denn Gott knüpft an unsere natürlichen menschlichen und religiösen Voraussetzungen an.«

»Niemand soll dich wegen deiner Jugend geringschätzen« (1 Tim 4,12) – unter dieser Überschrift schreibt eine Studentin, was ihr bei einem Treffen von Leitern und Verantwortlichen aus Gebetsgruppen aufgegangen ist. »Es ist die Erfahrung, wie Gott einige Jugendliche ausgerüstet hat und wie er sie führt. Ich habe wieder einmal Jugendliche erlebt, die mit dem Charisma der Leitung ausgestattet sind und die mit dieser Begabung Erwachsenen manchmal ›überlegen‹ waren. Oft hat man Angst, jemandem etwas zu sagen, der 20, 30 Jahre älter ist. In meine Situation hinein traf mich damals dieser Satz: ›Niemand soll dich wegen deiner Jugend geringschätzen‹ (1 Tim 4,12); und er hat mich immer wieder erinnert und ermutigt, das einzubringen, was Gott mir geschenkt hat. So durfte ich immer wieder die Erfahrung machen, daß es keine Rangordnung der Gaben gibt und daß unsere Gebetskreise nur dann wirklich Frucht bringen, wenn wir dieses Dienen leben, jeder nach seinen Fähigkeiten.«

2.7. Das Werden des Leibes Christi

2.7.1. Paulus: Getragen von der Gemeinde

Paulus erfährt nicht nur, daß von ihm selbst göttliche Kräfte ausgehen, sondern auch, daß er von den Gemeinden her Geisteskraft, Stärkung und Gnade empfängt: »Das heißt, gemeinsam getröstet werden unter euch durch das gegenseitige Vertrauen zueinander, eures und meines« (Röm 1,12). Er hofft, durch den Glauben der Korinther »groß zu werden, um weiter Christus zu künden« (2 Kor 10,15f), und weiß, daß er in Thessaloniki nur so in der Kraft des Geistes wirken konnte, weil die Gemeinde den Geist lebendig aufnahm: »Meine Verkündigung geschah euch gegenüber nicht nur im Wort, sondern auch in Kraft und Heiligem Geist und in voller Überzeugung; denn wie ihr wißt, sind wir aufgrund von euch unter euch so geworden« (1 Thess 1,5). Und Paulus bittet immer wieder um das Gebet, damit die Gemeinde seine Gnadengabe »eucharistiert«, »an seiner Rettung mithilft« und ihn »mit Geist versorgt« (2 Kor 1,11; 4,15; Phil 1,19).[45]

In dieser rückläufigen Bewegung, dem gegenseitigen Geben und Nehmen der geistlichen Geschenke liegt für Paulus offenbar der Erfahrungshintergrund für das Bild vom Leib, in dem wir alle einander dienen und tragen. Es ist schon auffallend, daß er dieses Bild beide Male, sowohl 1 Kor 12 als auch Röm 12, zur Erläuterung der Geistesgaben anführt, die ja in ihrer Verschiedenheit doch alle von dem einen Geist stammen. »Ihr habt Christus angezogen: Da gibt es nicht mehr Griechen und Juden, sondern ihr seid einer in Christus« (Gal 3,28). Die Heiden sind darum »Mit-Leib« (sys-soma, Eph 3,6). Die Christen sind so sehr einer — »der Christus«, 1 Kor

12,12 —, daß Paulus schreiben kann: »Auch wenn ich dem Leibe nach abwesend bin, im Geist bin ich doch bei euch« und spreche in dieser Einheit im Geiste sogar ein rechtsgültiges Urteil mit euch zusammen (1 Kor 5,3). Diese juridische Einheit gründet selbstverständlich in einer existentiellen Verbundenheit: »Ich trage euch im Herzen zum Mitsterben und Mitleben« (2 Kor 7,3) — eine Erfahrung, wie sie nur von Liebenden gemacht wird. Und Paulus weiß sich getragen von seinen Gemeinden, die seine »Freude und Ermutigung«, sein »Glanz und sein Ruhm« sind (2 Kor 1,14; 2,2f; Phil 2,1.16; 4,1; 1 Thess 2,19).

2.7.2. Ein Raum, der vor dem Bösen schützt

Außer der gegenseitigen Hilfe ist der Leib Christi ein Schutz gegen den Bösen. Wer aus der konkreten Gemeinschaft ausgeschlossen wird, verliert diesen Schutz und ist damit »dem Satan ausgeliefert« (1 Kor 5,5) — freilich um dadurch endlich zu merken, daß er den Schutz des Leibes, der Gemeinschaft der Kirche braucht. Paulus kann sehr hart werden, wenn jemand diesen Leib, den Christus oder »den Tempel Gottes verdirbt« (1 Kor 3,17). Er weiß in sich eine Kraft, auch »Bollwerke einzureißen«, um die Gemeinschaft des Leibes frei zu halten von großen Schäden (2 Kor 10,1—11,15). Es ist gewiß nicht leicht, dies von Rechthaberei oder unangebrachtem Rigorismus zu unterscheiden, und darum ist die »Unterscheidung« eine eigene Gabe, die immer wieder aktuell vom Geist erbeten werden muß (1 Kor 12,10; Phil 1,10). So ist ein scharfes Auftreten nur möglich, wenn die Kraft Christi aktuell dazu legitimiert: »Ich werde nicht schonen, da ihr einen Beweis des in mir sprechenden Christus fordert« (2 Kor 13,3).

2.7.3. Herzliche Liebe

Um so mehr kann sich in diesem geschützten Raum dann eine Liebe entfalten, die von göttlicher Reinheit und Tiefe ist. Denn »Gott selbst ist mein Zeuge, wie ich euch in meinem Herzen trage und mich nach euch allen sehne in herzlicher Liebe« (Phil 1,8). Der Philipperbrief ist randvoll mit Hinweisen auf die sehr persönliche, herzliche Beziehung zwischen Paulus und den Empfängern. Er ist zugleich der Brief, in dem am meisten von Freude die Rede ist! Und den Thessalonichern schreibt Paulus: »Wie eine Amme ihre Kinder hegt, so wollte ich Anteil nehmen an eurem Leben und habe euch nicht nur das Evangelium, sondern auch mein eigenes Leben hingegeben, weil ihr uns so lieb geworden waret« (1 Thess 2,7f). Paulus empfindet menschlich warm und lebendig und hat keine Scheu, dies in Umarmung und Bruderkuß zum Ausdruck zu bringen (Apg 20,37; Röm 16,16; 2 Kor 13,12). Zugleich wissen wir, wie ihn Spaltungen, Vorwürfe und Feindschaften bedrückten (2 Kor 11,29). Wo heute Menschen aus der tiefen Einheit heraus, die sie in Christus erfahren haben, auch neu zueinander finden, bekommen sie vielleicht eine Ahnung von der spontanen Herzlichkeit, welche in den paulinischen Gemeinden herrschte. Es waren ja wohl kleine, überschaubare Gruppen; man kannte sich — das wird auch aus vielen Briefschlüssen deutlich — und besuchte sich und war immer wieder eins im Herrn. Es ist klar, daß in einer solchen Gemeinschaft nur noch Freimütigkeit möglich ist, die Offenheit, in der man sich im Herrn »alles sagen« kann (parrhesia), sich auch gegenseitig korrigieren und noch mehr einander trösten darf (2 Kor 1,4; 2,2ff; 7,8–16), in der man »weint mit den Weinenden und lacht mit den Lachenden« (Röm 12,15) und in der man einander das Zeugnis des Geistes und der Kraft nicht vorenthält. Gewiß bringt so etwas spezifische Spannungen mit sich; Paulus hat keinen leichten Stand in der Urkirche! Vielleicht kommt es auch aus eigener, schmerzlicher Erfahrung, wenn er die Galater ermahnt, nicht etwa die eigenen Taten, die Gott dem einzelnen als gut bestätigt hat, einem anderen so unter die Nase zu halten, daß in ihm das Gefühl der Unterlegenheit entsteht (Gal 4,4–6). Jeder, der Christus nachfolgt, bringt Frucht auf seine Weise.[46] So ist die große Offenheit und Herzlichkeit geschützt durch vornehme Ehrfurcht vor dem Bruder und dem Wirken des Geistes, der »jedem ein Maß zuteilt«, »wie er will« (Röm 12,3; 1 Kor 12,11).

Manchmal macht Paulus kaum einen Unterschied zwischen der Liebe zum Herrn und zueinander, etwa wenn er den Christen in Makedonien bezeugt: Sie gaben nicht nur die Geldspende, »sie gaben zuerst sich selbst dem Herrn und uns« (2 Kor 8,5). Er selbst »lebt auf«, da er von ihrer Liebe hört, und wird dadurch getröstet, daß sie »Sehnsucht« nach ihm haben wie er nach ihnen. Und er betet um eine »überfließende gegenseitige Liebe« (1 Thess 2,17–3,12; 2 Kor 2,2; 7,5–12). »Ihr seid die Empfehlung für Christus, eingeschrieben in mein Herz, mit dem Geist des lebendigen Gottes, nicht

116

in steinerne Tafeln, sondern in Herzenstafeln aus Fleisch« (2 Kor 3,3). Dies alles ist nicht ›literarisch‹ gemeint, sondern erlebtes Leben. Die Einheit, die hier entstanden ist, ist selbst »der Christus« (1 Kor 12,12), so sehr durchdringt sein Geist alles in dieser Gemeinschaft, die »sein Leib« geworden ist.

2.7.4. Heute: Gemeinschaft im Geist

Die meisten bisherigen Berichte erhalten bereits Hinweise zum Thema ›geistliche Gemeinschaft‹. Hier noch einige Ergänzungen: Eine Teilnehmerin schrieb am Ende einer Bibelwoche ein Gebet, das sie im Schlußgottesdienst aussprach:

»Herr, als ich hierher kam, fand ich 40 fremde Menschen. In diesen Tagen der Stille und des Hörens auf Dein Wort, Herr, schenkte mir jeder etwas: ein Lächeln, ein Wort, eine Umarmung, ein Gebet, und wurde mir dadurch vertraut. Wenn ich nun wieder gehe, scheide ich von 40 Freunden, und ich weiß, Deine Liebe, Gott, umfängt mich in ihnen und Deine Liebe hilft ihnen durch mein Gebet. Lob und Dank sei Dir dafür.«

Im folgenden spricht eine Frau von der Not und der Hilfe gemeinschaftlichen Gebetes, wie es viele immer wieder erfahren: »Beim letzten Gebetstreffen wurden wir daran erinnert, mehr Gemeinschaft zu pflegen und uns im Gebet darum zu bemühen. Ich habe folgendes erlebt: Nach Monaten großer Dunkelheit, Traurigkeit und Einsamkeit machte ich eine unserer Tagungen mit. Dort wurden solche Menschen, die zum ersten Male dabei waren, besonders von Gott ergriffen, sie erfuhren ihn neu. Sie beteten mit wachsendem Vertrauen zum Herrn und dankten für seine erkennbare Wirksamkeit an ihnen in diesen Tagen. Dieses von ihnen gewonnene Vertrauen traf mich ins Herz. Aber ich wurde nicht getröstet. Während die Freude bei den anderen wuchs, wurde meine Distanz immer größer. Das gemeinsame Beten und die Eucharistiefeiern, auf die ich meine ganze Hoffnung gesetzt hatte, brachten mich an den Rand der Verlassenheit. Dennoch versuchte ich weiterzubeten; ich hielt durch und blieb dabei, obgleich mir oft zum Weglaufen zumute war. Ich betete auch bis tief in die Nacht; ach, beten konnte man das nicht mehr nennen, ich stammelte und sann nach, was dies zu bedeuten hätte. Aber ich fand keine Antwort. Diese Kühle und Distanz, diese Traurigkeit hatten mich auch daheim im Gebetskreis schon viele Monate überfallen. So fuhr ich ungetröstet zurück.

In den nächsten Wochen hielt ich oft Rückschau auf jenes Treffen. Eines Tages brach in mir etwas Neues auf! Ich konnte wieder vertrauen, ich konnte wieder hoffen, ich wußte mich beim Herrn wieder geborgen; so überwand ich alle Abkapselung von den anderen und fühlte mich plötzlich neu beschenkt und angenommen.

Bei der Überlegung, woher diese Veränderung kam, glaube ich bezeugen zu müssen, daß die Kette des vertrauensvollen Gebets der anderen mich einbezogen hat. Ich lebte plötzlich aus der Hoffnung und dem Vertrauen der anderen, die meine Not gar nicht gekannt hatten. Ähnliches habe ich in der letzten Zeit oft auch an anderen Menschen erlebt, daß sie innerlich gesundeten und geheilt wurden durch das inständige Gebet von Brüdern und Schwestern im Kreis, von deren Gebet sie nichts wußten.«

2.7.5. Kirche im Werden

Nicht jeder mag mit dem Wort »Kirche« das gleiche verbinden. Sie ist zugleich eine in Wort und Sakrament, Amt und rechtlicher Ordnung vorgegebene Größe als auch eine, die sich immer wieder neu aus dem Charisma des Geistes und den aktuellen Gnaden formt. Zu den Grundlinien dieses »Werdens im Geiste« gehört, daß alles geistliche Leben des einzelnen auf Kirche hintendiert und andererseits die Lebendigkeit der Kirche von dem geistlichen Leben der Glieder abhängt.

Die Leiterin eines Gebetskreises, der inzwischen sehr gewachsen ist, berichtete bald nach dessen Anfang: »Wie Gott das Leben einzelner erneuert – das ist ein großes Geheimnis von Liebe und Leid. Die Sprache darüber wird mehr das Schweigen als das Reden sein. Manches Wort jedoch, das einzelne über ihre Erfahrungen mit unserer Gebetsgemeinschaft sagen, fällt auf: »Ich bin so glücklich geworden durch den Gebetskreis.« – »Man lebt anders, wenn man in einem Gebetskreis ist.« Manche fühlten sich, wie sie sagten, des Kreises unwürdig und wollten aus diesem Grund die betende Gemeinschaft verlassen. Im Gespräch wurde ihnen deutlich, daß dies eine Versuchung ist. Jemand sagte: »Entweder das Beten verändert das Leben eines Menschen – oder er wird mit dem Beten aufhören.«

Eine andere Teilnehmerin: »Ich kam in den Gebetskreis vor allem aus einem religiösen Verlangen heraus. Ich sah in ihm eine der vielen Formen, Gott näher zu kommen, ahnte aber nicht seine Sprengkraft. Es war wie die Berührung mit dem elektrischen Strom selbst und nicht nur mit dem Kabel, das ich bisher in den Händen hatte. Das Erleben der unmittelbaren Nähe Gottes, die völlige Auslieferung an den Herrn, all das schließt den Kreis von Mal zu Mal inniger zusammen.«

Die gemeinsame Erfahrung des Herrn während der Stunde des Gebetes schafft in der Tat eine Gemeinsamkeit, die menschliches Tun und Wollen allein nicht aufbauen kann. So begreifen wir es fast nicht, daß unser Gebetskreis erst ein halbes Jahr besteht. Es kommt uns vor, als gehörten wir schon immer zusammen. Dabei sind wir in Alter, Eigenarten und anderen Interessen sehr verschieden. Ohne das Gebet hätten wir nie zusammengefunden.

Wer mit uns gebetet hat, ist kein Fremder mehr, auch wenn er neu dazukommt. Und wir möchten, daß diese Gemeinschaft auch während der Woche fortdauert. Dem Wunsch einer Teilnehmerin entsprechend haben wir auf die Rückseite einzelner Bibelkärtchen je einen Namen derer geschrieben, die zu unserem Kreis gehören. Die Kärtchen werden jedesmal neu verteilt, und jeder betet eine Woche lang für den, dessen Namen er gezogen hat. Durch diese Anregung zum Gebet füreinander ist eine herzliche Freude geweckt worden. Jeder von uns weiß sich getragen vom Gebet des anderen.

Wir sehen uns als kleine Zelle der ›Kirche im großen‹ und leisten bewußt unseren kleinen Dienst an ihr. Wer ihre Neuwerdung nur von der Änderung der Strukturen und äußeren Formen erhofft, muß enttäuscht werden. Neuwerdung geschieht aus dem Inneren: Da, wo Menschen sich Gott und seinem Geist aussetzen, sich von ihm durchdringen lassen, sich von ihm ändern lassen, sich von ihm einigen lassen, sich von seiner Liebe erfüllen lassen, sein Licht aufnehmen und ausstrahlen und seine Worte sprechen. Nur so wird die Kirche viele an sich ziehen, da sie lebendig Christus, den Lebenden, bezeugt.«

Gebetsgruppen stehen naturgemäß in der Spannung von einem berechtigten, oft notwendigen Eigenleben und der Eingliederung in die Ortsgemeinde. Das wird besonders spürbar an Festtagen, an denen viele zu Tagungen wegfahren. Eine Gruppe berichtet:

»Unter Rückbesinnung auf die enge Bindung an unsere Gemeinde — wir leben alle im selben Pfarrverband — sah unsere Pfingstgestaltung sehr pfarrlich aus. Uns ging es ums Dasein, um die Gemeinde, die von uns annimmt, daß wir den Glauben ernst nehmen und deshalb in der Gemeinde tätig sind. Müssen nicht die, welche die Gemeinde mittragen, gerade an hohen Festtagen ›zu Haus‹ bleiben? Würde nicht unser Fernbleiben als Untreue oder zumindest als ein Ausbleiben gegenüber der Pfarrfamilie gesehen und beurteilt werden? So wollten wir ganz einfach ›präsent‹ sein, zunächst zu den Gottesdiensten sowie vorher und nachher. Ebenso bemühten wir uns, für die Familie wirklich ›da‹ zu sein. So wurden die Pfingsttage für uns Pole der Ruhe und des Friedens. Die Gruppe traf sich auch nicht als Gruppe, sondern innerhalb der Gemeinde und der Familien.

Darüber hinaus wollten wir uns bereithalten zum Dienst. Unser Leben aus der Firm-Erneuerung heraus — so möchten wir unser Leben aus dem Glauben verstehen — ruft uns heraus, Gemeinde zu leben und ihr zu dienen. Das weiß heute jeder Firmling, da man ihm den Bezug von Taufe und Gemeinde aufzeigt. Nicht nur, daß viele von uns einen liturgischen Dienst haben — als Kantor oder Lektor, Kommunionhelfer oder Organist, bis zur Kindergottesdienstgestaltung und zum Singen im Cor —, auch durch unser einfaches Mittun wollten wir dienen. Wir können uns nicht einbilden, der ›normalen Gemeinde‹ gegenüber etwas Besonderes zu sein. Denn gerade in der Berührung durch den Geist Gottes werden wir demütig und richten den Blick auf Christus und seinen Leib. Deshalb sehen wir unsere ›charismatische Erneuerung‹ auch ›lediglich‹ im Blick auf unsere Pfarrgemeinden (in denen mehr Glauben und tiefere Hoffnung steckten, als wir meist annehmen) und auf die uns gespendeten Sakramente, die sich entfalten müssen. Wir suchen keine eigens organisierte ›Bewegung‹, in der es dann wieder all die Probleme gibt, die wir auch sonst in der Kirche kennen. Wir messen unseren Glauben auch nicht an ›Geisttaufe‹ oder auffälligen Erfahrungen; unser geistliches Leben ist nur bestimmt von einer Erneuerung durch den Geist Gottes, der einiges fruchtbar gemacht hat in uns. Wir fordern den Pfarrer nicht zum Beitritt zu einer Bewegung auf, denn die Kirche selber ist und hat Bewegung! Wir möchten einfach die Frische des Geistes leben, den Gott uns allen schenkt.«

2.7.6. Die Welt, in der Gott Mensch wird

Gottes Geist will die ganze Welt erneuern – auch durch uns. Der persönliche Bericht eines Priesters nach einem viermonatigen Aufenthalt in England steht für viele, deren Blick neu geöffnet wurde für die weltverwandelnde Kraft des Geistes Gottes:

»Seit Februar wohne ich mit sechs anderen Mitbrüdern in London – einer Stadt mit schier unausschöpfbaren Möglichkeiten. Weiße und Schwarze, Arme und Steinreiche, Einheimische und Emigranten aus aller Welt leben hier neben- und miteinander. Es spiegelt sich hier ein wenig die Vielfalt der ganzen Welt und ihrer Probleme wider. Der Boden der Sicherheit ist sehr brüchig, und doch vermag diese Stadt mit ihren zehn Millionen Menschen anzuregen und zu begeistern. Neben erstklassigen kulturellen Ereignissen (etwa in Musik, Film, Theater) finden – ganz abgesehen von politischen Gipfeltreffen – ständig verschiedene politische Aktionen von der Basis her statt: etwa gegen den Rassismus in Südafrika und die Ausbeutung in Indonesien, Solidaritätskundgebungen mit den Unterdrückten in Chile und zugunsten derer, die aus Gewissensgründen gefangen sind...

Hunger: Unsere gemeinsame Aufgabe bestand darin, die Ursachen und Zusammenhänge, die dazu führen, daß die Hälfte der Menschheit hungert, näher kennenzulernen. Studium von Literatur, Besuch von Botschaften, Treffen mit Emigranten und Minoritätsgruppen aus den ›Entwicklungsländern‹ sollten uns dabei helfen. Bald wurde uns klar, daß die Ursachen des Hungers in erster Linie nicht etwa in den Trockenperioden oder der sogenannten Überbevölkerung zu suchen sind. Sie liegen vielmehr in einer tief eingewurzelten, fast überall vorherrschenden Ungerechtigkeit. Hunger und das damit verbundene rapide Bevölkerungswachstum in der ›dritten Welt‹ reflektiert vor allem das Versagen der Menschen in einem auf Profit aufgebauten politisch-ökonomischen System, das wir alle (bewußt oder unbewußt – durch unseren Konsum) mit aufrechterhalten.

Gemeinschaft: Eine Lösung dieses Problems, dieser bösartigen Menschheits-Krankheit des Sich-Durchsetzens auf Kosten anderer scheint mir nur möglich zu sein, wenn jeder einzelne umkehrt, das heißt, wenn er sich aufmacht, anderen, die in irgendeiner Schwierigkeit und Not sind, nahezukommen und gegenwärtig zu sein – und wenn demzufolge um diese Menschen ein Band der Freundschaft und Gemeinschaft entsteht. Erst im gegenseitigen intensiven und ununterbrochenen Austausch mit den Ärmsten entsteht eine gerechte, menschliche Gemeinschaft, auch wenn die Bemühungen des einzelnen oft fast verloren scheinen.

In den letzten vier Monaten war ich auf der Suche nach Gemeinschaften und Gruppen, in denen diejenigen Menschen leben können, die unsere ›Leistungsgesellschaft‹ aus ihrem Gesichtskreis verdrängt und an die sie vielleicht noch gönnerhaft Stipendien verteilt: Heimat- und Obdachlose, Kranke, geistig und körperlich Behinderte, Gefangene, Arbeitslose und sozial Benachteiligte. Viele werden in einen Winkel der Vereinsamung abgetrieben, werden apathisch und sozial handlungsunfähig; manche greifen zu Drogen oder zu Protest, zur Gewalt.

Aber es leben in dieser Stadt auch unzählige Menschen, die sich privat, in Gruppen und Organisationen einsetzen, um denen, die an den Rand des Erträglichen gedrängt werden, zu helfen. Unter den Kommunitäten haben es mir vor allem die ›Gesellschaft der Missionarinnen der Liebe‹ (von Mutter Teresa) und ›L'Arche‹ angetan. In der ›L'Arche-Kommunität‹, in der ich selbst eine Woche verbrachte, leben geistig behinderte Menschen, um die sich besonders junge Menschen geschart haben. Sie formen — mühselig und oft unter Weinen ebenso wie in überschwenglicher Freude und gegenseitiger Nähe — eine Gemeinschaft, die offen ist für jeden Besucher. Dort konnte ich von neuem entdecken, daß der Mensch, der abgewiesen wird, weil er in den Augen der Gesellschaft nicht ›normal‹ ist, ungeheure persönliche Qualitäten hat, die blühen können, wenn er sich um seinetwillen geliebt und geachtet erfährt.

Lieben: Damit bin ich bei dem Thema angelangt, das mich gegenwärtig am meisten beschäftigt. Es ist nichts anderes als die Lebensweise, zu der uns Jesus Christus in Wort und Beispiel aufgemuntert hat: ›Liebet einander, wie ich euch geliebt habe‹; ›niemand hat eine größere Liebe als der, der sein Leben hingibt für seine Freunde‹.

Sosehr mich dieses Ideal auch anspricht, ich erfahre immer wieder die Unfähigkeit, es zu verwirklichen. Ich erkenne, daß wir den Geist und die Weisheit dieser Liebe nicht aus eigener Anstrengung hervorzaubern können — und nicht alles, was wir ›Liebe‹ nennen, ist die von Jesus gemeinte. ›Ohne mich könnt ihr nichts

tun<: wir brauchen den Geist Jesu selbst, wir müssen in ›Heiligem
Geist getauft‹, ›von oben neu geboren‹ werden. Dann erst können
wir die Werke tun, die Jesus tat – und noch größere (vgl. Joh 13,12);
Taten, die die heutige Welt so dringend braucht. Glauben wir
diesem Wort und dieser Verheißung? Trauen wir dem Geist Gottes
diese weltweite Perspektive zu, und daß nur Er Menschen auch zu
entsprechendem politischem Handeln befähigen kann und es auch
will? Öffnen und überlassen wir uns seinem Wirken?

Ein ›Ort‹ und eine Form, in der diese Erneuerung Gestalt
gewinnt, ist die Charismatische Erneuerung, die in der Kirche – auch
in Großbritannien – mannigfach im Erblühen ist. Ich habe öfters an
Gebetstreffen und an ›Tagen der Erneuerung‹ teilgenommen. Diese
sind immer einem ›Ankleideraum‹ zu vergleichen, in dem jeder mit
dem Geist Jesu neu ›ausgestattet‹ werden kann, um dann hineinzu-
gehen in das ›Heiligtum‹ der Menschheit (zu den Ärmsten, Hun-
gernden, Dürstenden...) und die Erfahrung zu vermitteln und zu
verstehen zu geben: ›Gott ist Liebe.‹ Zusammen können wir dann
begreifen: ›Wer in der Liebe bleibt, der bleibt in Gott und Gott in
ihm‹ (1 Joh 4,16).

Nur auf der Basis einer andauernden (oft Schmerzen verursa-
chenden) Rückkehr zu unserer ›ersten Liebe‹, zum dreifaltigen Gott
in uns und über uns, entstehen Gruppen und Gemeinschaften, die
unsere Gesellschaft verändern können. Unsere Länder, Staaten,
internationalen Beziehungen bedürfen einer Revolution: Macht und
Ausbeutung, wirtschaftlicher und militärischer Wettkampf haben der
Achtung der Würde des Menschen und dem demütigen, gegenseitigen Dienst zu weichen und allen Raum zu geben. Wer von uns trägt
diesen Wunsch nicht in sich?

Aber wo fangen wir an? An der ›Stelle‹, wo wir unser Haben-
Wollen, Gelten-Wollen, Sein-Wollen dem Geist der Liebe überlas-
sen, der ›weht, wo er will‹ und der uns ›führen wird, wohin wir nicht
wollen‹ (Joh 3,8; 21,18). Erst in dieser völligen Hingabe kann
Christus in uns und unter uns herrschen und sein Reich der
Gerechtigkeit, der Liebe und des Friedens aufbauen.«

Im Rückblick auf Paulus sind wir Zeugen geworden, wie ein
lebendiger Mensch mit seinem ganzen Wesen, auch mit seinem
Temperament und seiner Eigenart, transparent geworden ist für
Christus, der gekommen ist, durch seinen Geist die ganze Welt zu

retten. Und wir sind einigen Spuren dieses Geistes in unseren Tagen nachgegangen. Es ist immer noch die gleiche Kraft, die einzige, welche den Problemen der Menschheit gewachsen ist, weil sie allein die ›Welt‹ überwindet. Andererseits bleibt nicht nur bei uns Heutigen, sondern blieb auch bei Paulus manche menschliche Einseitigkeit und Unvollkommenheit bestehen, die Gott nicht hindert, ihn und uns zu gebrauchen. Paulus hat nicht die abgeklärte Reife und Ausgewogenheit Jesu und sein Verhalten ist nicht in gleicher Weise Norm, auch wenn seine Briefe unter ›göttlicher Inspiration‹ geschrieben sind. Wir dürfen hie und da hinter seine Reaktionen ein Fragezeichen setzen – wie auch hinter die mancher Geistträger heute. Das bedeutet nicht, daß wir über sie richten, sondern daß wir uns davor hüten, sie zu imitieren. Vielmehr sind sie uns Anregung, nun nach dem Weg Ausschau zu halten, den Gott uns persönlich zeigt. Um so deutlicher tritt dann das Wirken Jesu hervor, der Paulus mit seiner Eigenart und seinen Grenzen in Dienst genommen hat, damit er, wie Lukas von seiner Berufung schreibt (Ap 9,15), »seinen Namen vor Völker und Könige trage«.

3. Theologische Einordnung

Das Lesen solcher Zeugnisse weckt gewiß Dankbarkeit und Freude darüber, daß Menschen so deutlich das Wirken Gottes erfahren, aber es provoziert auch vielerlei Fragen. Manche wurden gleich an Ort und Stelle reflektiert, andere sollen jetzt in größerem Zusammenhang bedacht werden.

Es war so viel von ›Erfahrung‹ die Rede: Liegt darin nicht eine gefährliche Schwächung des ›Glaubens‹ als der christlichen Grundhaltung? Häufig wurden ›Charismen‹ erwähnt: Was meint dieser Begriff, und wie verhalten sich diese Phänomene zu dem sonstigen Wirken des Geistes in der Kirche? Es wurde von ungewöhnlichen Ereignissen berichtet: Wieweit handelt es sich dabei um natürliche Kräfte, inwieweit um Zeichen des Heils? Gott bietet sein Heil allen Menschen an: In welchem Verhältnis steht das hier beschriebene geschichtliche Phänomen zu dem allgemeinen Heilswillen Gottes? Wie also ist die Kirche als ganze davon betroffen, oder welche Wesenselemente der Kirche werden hier sichtbar?

3.1. Erfahrung des Geistes

3.1.1. Die biblische Grundlage

Hier soll nicht auf die grundsätzliche Diskussion eingegangen werden, ob und wie es möglich sei, daß der transzendente Gott in menschlicher Erfahrung vorkommt, sondern wir gehen von der Glaubenswahrheit aus, daß er es getan hat, da er in Christus in diese Geschichtlichkeit eingetreten ist. So gehen wir von den Zeugnissen der Heiligen Schrift aus, die nicht nur in den Paulusbriefen, sondern

125

vom Anfang bis zum Ende von Erfahrungen berichtet, welche Menschen mit Gott gemacht haben. Diese Texte kamen ja nicht dadurch zustande, daß Menschen über Gott nachgedacht haben, sondern daß ihnen unverhofft etwas ›widerfahren‹ ist. Lesen wir unter dieser Rücksicht den »Anfang der Heilsbotschaft«.

Plötzlich tritt ein Mann auf, der vom »Reiche Gottes« spricht. Er sammelt Menschen um sich und wählt zwölf von ihnen aus, »damit sie bei ihm seien« (Mk 3,14). Hier war nicht irgendein Freundeskreis entstanden. Die Initiative war von einem einzigen Mann ausgegangen, der genau wußte, was er wollte. Wie der Ursprung, blieb er auch ständiger Mittelpunkt dieser Gemeinschaft. Um so härter traf es die Jünger, als diese Mitte durch den Tod Jesu herausgebrochen schien. Von außen betrachtet konnte man meinen, der Kreis würde nun auseinanderfallen. Der Auferstandene aber nahm seinen Platz nicht mehr in gleicher Weise ein, sondern verwies die Jünger noch deutlicher als vorher auf den »anderen Beistand«.

Jesus weist von sich weg, nicht nur auf den Vater, sondern auch auf den Geist, der an seine Stelle tritt. Jener wird auf andere Weise dasselbe leisten, was der irdische Jesus bisher getan hatte. Er wird »bei ihnen sein«, jederzeit für sie bereit, die lebendige erfahrbare Mitte ihrer Gemeinschaft, so daß die Apostel dann sagen können: »Der Heilige Geist und wir haben beschlossen ...« (Apg 15,28). Seit Pfingsten ist so der Heilige Geist die tragende Mitte der Kirche. Von ihm geht alle Initiative aus, wie man in der Apostelgeschichte sieht; man hat dieses Buch darum das »Evangelium des Heiligen Geistes« genannt. Gewiß ist es der Geist Jesu, aber das heißt gerade, daß Jesus nun auf neue Weise, nämlich im Heiligen Geist, anwesend ist, so daß Paulus schreiben kann: »Der Herr aber ist (heute) der Geist« (2 Kor 3,17). Paulus schreibt diese Worte an eine Gemeinde, die diesen Geist aus täglicher Erfahrung kennt.

Seit der Geistsendung durch den Auferstandenen ist allen, die an Jesus glauben, der Heilige Geist zugesagt (Apg 2,39). Er wird durch die Verkündigung der Heilsbotschaft, durch das Zeugnis gelebten Glaubens, sakramental durch Taufe, Firmung und die übrigen Sakramente vermittelt und so in der Kirche durch alle Zeiten weitergegeben. Christliches Leben, Kirche als göttliche Stiftung und alle Lebensvollzüge der Kirche sind ihrem Wesen nach vom Geist getragen. So ist die Kirche nicht nur am Anfang, sondern Tag für Tag das Werk des Heiligen Geistes.

Was geschieht, wenn Gottes Geist den Menschen ergreift? Die Propheten des Alten Bundes werden dann von einer göttlichen Kraft gepackt. In Bildern und Worten erhalten sie Erkenntnis und Weisung. Dies ist oft mit einem tiefen Erschrecken oder einer unaussprechlichen Freude verbunden. Sie ›erfahren‹ gewissermaßen exemplarisch Gericht und Erlösung Gottes und werden aus dieser ›Erfahrung‹ heraus Mahner zur Umkehr und Künder der Verheißung – Instrumente, die Gott gebraucht, trotz ihrer Fehlerhaftigkeit.

An der Gestalt Jesu ist die Erfahrung des Heiligen Geistes am reinsten abzulesen. Er, der schon vom Geist empfangen war, »sieht« bei der Taufe den Geist auf sich herabkommen – so deutlich wird das innere Geschehen. Der Geist öffnet die Tiefe seiner menschlichen Existenz, leitet in ihm gewissermaßen die letzte Wachstumsstufe ein (Lk 2,52), und »treibt« ihn nun mit elementarer Kraft in die »Wüste« und dann in das Werk der Verkündigung und Erlösung. Da Jesus der vollkommene Mensch ist, weiß er die gewaltige innere Spannung auszuhalten, jeweils »die Stunde« abzuwarten, um dann mit Sicherheit und Vollmacht hervorzutreten. Dabei macht der Mensch Jesus ständig die Erfahrung, wie der Vater zu ihm spricht und ihn »im Geiste« lenkt. »Der Sohn tut, was er den Vater tun sieht« und »er richtet, wie er hört« (Joh 5,19.30). Größte innere Wachsamkeit verbindet sich mit einer tiefen Ruhe und Geduld, innerer Jubel und Begeisterung mit äußerer Schlichtheit, zärtliche Liebe mit kluger Diskretion und die unbegrenzte Kraft des Geistes mit menschlicher Ohnmacht.

Was die Jünger an ihrem Meister – vor allem nach seiner Auferstehung – in vollendeter Gestalt erleben durften, das teilte sich ihnen selbst an Pfingsten auf neue Weise mit. Aber nicht nur, daß der Geist auffälliger wurde, um in Sturm, Feuer und Erdbeben gewissermaßen die Schallmauer ihrer Stumpfheit zu durchbrechen, er bediente sich ihrer in einer bisher nicht gekannten Weise als Sprachinstrument, indem er sie gemeinsam zum Lobe Gottes und zum Zeugnis drängte. Offenbar überstieg diese Dynamik die Möglichkeit menschlicher »Fassung« – einige sagten: »sie sind betrunken« – und doch schämt Gott sich nicht, den Menschen in dieser Weise zu überfordern, um ihn über sich hinauszulocken in die unendliche Weite und Intimität seines eigenen göttlichen Wesens.

Die Jünger erkennen in diesem Geschehen den Geist Jesu, und sie verstehen allmählich sein Wort: »Du hörst sein Brausen (das ist:

du spürst seine Wirkung), weißt aber nicht, woher er kommt und wohin er geht« (Joh 3,8). Sie vertrauen sich ihm an und spüren dieses Wehen immer wieder: Wenn sie das Wort verkünden, sehen sie die Macht dieses Wortes. Wenn sie den Getauften die Hände auflegen, erfahren jene das gleiche, »wie auch sie am Anfang« (Apg 11,15), ob in Samaria, im Hause des Kornelius, in Korinth oder Ephesus (Apg 8,17; 10,44; 19,6). Man konnte es »sehen und hören«, wenn der Geist einen Menschen ergriffen hatte (Apg 2,33). Freilich gebraucht Lukas diese Worte hier in einem vertieften Sinn. Sowenig die Juden in Jesus von Nazaret ohne weiteres den Sohn Gottes erkennen konnten, so wenig kann man mit den Sinnen das Wirken des Heiligen Geistes »sehen und hören«. Jesus sagt zu Petrus nach seinem Messiasbekenntnis: »Nicht Fleisch und Blut haben dir das offenbart, sondern mein Vater im Himmel« (Mt 16,17). So wird jedes ›Sehen und Hören‹ des menschgewordenen Sohnes Gottes und des Glaubenszeugnisses der Glieder seines Leibes erst durch eine solche innere Befähigung zur ›Geist-Erfahrung‹. Wie dieses ›Zugleich‹ von Sinneserfahrung und »geistlicher Wahrnehmung« (Phil 1,9) möglich ist, brauchen wir hier nicht zu hinterfragen, sondern wollen es in dem Sinn verstehen, wie es die Schrift uns bezeugt und die Kirche es verstanden hat: Es ist das Heilswirken des *sich offenbarenden* Gottes, der »sein Volk mit der *Erfahrung* des Heils beschenkt« (Lk 1,77).

3.1.2. Die Sprache der Theologie

Die menschliche Aufnahme und Annahme dieser Offenbarung wird theologisch als ›Glaube‹ bezeichnet. Aber was heißt das? Der biblische Begriff ›pistis‹ sagt eigentlich ›Trauen‹, wie wir gesehen haben. Ihm liegen ein ›Hören‹ der Botschaft und eine ›Zu-Erkenntnis‹ (›epi-gnosis‹ Phil 1,9; Eph 1,17; 4,13) zugrunde, also eine Erkenntnis, die nicht aus »Fleisch und Blut«, aus Sinneswahrnehmung und menschlicher Logik stammt. In der scholastischen Definition: ›Glauben heißt, fest für wahr halten, was Gott geoffenbart hat‹, kommt das wahr-nehmende Element zu kurz. (Man versuchte es gelegentlich in einer glaubensbegründenden Fundamentaltheologie anzusiedeln, aber der Grundakt christlichen Lebens läßt sich nicht so auseinanderreißen.) Theologisch gesehen enthält ›Glaube‹ beides: wahr-nehmen und für wahr halten, Glaubens-licht und Glaubenskraft, Glaubens-erkenntnis und Glaubens-bekenntnis.

Seit Karl Rahner »Über die Erfahrung der Gnade« geschrieben hat,[47] ist es allmählich wieder möglich geworden, von ›Glaubens-Erfahrung‹ zu sprechen und somit zwei Begriffe zusammenzubringen, die lange Zeit als Gegensätze galten. Damit sind nicht nur einige Höhepunkte gläubigen Erlebens gemeint, sondern es ist eine Grundkategorie angesprochen, die den Glauben konstituiert, nämlich daß dem Menschen Wahrheiten der christlichen Botschaft *bewußt* werden, ihm aufleuchten und für ihn Realitätswert gewinnen: Ein Schimmer leuchtet auf von dem ›Glanz‹ Gottes, eine Ahnung von Seiner Größe, ein Wissen um Seine Nähe, ein ›Verstehen‹ seiner Zusage; der Mensch erfährt ein neues ›Du‹ von Gott her, sei es vom Vater oder von Christus, sowie die daraus resultierende Betroffenheit und Freude, eine Bewegung von innen her, die zu Anbetung, Dank, Bitte führt und die zur Liebe zu Gott und zum Nächsten befähigt. Es handelt sich also letztlich um den bewußten Vollzug von Glaube, Hoffnung und Liebe, ohne den es keine Bekehrung und keine christliche Existenz gibt. Wir haben ja »den Geist Gottes empfangen, damit wir um das uns von Gott Geschenkte *wissen*« (1 Kor 2,12). Da diese Bewußtseinsvorgänge meist sehr verhalten sind, gibt man ihnen dann nicht den Namen ›Erfahrung‹. Und doch sind sie ein ›Widerfahrnis‹, ein Erleben, das nicht selbstverständlich ist. Denn die Tatsache, daß ein Mensch gläubig ist und bleibt, ist ein Geschenk der Gnade, nicht seine eigene Initiative, und dies wird in solchen Bewußtseinsvorgängen ›offenbar‹, oft zum Staunen des Empfängers. Es ist also zu einem guten Teil eine Frage der theologischen Terminologie, ›Glaube‹ nicht gegen ›Erfahrung‹ auszuspielen, sondern sie zunächst als deckungsgleich zu verstehen, auch wenn dann in einem zweiten Schritt gesagt werden muß, daß die mir offenbare und somit mir zum Bewußtsein gebrachte Wahrheit über mein Verstehen hinausgeht und darum ›Glaube‹ immer mehr umfaßt als jede noch so leuchtende ›Erfahrung‹ und Erkenntnis, und wenn zweitens bei einer tieferen Reflexion betont werden muß, daß das Heilswirken Gottes nicht isoliert erscheint, sondern immer an einer geschaffenen Wirklichkeit aufleuchtet — »Gott in Welt«, wie Karl Rahner sagt.

Das Wirken des Heiligen Geistes entzieht sich also nicht grundsätzlich dem Bewußtsein, sondern ist, wenn nicht total, so doch bis zu einem gewissen Grad wahrnehmbar. So besteht der zur Taufe notwendige Glaube in einer persönlichen Erkenntnis Gottes (das ist mehr als nur ein Lernen von Lehrsätzen!) und einer Annahme der Heilsbotschaft für mich, sei es vor der Erwachsenentaufe, sei es – nach der Kindertaufe – im Gläubigwerden des Heranwachsenden oder Erwachsenen. Dieser »Anfang des Glaubens und schon das Verlangen nach der Gläubigkeit« (»initium fidei ipsumque credulitatis affectum«) ist ein Geschenk der Gnade, das gerade im Bewußtseins- und Freiheitsraum des Menschen wahrnehmbar wird »durch eine Inspiration des Heiligen Geistes, die unseren Willen korrigiert von Unglaube zu Glaube, von Gottlosigkeit zu Frömmigkeit«. Es handelt sich um eine »Berührung, in der Gott das Herz des Menschen trifft durch das Licht des Heiligen Geistes« (tangente Deo cor hominis per Spiritus Sancti illuminationem) und die den Menschen allererst befähigt, in Freiheit zu Gott ja zu sagen.[48] Was wäre eine ›Erleuchtung‹, wenn der Mensch sie nicht ›wahrnimmt‹?

In diesem Sinn ist auch jeder weitere Schritt des Glaubens getragen von dem Wirken des Heiligen Geistes, auch da, wo diese ›aktuellen Gnaden‹ dem Menschen nicht reflex bewußt werden. Die geistliche Tradition der Kirche rechnet jedoch in vielfältiger Weise damit, daß die Gläubigen die Wirkungen des Heiligen Geistes *wahrnehmen,* etwa wenn von den täglichen »Anregungen des Heiligen Geistes« die Rede ist, von »Eingebungen«, »geistlichen Erfahrungen« oder »Glaubenserfahrungen«, oder wenn um die »Erleuchtung durch den Heiligen Geist« gebetet wird. Ferner setzt die durch die ganze Kirchengeschichte tradierte Lehre von der »Unterscheidung der Geister« voraus, daß es dabei um geistliche Wahrnehmungen geht, z. B. »Bewegungen, die in der Seele verursacht werden« wie Anregungen zu einem bestimmten Tun (»Wahl«) oder »Trost und Trostlosigkeit«.[49] Die Exerzitien des hl. Ignatius v. L. bauen ganz darauf auf, daß der Übende geistliche Erfahrungen macht und in ihnen die Führung Gottes wahrnimmt. Schließlich gehört es zum Wesen der Kirche, daß ihre Glieder mit den vielfältigsten Geistesgaben ausgerüstet sind – die man selbstverständlich als Antriebe in sich wahrnimmt.

Solche ins Bewußtsein der Menschen dringende Gnadenerweise Gottes bestimmen nicht nur das Leben der großen Heiligen, sondern je nach dem zugewiesenen Maß das Leben jedes Christen. Erfahrung des Heiligen Geistes ist darum zu allen Zeiten ein entscheidendes Wesenselement der Kirche Gottes. Von solcher ›Erfahrung‹ ist weithin das Alltagsleben eines lebendigen Christen getragen, auch wenn wir es oft mit anderen Namen bezeichnen, etwa Erkenntnis, Erleuchtung oder Berufung, Glaube, Hoffnung und Liebe, Frieden und Freude in Gott, Andacht, Stärkung und Festigung oder Gewissensanruf und Gewissensfrieden: eine Instanz, die in uns auftritt als eine von uns unabhängige Größe. Es ist eine Form des Wirkens Gottes in jedem Menschen.

3.1.3. Verschiedene Wirkweisen des Geistes

So besehen ist es für den gläubigen Christen keine Grundsatzfrage, ob es echte Geist-Erfahrung gibt und ob jeder Mensch das Wirken des Heiligen Geistes erfährt und erfahren könne, sondern nur, wann, in welcher Weise und wie deutlich es geschieht. Die Theologie hat nun in jahrhundertelanger Reflexion gelernt, verschiedene Wirkweisen des Heiligen Geistes zu unterscheiden, wo in der Heiligen Schrift oder in der Sprache der Liturgie und des christlichen Alltags einfach vom »Heiligen Geist« die Rede ist. So unterscheiden wir zwischen dem ›Schöpfer-Geist‹, der am Anfang »über den Wassern schwebte« (Gen 1,2) und der »den Erdkreis erfüllt« (Weish 1,7), und dem ›heilsgeschichtlichen‹ Wirken des Geistes, insofern er in Mose (Num 11,17), den Propheten und in der Kirche wirkt.

Aber auch innerhalb dieses Heilswirkens können wir unterscheiden zwischen dem Geist im Alten Bund und wie er neu vom Auferstandenen verliehen wird. Joh 7,40 heißt es: »Der Geist war noch nicht gegeben, weil Jesus noch nicht verherrlicht war.« Selbstverständlich weiß der Evangelist, daß der Geist Gottes auch vorher schon gewirkt hat (vergleiche nur Lk 1,67; 2,26 f; 4,1.14). Er gebraucht also das Wort in einem neuen, engeren Sinn. So zeigt uns die Schrift selbst, daß wir zwischen dem Wirken des Geistes in der Schöpfung, in den Heiden, im Volke des Alten Bundes und im neuen Israel unterscheiden müssen. Es ist derselbe Heilige Geist, aber die Art seiner Mitteilung ist jeweils verschieden. Und so gibt es innerhalb des Geistwirkens, wie es seit Pfingsten in der Kirche geschieht, weitere Unterschiede.

Ein Vergleich mit der Christologie kann das verdeutlichen. Wir sind gewohnt, verschiedene Weisen der Gegenwart Jesu zu unterscheiden. Der Sohn Gottes ist nicht nur das »Haupt der Schöpfung, in dem alles Bestand hat« (Kol 1,17 f), »der Fels, der die Israeliten beim Zug durch die Wüste begleitete« (1 Kor 10,4); er ist auf andere

Weise in dem irdischen Jesus von Nazaret und in dem erhöhten Christus, auf andere Weise in »jedem geringsten seiner Brüder« (Mt 25,40), auf andere Weise anwesend, »wenn zwei oder drei in seinem Namen beisammen sind« (Mt 18,20), wieder anders in den Aposteln, die in seinem Namen verkünden (»wer euch hört, hört mich«, Lk 10,16), auf andere Weise in dem ganzen Leib der Kirche bis zum Ende der Zeit, wieder anders im eucharistischen Brot und schließlich anders, wenn er wiederkommen wird in Herrlichkeit. Immer ist es derselbe Herr, und doch müssen wir die Art seiner Gegenwart unterscheiden und dürfen nicht, wie es im Hinduismus gelegentlich geschieht, verschiedene Arten von »Incarnation« miteinander vermischen.

So ist auch der *Geist* des Neuen Bundes immer der gleiche, und doch müssen wir unterscheiden zwischen der Inspiration bei den Autoren des Neuen Testamentes, bei anderen kirchlichen Schriftstellern und Verkündern, im »Glaubenssinn des Gottesvolkes« oder im Vollzug des kirchlichen Lehramtes (bei dogmatischen »Definitionen« die sogenannte »negative Assistenz«, die Irrtum verhindert). Ferner: Obgleich jeder Christ schon in der Taufe den Heiligen Geist empfangen hat, sagt der Bischof bei der Firmung, bei der Weihe zum Diakon, Priester und Bischof doch immer wieder neu: »Empfange den Heiligen Geist«, ohne weiteren Zusatz. Durch den Zusammenhang ist klar, daß jeweils ein bestimmtes Wirken des Heiligen Geistes gemeint ist. Die Weihe setzt außerdem voraus, daß die Kandidaten schon »Männer des Geistes« sind (vgl. Apg 6,3). Schließlich wird in jedem Sakrament der Heilige Geist verliehen — auf verschiedene Weisen. Wieder anders wirkt er in den theologischen Tugenden, in den sogenannten »sieben Gaben«, in der heiligmachenden, aktuellen und helfenden Gnade oder in verschiedenen »Geistesgaben«, etwa in herausgehobenen Lebenssituationen, die wir im nachhinein als ›Stunden des Geistes‹ bezeichnen können. Immer ist es derselbe Geist, darum können wir — etwas vereinfacht — in jedem Fall auch schlicht vom ›Geist‹ sprechen. Doch wenn man mit den obengenannten Unterscheidungen an die Schrift und die Liturgie herangeht, wird erkennbar, daß viele Differenzierungen dort schon einschlußweise enthalten sind, auch wenn sie erst aufgrund einer entwickelten Fachsprache genauer abgegrenzt und faßbar werden.

3.1.4. Verschiedene Weisen der Geist-Erfahrung

Haben wir bisher in objektiven Kategorien gesprochen, die gewissermaßen die Seinsebene betreffen, so sind andere Unterscheidungen auf der Erfahrungsebene anzusiedeln. Lukas spricht mehrfach von einem »plötzlichen«, gewaltigen Einbruch des Geistes (Apg 2,22; 4,31; 9,33; 22,6), während der Geist bei Johannes eher wie ein »Hauch« kommt (Joh 3,8; 20,22). Bald trägt er den Alltag der Christen wie ein Strom, bald erscheint er wie ein Springbrunnen, wie Ignatius v. A. sagt (1 Röm 7,2): »In mir ist ein lebendiges (sprudelndes) Wasser, das in mir ruft: Hierher zum Vater.« Hier bleibt das Wirken des Geistes verhalten und verborgen, dort tritt es deutlich zutage; in Zeiten der Verlassenheit scheint es wie eine glimmende Glut, in Zeiten der Nähe wie ein loderndes Feuer. Geist-Erfahrung kann sich ereignen in schweigender Anbetung oder im Umgang mit Menschen, in der Aktion oder in der Kontemplation, im Erfolg oder im Mißerfolg. Es gibt die über lange Zeit dauernde Erfahrung der »Gegenwart Gottes« und die punktuellen Eingebungen des Geistes. Eine jüdische Tradition sagt:[50] »Das Kommen des Reiches Gottes ist ein geistiges Ereignis — nicht mit unseren Kategorien vorausschaubar und dennoch vorstellbar. Es gibt zweierlei Geist, der ist wie rückwärts und vorwärts. Es gibt einen Geist, den der Mensch im Gang der Zeiten erlangt. Aber es gibt einen Geist, der über den Menschen kommt in großer Fülle, in großer Eile, schneller als ein Augenblick, denn er ist über der Zeit, es bedarf keiner Zeit zu diesem Geist.« Immer ist es der gleiche Geist, aber er »weht, wo Er will«. Unsere Schwierigkeit ist nur, daß jeder Mensch von seiner Art der Geist-Erfahrung her alle anderen Arten zu interpretieren versucht. Doch gibt es so viele Variationen, wie es Menschen gibt, und selbstverständlich alle Zwischenstufen zwischen den genannten Extremen.

Eine andere Unterscheidung geht aus von dem Sitz der Geist-Erfahrung im menschlichen Organismus. Geistige Erkenntnisse werden gern im Kopf, willentliche Antriebe im Herzen angesiedelt, starke Erlebnisse in den Eingeweiden (vergleichbar dem ›Hara‹ der östlichen Meditation), Empfindungen im Tastsinn. Von solchen inneren Worten, Vorstellungen oder Berührungen her gibt es viele Zwischenstufen bis zu eigentlichen Auditionen und Visionen oder deutlichen Wahrnehmungen des Geruchs- und Tastsinnes, bis zu einem Impuls des Sprechens oder Schreibens im prophetischen Dienst oder dahin, daß jemand erfährt, wie er von innen her zu einem Werk geführt und geleitet wird. Mit all dem rechnet Paulus in 1 Kor 12 und gibt als Grundkriterium an, daß der Mensch von eben diesem Antrieb zum Bekenntnis zu Jesus geführt und niemals von Jesus weggezogen wird (1 Kor 12,3). Wenn der Geist generell an seinen Wirkungen und Früchten zu erkennen ist, setzt dies voraus, daß der Mensch den Geist oder die geistigen Kräfte in sich wahrnimmt, sonst könnte er sie nicht »unterscheiden«.[51]

Die Lehrer des geistlichen Lebens unterscheiden außerdem drei Wachstumsstufen mit je verschiedenen geistlichen Erfahrungen: Die Stufe der Erleuchtung, der Reinigung und der Einigung. Andere Traditionen, wie etwa der von John Wesley kommende Methodismus und die sogenannte »Heiligungsbewegung« des 19. Jahrhunderts, unterscheiden zwischen der grundlegenden Erfahrung der »Bekehrung, Rechtfertigung oder Wiedergeburt« und einem »zweiten Segen«, den sie auch »Heiligung« oder »Geistestaufe« nennen. Die katholische Tradition spricht im letzteren Fall eher von der »Zweiten Bekehrung«. Häufig sind damit einschneidende Erlebnisse gemeint, die der Mensch datieren kann.[52]

Die Betonung solch herausragender Erlebnisse bringt die Gefahr mit sich, daß sie entweder zur heimlichen Norm werden oder zu Ablehnung reizen, indem man sie für übertrieben oder unecht erklärt. Andere erklären sie zu einer Sonderkategorie, die den ›normalen‹ Christen nicht zugänglich sei (so wurden viele Erfahrungen der Heiligen abgestempelt).

Während es evangelischen Christen und besonders Pfingstlern manchmal schwerfällt, in den ›objektiven‹ Sakramenten und einer stark kollektiv geprägten ›Tradition‹ noch das Wirken des Geistes Gottes zu erkennen, haben Katholiken oft zu viel Mißtrauen gegenüber dem erlebnishaften Moment in der Frömmigkeit. Hier braucht es eine große Weite des Herzens und des Geistes, um nicht das Wirken Gottes von vornherein einzugrenzen. Man darf also die Unterschiede zwischen der christlichen Alltagserfahrung und derartigen Höhepunkten, zwischen dieser und jener Art christlicher Frömmigkeit nicht so hervorkehren, daß man nicht mehr die grundsätzliche Gleichartigkeit sieht. Dies wiederum hängt zum Teil damit zusammen, wie weit man das Wort »Erfahrung« faßt.

Damit haben wir ein Doppeltes erreicht: Wir haben einerseits die genannten Erfahrungen eingefügt in ein breites Spektrum, so daß sie nicht mehr als so ›besonders‹ erscheinen, andererseits vielleicht das Auge dafür geschärft, wieviel an »Erfahrung« in jedem echten christlichen Leben vorhanden ist.

3.1.5. Erfahrung und Entscheidung

Im Reifungsprozeß geistlichen Lebens wird jeder Mensch an Punkte geführt, wo er in Freiheit zu einem konkreten Anruf Gottes ja sagen kann und soll. Die grundlegende Entscheidung liegt in der personalen Annahme des Neuen Bundes. Diese geschieht etwa bei der Bekehrung/Taufe eines Erwachsenen oder in der bewußten Entscheidung eines heranwachsenden Christen. Wie tief eine solche Entscheidung geht, hängt einerseits von dem »Maß der Gnade« ab (Eph 4,7; Röm 12,3), das Gott dem einzelnen zugedacht hat, zum andern davon, wie weit der Mensch diesem Maß wirklich entspricht. Denn *jeder* Mensch ist zur Ganzhingabe gerufen, mit »allen seinen Kräften« (Dtn 6,5), nicht mehr und nicht weniger. So sieht Ganzhingabe bei jedem Menschen anders aus. Wird das den Menschen in unseren Großgemeinden immer genügend bewußt?

Diejenigen, die ihren Weg bewußt mit Christus gehen, können durch einen Anruf Gottes zu einer neuen Stufe der Hingabe geführt werden. Thomas v. A. spricht dann von einer »Erneuerung durch die Gnade«, wenn jemand etwa zu prophetischem Dienst, zu Verzicht auf Besitz, zu neuen geistlichen Lebensformen oder gar zum Martyrium gerufen wird.[53] Es liegt im Wesen des Menschen, daß solche entscheidenden inneren Vorgänge auch einen zeichenhaften Ausdruck finden, wie die Grundbeziehung im Taufversprechen, so nun in einem Ja zu der neuen Berufung. Hierzu gehören auch Ordensgelübde oder eine ›Weihe‹ innerhalb einer religiösen Gruppe.

Die Kirche hat grundsätzlich an solchen Ausdruckshandlungen festgehalten, doch ist zu fragen, ob die bisher üblichen Formen der Lebensgeschichte des einzelnen immer genügend gerecht werden. Die je individuelle Führung Gottes erfordert zu anderen Zeiten, an anderen Orten und in einer anderen Art Ausdruckshilfen und neue Gemeinsamkeiten. Warum sollten nicht in der Liturgie der Osternacht jene, die im Augenblick in einer solchen Entscheidung stehen, persönlich ihre Liebe zu Gott bezeugen? Dieses persönliche Bekenntnis, das Sich-Festlegen vor der Gemeinde und das persönliche Gebet der anderen helfen zur Entfaltung des Werkes, das Gott in uns begonnen hat. Wieweit dabei geistlicher Impuls, menschliche Verantwortung und Gemeinschaftserfahrung in einem ausgewogenen Verhältnis zueinander stehen, ist eine Sache des Ermessens, die viel geistlichen Takt erfordert.

Auch wenn jemand von Kind auf organisch in das Leben mit Gott hineinwächst, wird es Einschnitte geben, Momente, in denen ihm die grundsätzliche Abwendung von der Versuchung und Sünde und die ganzheitliche Hinwendung zu Gott deutlicher bewußt werden. Findet er dann eine Hilfe, daß dies Gestalt werden kann? Geht es doch hier um eine existentielle Festlegung, die lebensgeschichtlich oft nicht mit den Initiationssakramenten zusammenfällt. Erfahrungen, die dabei geschenkt werden, sind niemals aus einer solchen Entscheidung ›abzuleiten‹, auch wenn sie anläßlich solcher Entscheidungen geschenkt werden, und dürfen auch nicht mit psychischen Gruppenprozessen verwechselt werden, auch wenn sie in diese eingebettet sein mögen. Das Ziel einer Entscheidung kann also niemals eine ›Erfahrung‹ sein, sondern einzig und allein: Auf den erkannten Ruf Gottes zu antworten und sich ihm als dem Gott seines Lebens hinzugeben.

3.1.6. Zur Echtheit geistlicher Erfahrung: Die Gabe der Unterscheidung

Bisher haben wir allgemein davon gesprochen, daß es geistliche Erfahrungen gibt. Aber wie lassen sie sich im Einzelfall erweisen, und woran kann ich sie erkennen? Die Schwierigkeit liegt vor allem darin, sie von rein humanen Erlebnissen zu unterscheiden. Ist nicht jede Gotteserfahrung, so fragen viele, im Grunde nur eine Selbsterfahrung? Da in all diesen Vorgängen immer auch der Mensch selbst in Aktion tritt, ist es oft nicht leicht, den göttlichen Ursprung zu erweisen. Die Offenbarung und die Überlieferung der Kirche sagen uns, daß Menschen seit Pfingsten immer wieder Gottes Anruf gehört und seinen Geist erfahren haben. Daß dies nicht nur ihre eigenen Ideen waren, läßt sich nicht von der Psychologie, sozusagen von unten her aufzeigen, sondern letztlich nur durch den Aufweis des Geistes Gottes selbst, wie man Geliebtwerden nur aus dem Erleben ›kennt‹.

Obwohl geistliche Erfahrung in ihrer reifen Gestalt alle Bereiche der menschlichen Person integriert, können durch eine intensive Geisteswirkung natürliche Vorgänge stark in den Hintergrund gedrängt werden. Dies ist von einer ungesunden Spiritualisierung und Weltflucht wohl zu unterscheiden. Geistliche Erfahrung kann dadurch verzerrt werden, daß die damit geweckten natürlichen Kräfte sich in den Vordergrund spielen oder verselbständigen und so die eigentliche Mitte verdecken. Vorschnell werden dann natürliche Begabungen, etwa Charaktereigenschaften oder auch ungewöhnliche seelische Fähigkeiten, als Geisteswirkungen ausgegeben. Ferner können auffallende Phänomene – etwa aus Sensationslust – so sehr beachtet werden, daß die Gabe wichtiger wird als der Geber. Eine andere Gefahr ist, daß man aus eigener Kraft und mit natürlichen Methoden und Techniken tiefere seelische Erfahrungen sucht und diese dann mit religiösen Vorgängen verwechselt. In erschreckendem Ausmaß suchen heute Menschen durch Drogen eine tiefere ›Erfahrung‹ oder Bewußtseinserweiterung zu erreichen und merken erst zu spät, daß sie sich damit selbst zerstören. Geistige Erfahrung muß immer personal rückgebunden und letztlich zu Gott hin offen sein. Der Mensch ist sonst auf sich selbst und nicht auf ein (göttliches) Gegenüber ausgerichtet; oder statt der Begegnung mit dem Dreifaltigen Gott fällt er einem Götzen zum Opfer.

So berechtigt es ist, alle natürlichen Hilfen für ein gesundes und vertieftes seelisches Leben einzusetzen, muß man sich doch davor hüten, darin einen Heilsweg zu sehen oder bei Methoden aus anderen Kulturkreisen unbesehen Elemente nichtchristlicher Religion mit zu übernehmen. Aber auch in der Praxis christlicher Frömmigkeit besteht die Gefahr, daß bei religiösen Übungen Selbsterfahrung, Tradition oder andere innerweltliche Werte unversehens in die Mitte gerückt werden und den Blick auf Gott verstellen. Man kann auch hier sich selbst suchen, und zwar ebenso in einer ungesunden Gefühlsseligkeit mancher Volksfrömmigkeit[54] wie in einer überzogenen Rationalität, in sozialem Aktivismus oder in hochstilisierter liturgischer und musikalischer Ästhetik. In allen Formen können die Proportionen sich so verschieben, daß das Geisteswirken nicht mehr die prägende Mitte ist, sondern von den Randphänomenen verdeckt wird. Auch christliche Frömmigkeit ist so immer wieder in der Gefahr, selbst bei anscheinend religiöser »Erfahrung«, die Begegnung mit Gott zu verfehlen.

Letzter Grund für diese Gefährdung ist, daß das »Trachten des Menschen von Jugend an böse« ist (Gen 8,21; vgl. 6,5), paulinisch gesprochen, daß hinter der Spannung Seele—Geist der Gegensatz »Fleisch—Geist« sichtbar wird. Der Mensch steht in dieser Welt immer auch unter dem Einflußbereich des bösen Geistes, der den Menschen in die Grundversuchung führt, seine Freiheit zu mißbrauchen und Gott zu mißtrauen. So sucht er die Beziehung des Menschen zu Gott, zu sich selber und zu anderen durch Lüge, Mißtrauen, Haß und Egoismus zu zerstören. Als »Werke des Fleisches sind deutlich erkennbar: Unzucht, Feindschaft, Streit, Eifersucht, Jähzorn, Eigennutz, Spaltungen, Parteiungen, Neid und Mißgunst« (vgl. Gal 5,19 ff). Wo immer der Mensch Antriebe dazu in sich wahrnimmt, wird ihm der Einfluß des Bösen zur »Erfahrung«. Er vermag dieser Versuchung nicht aus eigenen Kräften zu widerstehen, sondern nur in der Kraft des Heiligen Geistes (vgl. Eph 6,10–12; Mt 4,4.7.10). Darum beten wir im Vaterunser: »Erlöse uns von dem Bösen«.

So ist der Weg des Geistes nicht ohne Gefahren, wie alle Lehrer des geistlichen Lebens wissen. Neben dem Echten gibt es die Imitation, neben der Sendung religiöse Scharlatanerie und gewiß alle möglichen Mischformen. Daß bei dem Weizen zunächst manches Unkraut mit aufwächst, zeigt nur, wieviel unnützer Same in unserem menschlichen Boden überwintert, der mit aufkeimt, sobald das Leben geweckt wird. Wer meint, mit natürlicher Logik oder mit ›Maßnahmen‹ diesem Problem beizukommen, vertut sich gründlich, denn es ist nur durch die Gabe der Unterscheidung zu lösen, also durch die aktuelle Führung des Heiligen Geistes selbst (1 Kor 2,13). Darum hilft es auch wenig, alle möglichen Maßstäbe aufzustellen, solange man diese von außen wie einen Normstab anlegt. Man muß schon selbst in den Prozeß des Geistes eintreten, mit allen Kämpfen, die diese Klärung mit sich bringt.

Als ersten Hinweis kann man sagen: Vergleiche die augenblickliche Anregung mit der Atmosphäre jener Stunden, in denen dir Gott offensichtlich nahe war, und halte sie in jenes Licht, dessen Herkunft dir nicht zweifelhaft ist. Achte darauf, ob es sich damit verträgt oder nicht. Freilich ist es damit noch nicht getan; es sind viele Dinge zu beachten, etwa Gespräch und Prüfung in Gemeinschaft. Letztlich gibt es kein rational anwendbares Rezept, denn die Prüfung ist geistliches Geschehen und nur möglich, wenn man sich bemüht, im

Vorgang der Prüfung selbst »im Geiste« zu sein, also die Phänomene gleichsam mit den Augen Gottes zu sehen. Und das ist Gnade – Charisma. Wir glauben, daß die Kirche als ganze dieses Charisma hat und es letztlich durch jene ausübt, »die in der Kirche die Leitung haben« (Kirchenkonstitution 12).

In diesem Sinn ist jeder Mensch neu und unmittelbar auf das Licht des Heiligen Geistes angewiesen, um in der verkündigten Botschaft authentisch das Wort Gottes zu erkennen. Als kritischer Beobachter oder nur reflektierender Theologe kommt er also niemals an das Phänomen des Geistes heran, sondern nur, wenn er sich persönlich darauf einläßt. Auch wenn der einzelne dabei durch die Gemeinschaft der Gläubigen gestützt wird, ist doch die konkrete Kirche als ganze ihrerseits wieder getragen von der geistlichen Wahrnehmung und Antwort ihrer Glieder. Diese aber kann keiner dem anderen vermitteln, er kann ihm nur Wege zeigen, auf denen ihm – nach dem ihm zugeteilten Maß – ähnliches widerfahren wird, so daß er dann nicht nur »aufgrund der Aussage« eines anderen glaubt, sondern weil er Christus »selbst gehört hat und weiß: er ist wirklich der Retter der Welt« (Joh 4,42). Es ist allein das »Schwert des Geistes« (Eph 6,17), das die Christen vor Irrtum bewahrt und in der Erfahrung Echtes von Unechtem scheidet.

3.1.7. Kriterien der Unterscheidung

Die Maßstäbe zur Unterscheidung liegen also in der Eigenart des Heiligen Geistes und sind nur von dort her lesbar. Jeder Mensch muß in sich hineinhorchen, um den Unterschied wahrzunehmen, der besteht zwischen dem »Frieden, wie die Welt ihn gibt« und dem »Frieden, der Liebe und der Freude im Heiligen Geist«. Es ist die Wahrnehmung des »Heiligen« (R. Otto), und zwar in seiner christologischen, inkarnatorischen Ausprägung. Der Mensch erkennt es grundlegend an der Ehrfurcht und Anbetung, die in ihm wach werden, und ebenso an der Demut und dem Gehorsam, mit dem sich dieser ›Geist‹ in die geschichtliche Begrenztheit einfügt.

Im einzelnen gibt es inhaltliche und formale Hilfen. Zunächst muß eine Sache in sich gut sein; sie darf also nicht der wohlverstandenen Offenbarung Gottes widersprechen. Solche mehr objektiven Kriterien sind: der Bezug auf Jesus und die trinitarische Grundstruktur der geistlichen Erfahrung (1 Kor 12,3; Röm 8,14); ihre Übereinstimmung mit dem Wort der Schrift und der Lehre der Kirche; die bleibende Dialektik des nahen und des fernen Gottes, die sich als Erfahrung und Nicht-Erfahrung im Erleben des Menschen niederschlägt; ein trotz allem durchhaltendes positives Gottesbild, indem der Mensch sich von Gott ständig getragen und geliebt weiß; die Kirchlichkeit der Erfahrung und ihr Eingebundensein in das sakramentale Leben; der »Nutzen« einer Erfahrung zum eigenen geistlichen Fortschritt und zum Dienst am Aufbau des Leibes Christi, wozu auch eine angemessene Kritik gehört, die aus der Liebe und einem klaren, richtigen Urteil kommt. Dies alles ist Kennzeichen der Echtheit, wenn die Erfahrung es gleichsam mit sich bringt oder wenn sie wenigstens dahin führt. Ferner sind hier auch die menschlichen Voraussetzungen zu bedenken, vor allem die psychische Gesundheit einer Erfahrung; dies darf aber nicht dahingehend interpretiert werden, daß nicht auch psychisch kranke Menschen mit Gottes Geist begabt sein können (nur muß man dann mit möglichen Verzerrungen rechnen).

Daneben gibt es Kriterien, die mehr das »Subjekt« betreffen: personale Verhaltensweisen, Reaktionen und Wirkungen. Folgende Befähigungen sind Kennzeichen der Echtheit einer Erfahrung, wenn sie sich aus dem inneren Gesetz dieser Erfahrung ergeben und nicht von außen, vielleicht sogar als Gegensteuerung, an sie herangetragen werden müssen: Die Grundhaltungen von Glauben, Hoffnung und Liebe; geistliche Kraft und Besonnenheit, rechtes Maß und Klugheit — gemäß der jedem einzelnen verliehenen Gnade (vgl. Röm 12,3—6); die Bereitschaft zum Dienen, die nicht das Ansehen der eigenen Person sucht, gemäß dem Wort Jesu: »Der Menschensohn ist nicht gekommen, um sich dienen zu lassen, sondern um zu dienen« (Mk 10,45). Schließlich gehören hierher alle Tugenden wie »Langmut, Freundlichkeit, Güte, Treue, Sanftmut, Selbstbeherrschung« (Gal 5,22f). Hiermit soll nicht gesagt sein, daß diese Haltungen sofort in vollendeter Gestalt vorhanden sein müßten, aber wohl, daß echte geistliche Erfahrung jeweils ein Wachstum in dieser Richtung mit sich bringt.

Die bisher genannten Kriterien sind alle inhaltlicher Art; sie reichen aber allein nicht aus, da eine Versuchung ja auch unter dem Schein des Guten oder in der Übertreibung des Guten bestehen kann. Denn nicht alles, was in sich gut ist, ist auch schon für mich gut und zu meinem geistlichen Wachstum dienlich. Hier helfen die formalen Kriterien weiter, die darum in der Praxis meist einen breiten Raum einnehmen. Können wir es einem Antrieb in sich ansehen, daß er von Gott kommt?

Eine erste Prüfung kann darin bestehen, daß wir zuschauen, ob er »mit uns betet«, das heißt, ob er sich in der Begegnung mit Gott bestätigt. Die geistliche Tradition[55] lehrt uns, dabei auf die Reaktionen in uns zu achten: innerer Friede und geistlicher Trost — auch bei aller Dunkelheit und bei allem Suchen (Röm 14,17). In der Praxis bedeutet das etwa Wahrnehmung von Freude, Friede, Freiheit; Klarheit, Ernst, Betroffenheit; das Bewegtwerden zu Anbetung, Dank und Lobpreis. Wenn dagegen eine anscheinend geistliche Erfahrung begleitet ist von Bedrückung, Niedergeschlagenheit, Verkrampfung, Verwirrung, Belanglosigkeit, Befremden, Unruhe, Distanz oder Lähmung, ist dies eher ein Zeichen von Unechtheit. Eine Hilfe zur Klärung ist es, solche Beobachtungen einem anderen mitzuteilen und bei gemeinschaftlichen Erfahrungen sie miteinander auszutauschen. Um diese geistlichen Reaktionen von rein seelischer Bewegtheit und bloßen Gemütsstimmungen zu unterscheiden, ist es außerdem wichtig, sich im Vorgang der Prüfung bewußt auf Gott auszurichten und sich zum Vergleich an geistliche Erfahrungen zu erinnern, an denen man deutlich die Eigentümlichkeit des Friedens Gottes oder die typischen Auswirkungen des Bösen ablesen konnte.

Die Fähigkeit zur Prüfung und geistlichen Unterscheidung ist das Gewissen des Menschen. Es sollte sich nicht mit einem einzigen Kriterium begnügen, sondern darauf achten, daß mehrere, unterschiedliche Kriterien sich gegenseitig ergänzen, wie die geistlichen Lehrer immer wieder betonen.

Die Gewißheit wird je nach dem Gewicht der einzelnen Kennzeichen verschieden groß sein. Denn obwohl Gott in seinem Wirken klar und eindeutig ist und obwohl es Situationen gibt, in denen jemand moralische Gewißheit darüber hat, daß Gott am Werke ist, kann der Mensch doch nie mit absoluter Sicherheit wissen, wie weit er Gottes Wirken richtig wahrgenommen und interpretiert hat. Bei wichtigeren Erfahrungen sollte er seine Eindrücke und Antriebe geistlich erfahrenen Menschen zur Prüfung vorlegen. Jeder Christ ist letztlich mit seiner Erfahrung auf die Kirche als ganze verwiesen (vgl. Kirchenkonstitution 12). Der manchmal schmerzliche Prozeß der Klärung muß getragen sein von dem Vertrauen auf Gott, der zugleich im einzelnen und in der Kirche als ganzer wirkt.

Anhand dieser Maßstäbe und Fähigkeiten, die in der Gabe der Unterscheidung geschenkhaft zusammengefaßt sind, vermag der Christ allmählich das Wirken des Geistes in seinem Leben und in seinem Umfeld zu erkennen. Er wird dabei auch achten auf die Angemessenheit der jeweiligen Formen: Sind sie innerlich gedeckt oder nicht? Ist hier zuviel Kopf und zuwenig Herz, dort zuviel Geist und zuwenig Leib, dort zuviel Gefühl und zuwenig Erkenntnis? Dies ist freilich nicht schon an bestimmten Verhaltensweisen ablesbar, sondern selbst nur ›im Geist‹ feststellbar. Und dann ist man erstaunt, wieviel echtes geistliches Leben manchmal hinter einem bescheidenen, unbedarften Äußeren aufleuchten (vgl. Mt 5,25–33), aber auch, wieviel Hohlheit sich hinter frommen Worten und Gesten verstecken kann (Lk 6,24–26). Das ist nicht nur das Problem heutiger charismatischer Gruppen, sondern der Frömmigkeit zu allen Zeiten. Nur wird man sich hüten, durch solche Mängel und Fehler sich den Zugang zu der gemeinten Sache verstellen zu lassen. Wenn andere eine Gabe mißbrauchen, dispensiert mich das nicht davon, selbst für diese Gabe vor Gott offen zu sein; zugleich gibt das Gleichnis vom Unkraut unter dem Weizen eine Anleitung, wie man sich dem Unechten gegenüber verhalten soll (Mt 13,24–30) – ohne dabei den Scharfblick zu verlieren, der zu Selbstkorrektur befähigt und der bei anderen das Gute entdeckt, das förderungswürdig ist.

Für sich selbst aber wird man prüfen, ob die Grundeinstellung redlich ist und ob man für die ganze Wahrheit Gottes und alle seine Gaben offen ist – so wie Er sie schenken will. Dann wird jeder Christ auch in sich einen Bereich geistlicher ›Erfahrung‹ entdecken (in dem hier beschriebenen weiten Sinn des Wortes), den er nun als ein tragendes Fundament seines Glaubens verstehen wird: die grundlegende, bewußte Erkenntnis der Offenbarungswahrheit, die Gott ihm in manchen Stunden auch in deutlicherer Glaubenserfahrung aufleuchten ließ. Und er wird Verständnis dafür haben, daß es gelegentlich geistliche Erfahrungen gibt, die so mächtig sind, daß sie den Menschen fast überfordern, so daß er sie zunächst nur mühsam zu integrieren vermag – weil Gott immer zu groß ist für den Menschen und weil er uns an dem Wachstum seines Lebens in uns beteiligen will.

Unsere natürlichen Antriebe und Kräfte werden erst durch einen langen Reifungsprozeß zur Vollendung gebracht. Ähnliches gilt von den geistlichen Antrieben, die ja immer noch in einem begrenzten, fehlbaren Menschen wirken. Solche Erfahrung steht wohl hinter 2 Kor 5,14: »Ob wir nämlich außer uns gerieten« (in diesem Brief, in dem wir ›unser Herz ausschütteten‹ und voll Begeisterung von der ›überreichen Herrlichkeit‹ gesprochen haben, vgl. 3,7–18; 4,16–18; 6,11) – »es geschah für Gott; ob wir maßvoll und besonnen sind – es geschieht für euch« (d. h., wenn wir uns jetzt wieder auf das Maß zurücknehmen, das eurer Situation angemessen ist); »denn die Liebe Christi hält uns zusammen« (die Liebe zu dem ›Christus‹, der ihr seid, zu seinem Leib, seiner Gemeinde). Diese Liebe ist die Kraft, die mich gewissermaßen ›bändigt‹ und mir im Miteinander das rechte Maß zeigt (vgl. 2 Kor 12,6; 1 Kor 13; Phil 1,23 f). So ist die Liebe die Kraft, durch die starke geistliche Erfahrung zu ihrer reifen Gestalt findet.

3.1.8. Ermächtigung zum Handeln und die »Frucht« des Geistes

Wenn Geist-Erfahrung ein Empfangen göttlicher Kraft ist, verändert sie das Handeln der Menschen. Dies haben wir an vielen Beispielen bereits gesehen. Paulus betont es eindringlich in dem Hohen Lied der Liebe, das er bewußt zwischen die beiden Kapitel über Geisteswirkungen stellt (1 Kor 12–14). Eine ähnliche Tendenz dürfte in der bei Matthäus gestalteten Bergpredigt liegen, wie am Schluß in Mt 7,21–23 deutlich wird: »Nicht jeder, der zu mir sagt: Herr! Herr! wird in das Himmelreich eingehen, sondern wer den Willen meines Vaters tut.« Mit dem »Himmelreich« ist die gegenwärtige Gemeinschaft mit Gott gemeint. Das »Tun des Willens Gottes« aber ist nicht eine Vorbedingung im Sinne einer Leistungsreligion, sondern eher ein Kennzeichen für die Echtheit geistlichen Lebens, hier eine Hilfe, um »falsche Propheten« zu erkennen. Insofern ist das tatsächliche Handeln des Menschen, die »Frucht im engeren Sinn", im Unterschied zu den bisher genannten Kriterien immer ein nachträgliches Kennzeichen. Um es schon für das Handeln selbst zu nützen, werde ich mich fragen, ob der ›Geist‹ mich in diese Richtung treibt.

Das Maß des Zutrauens, das ich einem geistlichen Antrieb in mir geben darf, hängt also davon ab, wie stark jener mich befähigt, das zu tun, was ich als den Willen Gottes erkannt habe! So gelesen wird die ganze Bergpredigt zu einem Kriterium für alle religiösen Impulse in uns. Denn vom Geist erfaßt sein heißt dann: »Gute Frucht bringen«, wie ein Baum, der aus seinem Wesen heraus sich so verhält (7,15–19). Die Bergpredigt ist damit nicht eine ständige Überforderung des Menschen, sondern eine Verheißung, welche Handlungen einem Menschen möglich werden, wenn er sich dem Herrn und seinem Geist anvertraut (vgl. Joh 15,3–5.8). Vom Geist erfaßt sein heißt dann, sich auf der »breiten Straße« nicht wohl fühlen, sondern wie ein sportlicher Bergsteiger Freude zu haben an dem »schmalen Weg«. Und ein Mensch ist dann ein Christ, das heißt vom Geist Gottes bewegt, wenn in ihm der Wunsch und die Kraft aufbrechen, anderen das zu tun, was er selbst von ihnen erwartet (7,12), sich ganz auf Gott zu verlassen (6,19–34) und seine Feinde zu lieben (5,43–48). Wem aber diese Kräfte fehlen, der soll diese Taten nicht aus eigenen Kräften versuchen, sondern darf und soll von Gott die Kraft dazu erbitten und erwarten.

Insofern ist auch das Ertragen von Unrecht (Mt 5,38–42), also die ›Erfahrung des Kreuzes‹, nicht ein bloßes Erleiden von Schwachheit und Ohnmacht – das wäre unerlöstes Leid –, sondern eine Erfahrung von Kraft in der Schwachheit (2 Kor 12,9f); sie besteht nicht in der Erfahrung der Schmerzen des Kreuzes, sondern in der liebenden Kraft, diese Schmerzen mit Jesus zu tragen.[56] So könnte man die ganze Bergpredigt durchgehen und immer wieder das gleiche entdecken: Das aus dem Innern kommende Handeln nach dem Willen Gottes ist ein Zeichen, daß der Geist in uns wohnt. Die Worte des Evangeliums sind eine Verheißung, daß Gott uns diese Kraft schrittweise geben wird, wenn wir ihn darum bitten (Lk 11,13).

Wer so sein Leben führt, lernt aus ›Erfahrung‹, welchem ›Geist‹, welcher ›Erfahrung‹, welchem Impuls er trauen kann und welchem nicht. Und er wird schließlich auch den Anfang der Bergpredigt mit anderen Augen lesen (5,3–12): In diesen Seligpreisungen werden ja nicht etwa die Forderungen der Zehn Gebote gesetzhaft überboten, sondern Jesus bietet eine Beschreibung des neuen Menschen. Wer im Geist lebt, wird von diesem zu Armut, zu innerer und äußerer Losschälung geführt werden. Und wer diesem Antrieb des Geistes folgt, wird »Seligkeit« erfahren. Wie kommt Jesus auf solche Formulierungen? Doch wohl dadurch, daß er so etwas in seinem eigenen irdischen Leben erfahren hat. So zeigt er uns, was in ihm vorgeht und was wir von seinem Herzen lernen können (Mt 11,29), damit wir so teilnehmen an den ›Erfahrungen‹, die er mit seinem Vater gemacht hat.

3.2. »Charisma — charismatisch«

Menschsein heißt, bewußt und mit innerer Zustimmung zu vollziehen, was man ist. Zunächst ist der Mensch Geschöpf und als Christ eine »neue Schöpfung«; er ist Kind der Liebe des Vaters. Darum findet er nur in dem Maße zu sich, wie er diese Grund-Tatsache seines Wesens, alles empfangen zu haben und stets neu zu empfangen, bewußt und gern mitvollzieht. Sich annehmen aus der Zuwendung ewiger Liebe und ihr »mit seinem ganzen Herzen und mit allen Kräften« antworten ist die Wurzel eines erlösten Lebens. Den Geschenkcharakter christlicher Existenz nennt Paulus »liebende Zuwendung«, auf griechisch »Charisma«.

3.2.1. Wortgeschichte und heutige Diskussion

Das Wort ›Charisma‹ führte in der theologischen Sprache lange Zeit ein Randdasein. Seine Renaissance in unserem Jahrhundert begann mit der These von Rudolf Sohm, daß die Kategorie des ›Kirchenrechts‹ dem Wesen der Kirche widerspreche; als Werk des Geistes sei die Kirche vielmehr nur ›charismatischer‹ Natur. Damit war eine Polarität zwischen Charisma und Recht (Amt) geschaffen, welche die ganze weitere Diskussion belastete. Ein weiteres Erschwernis für die theologische Diskussion war es, daß Max Weber diesen Begriff in die Soziologie einführte, um verschiedene Arten von Autorität in der menschlichen Gesellschaft zu unterscheiden:[57] traditionale, legale und charismatische Autorität; letztere beruht auf einer irrationalen Inspiration des Individuums, die von der entsprechenden Bezugsgruppe anerkannt wird. Im alltäglichen, profanen Sprachgebrauch hat Charisma heute die Bedeutung ›Naturtalent, Begabung‹, während das Adjektiv ›charismatisch‹ etwa ›aus freier Inspiration und Spontaneität‹ besagt, manchmal mit einem negativen Unterton: ›unüberlegt, ungebunden, unberechenbar‹. Obwohl alle diese Verwendungen aus dem theologischen Sprachgebrauch herkommen, haben sie doch ihren geistlichen Kern verloren. Will die Theologie nicht auf dieses Wort verzichten, muß sie wenigstens im internen Sprachgebrauch um eine Abgrenzung bemüht sein. Dies geschieht heute immer wieder im Rückgriff auf das Neue Testament. Aber auch hierbei gibt es noch keine Einmütigkeit.

Die Exegese ist gelegentlich in Gefahr, einzelne Wörter der biblischen Botschaft zu überladen. Dann werden Bedeutungselemente in ein Wort hineingelegt, die sich hier und da aus dem Zusammenhang ergeben mögen, die aber noch nicht zu dem betreffenden Begriff selbst gehören. So wird oft gesagt, daß Paulus das griechische Wort ›Charisma‹ als einen theologischen Fachausdruck verwende im Sinne von: ›eine von Gott frei gewährte gnadenhafte *Befähigung* zum *Dienst* am Heil *anderer*‹. Nun ist sicher richtig, daß unter den Heilsgaben, die Paulus mit ›charisma‹ bezeichnet, auch derartige Befähigungen sind, etwa Prophetie oder Heilskräfte, aber er nennt ›charisma‹ auch die neue Heilsordnung schlechthin (Röm 5,15 f), ewiges Leben (Röm 6,23), die Berufung Israels (Röm 11,29), den Ruf zu Ehe oder Ehelosigkeit (1 Kor 7,7), Errettung aus Todesgefahr (2 Kor 1,11) oder auch Glaube, Hoffnung und Liebe (1 Kor 12,31) sowie das ein für allemal gegebene Apostelamt oder anerkannte Ämter in der Gemeinde wie Lehrer, Propheten, Hirten (1 Kor 12,28; vgl. Eph 4,11; ähnlich 1 Tim 4,14; 2 Tim 1,6). Gebraucht also Paulus das Wort je nach dem Zusammenhang in verschiedenem Sinn, oder hat das Wort bei ihm immer nur die damals übliche, allgemeine Bedeutung ›Geschenk‹? Die geforderte ›technische‹ Bedeutung läßt sich bei anderen zeitgenössischen Schriftstellern nicht belegen[58] und ist auch bei Paulus nicht nachzuweisen.[59] Vielmehr haben wir davon auszugehen: Paulus meint mit dem griechischen Wort ›Charisma‹ ein aus der ›Gnade‹ (charis) kommendes Geschenk. Da es ›Geschenk‹ ist, ist es immer ein ›aus freiem Wohlwollen (1) umsonst (2) gegebenes (3) Gut (4); hinzu kommt in unserem Zusammenhang: ein ›von Gott‹ (5) kommendes Gut, und zwar meist ein Gut der ›Heilsordnung‹ (6); insofern handelt es sich hier um »Gnaden«-Geschenke, im Unterschied zu den Geschenken der Schöpfung.

Das unsterbliche Auferstehungsleben, das wir in Christus empfangen haben, ist also bei Paulus ein ›Geschenk‹ Gottes, wie die göttliche Tugend der Liebe, das Amt des Apostels oder die Heilszeichen der Taufe und Eucharistie. Letzteres kommt zwar bei

Paulus nicht unter diesem Namen vor; aber es liegt in der Verlängerung der Linie von Röm 9,4 mit 11,29, und es verwundert nicht, wenn griechische Väter gelegentlich Taufe und Eucharistie als ›Charisma‹ bezeichnen. Das griechische Wort sollte man also bei einer Bibelübersetzung im Deutschen immer mit ›Geschenk‹ wiedergeben, niemals mit dem Fremdwort ›Charisma‹, und man sollte sich bei ›Gnadengabe‹ bewußt bleiben, daß diese nicht auf ›Begabung‹ eingeengt werden darf, sondern im weitesten Sinn von ›Gabe oder Geschenk‹ verstanden werden muß, gelegentlich mit einer besonderen Nähe zum Heiligen Geist. Insofern ist das Wesen der Kirche grundlegend ›Charisma = göttliches Geschenk‹ – immer vom Geist gewirkt, in allen seinen Elementen.

Obwohl es somit in der Bibel jenen spezifischen, ›technischen‹ Charisma-*Begriff* nicht gibt, ist dennoch das, was die heutige Theologie mit ›Charismenlehre‹ meint, der Sache nach in den Briefen des Apostels Paulus enthalten. Nur müssen wir uns darüber verständigen, wie wir heute den Begriff ›Charisma‹ fassen wollen. Dazu ist ein Blick in die Theologiegeschichte unerläßlich. Während die lateinischen Bibelübersetzungen das griechische Wort gewöhnlich übersetzen (donum, donatio, gratia), wird es schon seit Tertullian gelegentlich auch als Fremdwort übernommen und erscheint so in der lateinischen Vulgata bei 1 Kor 12,31. Damit bildet sich in der lateinischen Theologie allmählich ein Fachausdruck heraus, der dann bei Thomas v. A. folgende Elemente enthält:
(1) ein von Gott
(2) aus freiem Wohlwollen
(3) umsonst
(4) gegebenes
(5) Gut
(6) der Heilsordnung, das in einer
(7) je individuell zugeteilten (und somit aktuellen)
(8) unverfügbaren
(9) Befähigung
(10) zur Mitwirkung am Heil anderer besteht,
(11) die in besonderer Weise vom Heiligen Geist gewirkt ist.[60]

Diese auf das Heil anderer ausgerichtete »gratia gratis data« unterscheidet Thomas v. A. von der »gratia santificans« (der »heiligmachenden Gnade«), »durch welche der Mensch selbst mit Gott verbunden wird«. Die ersten sechs Bedeutungselemente entsprechen unserer Analyse des paulinischen Wortgebrauchs von Charisma, während die letzten fünf in den gemeinten Begriff weitere Abgrenzungen einbringen, so daß nun ein sehr viel engerer ›Fachausdruck‹ entstanden ist.

Dabei ist mit ›unverfügbar‹ (dies Element ist dem Sinne nach in ›gratis‹ enthalten) eine Abgrenzung gezogen gegen »Tugenden, Amt und Lebensstände« (gratia gratis data umfaßt somit nicht mehr 1 Kor 12,28a.31; 1 Tim 4,14; 2 Tim 1,6; 1 Kor 7,7); mit ›Befähigung‹ geschieht eine Abgrenzung gegen das *Sein* in der Gnade und mit der ›Mitwirkung zum Heil anderer‹ eine Abgrenzung gegen die heiligmachende Gnade (entgegen Röm 5,15; 6,23 und 11,29) sowie eine Einengung auf den Dienst an anderen. Das hätte zur Folge, daß nicht nur »Erlösung« und »ewiges Leben«, sondern auch manche Gebetsgnaden, wie das vorwiegend privat zu übende Sprachengebet (1 Kor 12,10 und 14,2.4) und der Ruf zur Ehelosigkeit (der in 1 Kor 7,7 nicht vom Gemeindedienst her begründet wird, sondern von dem bräutlichen »dem Herrn gefallen«) nicht mehr mit ›Charisma‹ bezeichnet werden könnten. Man sieht sofort, daß dies weder dem biblischen noch dem heutigen Sprachgebrauch entspricht. Wie in vielen anderen Fällen hat die scholastische Theologie hier eine Fachsprache entwickelt, die erheblich von der Sprache der Schrift abweicht. Das Zweite Vatikanische Konzil hat diese Terminologie zum Teil übernommen, wenn es die »Charismata« von den »Sakramenten, Diensten (ministeria, Ämter) und Tugenden« unterscheidet (Kirchenkonstitution 12) oder an anderer Stelle die »charismatischen Gaben« (dona) den »hierarchischen Gaben« gegenüberstellt (ebd., 4).

Es wäre unsinnig, eine solche Sprachentwicklung zurückdrehen zu wollen. Die theologische Diskussion muß sich aber weiter um eine Definition bemühen, welche die dahinterliegende Sachproblematik eindeutig zum Ausdruck bringt. So scheint es sinnvoll, heute daran festzuhalten, daß wir in der theologischen Fachsprache unter ›Charisma‹ immer eine je individuelle (7), unverfügbare (8) Befähigung zum Handeln (9) verstehen, die in besonderer Weise vom Heiligen Geist gewirkt ist (11). Aber müssen dies immer Befähigungen ›zur Mitwirkung am Heil anderer‹ sein (10), also Befähigungen, die in ihrem Erscheinungsbild eindeutigen Dienstcharakter haben? Man beruft sich dabei gern auf den paulinischen Wortgebrauch; aber dieses Argument ist insgesamt problematisch, wie wir gesehen haben.

Die meisten heutigen Definitionsversuche betonen dieses Element ›zum Aufbau der Gemeinde‹ so stark,[61] daß Befähigungen, durch die der Mensch ›sich selbst erbaut‹ (wie 1 Kor 14,2.4) eigentlich nicht mehr als Charisma bezeichnet werden können; die Horizontale wäre so bestimmend in diesem Begriff, daß Befähigungen zum vertrauten Umgang mit Gott für sich allein nicht mehr als ›Charismen‹ bezeichnet werden könnten. In der Tat gibt es viele Versuche, letztere als ›Mystik‹ der eigentlichen ›Charismatik‹ gegenüberzustellen. Aber in der Praxis wird diese Unterscheidung nie durchgehalten, und sie ist auch unbefriedigend.[62]

Am deutlichsten wird die Kontroverse bei der Frage, ob Charisma ein Oberbegriff sei, der sowohl das Amt wie auch Ehelosigkeit und vielleicht auch die Ehe mit umgreife, oder ob zumindest ›Amt‹ und ›Charisma‹ voneinander so unterschieden werden müssen, daß begrifflich keines auf das andere zurückgeführt werden könne. Nur dann kann in dem Begriff Charisma die aktuelle ›Unverfügbarkeit‹ festgehalten werden und kann ›Amt‹ und ›Sakrament‹ seine ›Verfügtheit‹ (ex opere operato) behalten. Praktisch geht es dabei um die Frage, ob ›Amt‹ in der Kirche lediglich ein Charisma unter den anderen sei und folglich nur auf jeweils gegebener Kraft des Geistes beruhe. Seine ›Autorität‹ läge dann lediglich in der aktuellen persönlichen Vollmacht und wäre nicht geschützt durch eine dauernde Amtsübertragung.

3.2.2. Systematische Überlegungen

Gehen wir davon aus, daß jedes Heilswirken Gottes zwei Aspekte hat: Es ist in seinem Ursprung immer freies, aus Gottes Initiative hervorgehendes Wirken des Geistes, »der weht, wo er will«, und ist insofern ›Ereignis‹. Andererseits ist alles Wirken des Geistes darauf angelegt, zu einer Inkarnation und Inkorporation im Leibe Christi zu werden und insofern im einzelnen und in der Kirche ›Gestalt‹ anzunehmen. So muß der »Glaube des Herzens« zu einem »Bekenntnis mit dem Munde« führen (Röm 10,10). Die mündliche Verkündigung und das Wort der Heiligen Schrift, das daraus entstanden ist, das Zeichen der Taufe sowie alle Sakramente der Kirche haben somit jeweils in einem ›Ereignis‹ ihren Ursprung: Die Eucharistie ist aus der Liebe Jesu entstanden und bis heute getragen von der je neuen, ereignishaften Liebe des Auferstandenen zu seinen

Gläubigen, auch wenn sie durch das sakramentale Zeichen, die ›Gestalt‹, in die ›Verfügung‹ der Kirche gegeben ist. Andererseits ist jede ereignishafte persönliche Bekehrung, Berufung oder Befähigung darauf angelegt, in die Kirche eingefügt zu werden und insofern ›Gestalt‹ zu werden. In diesem weitesten Sinne kann man ›Ereignis und Gestalt‹ als durchgehende Grundelemente christlichen Lebens verstehen.

Unsere Frage wird sein, wie weit in einzelnen Heilsvorgängen das Ereignishafte so bestimmend bleibt, daß der Mensch es nur je neu von Gott empfangen kann und wo Gott bestimmte Vorgänge so in unsere Hände gegeben hat, daß wir über sie — in seinem Namen — ›verfügen‹ dürfen. Ersteres wäre dann der Bereich, in dem auch ›Charisma‹, wie es das Konzil gebraucht, anzusiedeln ist; das zweite dagegen kennzeichnet unter anderem die sakramentale Ordnung. Man könnte auch sagen: Die Heilsgüter, die Gott in unsere ›Verfügung‹ gegeben hat, liegen in der Linie der Menschwerdung Gottes, sind also in einem spezifischen Sinn Fortsetzung seiner Inkarnation (Gestaltwerdung), während das, was uns je neu ereignishaft geschenkt wird, in besonderer Weise dem Wirken des Geistes zugeschrieben werden kann. Selbstverständlich können die pneumatologische und die christologische Linie nie voneinander getrennt werden, sondern sind stets aufeinander bezogen, ähnlich wie Ereignis und Gestalt.

Unter anderer Rücksicht lassen sich die Heilszuwendungen Gottes dadurch unterscheiden, ob sie im Menschen ein Sein bewirken oder ihn zu einem Handeln befähigen. Insofern uns die Taufe zu Gliedern am Leib Christi macht und die heiligmachende Gnade vermittelt, begründet sie ein neues Sein in uns, und ähnliches gilt von einigen anderen Sakramenten. Auch wenn die Taufe selbstverständlich zugleich Grundlage eines neuen Handelns ist, gibt es doch andere Heilszuwendungen, welche direkt und unmittelbar auf *personale* Funktionen hinzielen. Unter diesen gibt es Befähigungen, die *allen* Menschen angeboten, Verhaltensweisen, die *allen* Menschen aufgegeben sind: die theologischen und sittlichen Tugenden. Insofern sind Glaube und Liebe, Tapferkeit und Demut universale Gaben, auch wenn sie in den einzelnen Menschen nur stufenweise verwirklicht werden und in manchen Menschen die eine oder andere besonders deutlich hervortritt. Andere Befähigungen werden grundsätzlich individuell verteilt wie die Berufung zu Ehe und Ehelosigkeit (»dem einen so, dem anderen so«, 1 Kor 7,7), verschiedene Aufgaben innerhalb der Gemeinde oder persönliche Aufträge und Begabungen.

Auch unter diesen gibt es noch einmal Unterschiede, je nach der Art der Weitergabe: Einige individuelle (= nicht allen gegebene) Aufträge und Befähigungen werden von Mensch zu Mensch weitergegeben und sind insofern für den Menschen durch die Kirche ›verfügbar‹ wie die gegenseitige Spendung des Ehesakramentes oder das Amt, das durch Wahl und Auflegung der Hände übertragen wird. Viele individuelle Befähigungen dagegen kann man nur ereignishaft je neu erwarten, wie Erkenntnis, Prophetie, die besondere Gabe der »Barmherzigkeit in Heiterkeit« (Röm 12,8) und andere; sie werden daher deutlicher als aktuelle ›Geschenke‹ erfahren. So kann man zum Beispiel niemand zum Propheten ›ordinieren‹. Für solche den Menschen unverfügbare Befähigungen, welche der Geist individuell »zuteilt, wie er will«, sollte man heute – mit dem Konzil, in Anlehnung an 1 Kor 12,11 – den Namen ›Charisma‹ reservieren, auch deshalb, weil das Wort heute das Element der Spontaneität assoziiert, was bei Paulus nicht der Fall war. Dabei sollten dann aber nicht nur die Gaben zum Dienst an anderen, sondern auch die entsprechenden Geistesgaben zur eigenen Auferbauung so bezeichnet werden (vgl. 1 Kor 14,2.4).[63]

Selbstverständlich ist jede Gabe, die den einzelnen aufbaut, irgendwie immer ein Beitrag zum Aufbau der Gemeinde und ist andererseits jede Gabe zum Dienst am anderen von Gott auch gedacht als Hilfe zum Heil des Empfängers, aber vom Phaenotyp her sind doch diese zwei Arten unterscheidbar, zumal Paulus Sprachengebet und Prophetie gerade unter dieser Rücksicht einander gegenüberstellt (1 Kor 14). Daran sieht man deutlich, daß der Dienstcharakter nicht notwendig zu der Art von Geschenken gehört, die er in 1 Kor 12,8–10 auflistet. Ein Wort der Weisheit, Erkenntnis oder die besondere Gabe des Glaubens kann jemand auch für sich selbst bekommen, zu seiner eigenen Auferbauung. Das Anliegen, das in der heutigen Betonung des ›zum Aufbau der Gemeinde‹ zum Ausdruck kommt, wird besser dadurch gewahrt, daß man darauf hinweist, alle diese Gaben müßten ›in der Gemeinschaft der Kirche‹ gebraucht werden, daß also eine gewisse Kommunikation zum rechten Gebrauch jeder individuell ˙verliehenen Heilsgabe gehört. Paulus verweist hier jedesmal auf das Bild vom Leib (1 Kor 12;

Röm 12,4f; Eph 4,4–11). In der Tat bedürfen die einzelnen Charismen, auch die primär zum eigenen Heil gegebenen, der Prüfung und Eingliederung in den Leib Christi, um sich gesund entfalten zu können. Dazu gehört auch, daß z. B. das Sprachengebet den privaten Vollzug als seinen vorzüglichen Ort zugewiesen und bestätigt erhält. Alle Charismen sind von ihrem Wesen her auf Kommunikation angelegt und verkümmern oder wuchern aus, wenn ihnen das angemessene Maß an Austausch fehlt. Dies wäre dann jeweils das ›gestalthafte‹ Moment, das auch zu jedem Charisma gehört.

Mit dieser Sprachregelung erhält man einerseits die Möglichkeit, auch Gaben des Geistes, die primär der eigenen Auferbauung dienen, mit ›Charisma‹ zu bezeichnen, wie die besondere Fähigkeit der Unterscheidung für die persönliche Lebensführung, individuelle Berufungen, etwa von Einsiedlern oder Ordensgründern, kontemplative Gebetsgnaden oder das Sprachengebet, die ja doch in der Praxis meist als Charisma bezeichnet werden;[64] andererseits ist eine klare und einfache Abgrenzung möglich gegenüber ›Sakramenten, Diensten und Tugenden‹, so daß wir in diesem Punkt bei der Terminologie des Zweiten Vatikanischen Konzils bleiben können.

In diesem Sinn wird in dem Text »Erneuerung der Kirche«[65] gesagt: »Im Unterschied zu Charis im allgemeinen Sinn (= Gunst, Wohlwollen) bezeichnet das Wort ›Charisma‹ (= Gnadengabe) eine aus ihr erfließende, jeweils von Gott besonders zugeteilte Befähigung zum Leben und Dienen in Kirche und Welt.« Durch die Hinzufügung »zum Leben« ist es möglich, auch die auf das eigene Heil ausgerichteten Gaben mit zu umfassen. Für die Praxis ist das wichtig, weil sonst manche Charismen leicht verzweckt werden, wenn sie von vornherein unter dem Anspruch stehen, zum Dienst für andere dazusein. Indirekt dient selbstverständlich alles, was dem einzelnen einen neuen Lebensvollzug ermöglicht, auch der Gesamtheit und umgekehrt. Daß Charismen »jeweils von Gott besonders zugeteilt« sind, betont das Ereignishafte, grenzt sie gegen die *allen* Menschen verliehenen und aufgegebenen Tugenden ab sowie gegen die Sakramente und Ämter, deren Weitergabe in die Verfügung der Kirche gegeben ist.

In dem oben zitierten Text ist Charisma auch abgegrenzt einerseits gegen die »rechtfertigende« Gnade und andererseits gegen »Sakrament und Amt«. Zu letzterem heißt es: »Die Charismen haben in der Kirche eine eigenständige, in ihrem Ursprung vom Amt unabhängige, erweckende und kritische Funktion (vgl. Kirchen-konstitution 4). Diese beiden Wirkungen des einen Heiligen Geistes sind nicht voneinander ableitbar und stehen in einem grundsätz-lichen Verhältnis der Ergänzung zueinander.«[66] Dies ist der Sache nach durchaus biblisch, denn wenn Paulus das Apostelamt indirekt unter die »charismata« — ›Geschenke‹ rechnet und Glaube und Liebe als die »wichtigeren Geschenke« bezeichnet (1 Kor 12,31), so meint er damit nicht ›Charisma‹ im heutigen technischen Sinn. Vielmehr ist das Apostelamt für ihn gerade ein für allemal begrün-det in der Begegnung mit dem Auferstandenen (1 Kor 15,1—11) und ist die Liebe gerade das Umfassende und allen Gemeinsame im Unterschied zu dem, was der Geist »jedem persönlich zuteilt« (1 Kor 12,11).

Eine letzte Frage betrifft die Rangordnung unter den Charismen. Schon eine solche Frage zu stellen, verstößt allerdings gegen den Geist von 1 Kor 12, wo Paulus durch das Bild vom Leib gerade jedem an seiner Stelle die gleiche Würde zumißt und sich dagegen wehrt, Charismen gegeneinander auszuspielen und zu werten. Aus dem Anliegen heraus, jeder Schwärmerei vorzubeugen, und in Verkennung von 1 Kor 14 wird dann oft die Sprachengabe »als die geringste der Gaben« bezeichnet und dies gelegentlich damit begründet, »weil sie weniger unmittelbar auf den Aufbau der Gemeinde ausgerichtet ist«.[67] Wenn in 1 Kor 12,28 »erstens Apostel, zweitens Propheten, drittens Lehrer« genannt sind, dann liegt dies auf einer ganz anderen Ebene, nämlich auf der Ebene der Zuordnung der Funktionen in der Kirche, nicht aber der Wertigkeit (um die es 12,12—26 geht). Sonst widerspräche 1 Kor 12,28.31 diametral der Intention des Vorausgegangenen! Und in 1 Kor 14 geht es Paulus lediglich darum, unter welchen Umständen die Gabe des Sprachen-gebetes *gebraucht* werden soll. Insofern ist Prophetie *in der Gemeinde-versammlung* ›wichtiger‹ (nicht: ›größer‹!). Was aber *für den einzelnen* ›wichtig‹ ist, entscheidet letztlich der Geber, nicht ein menschliches Nützlichkeitsprinzip. Der Mensch kann hier nur offen sein. Sonst könnte es geschehen, daß er das, was er für größer hält, nicht bekommt, weil er das ›Geringe‹ nicht achtet.

In der Tat ist nach der heutigen Erfahrung in der Charismati-schen Erneuerung das Sprachengebet häufig das Tor zur Prophetie, ohne deshalb ›geringer‹ zu sein. Und so sieht es auch Paulus: »Begeistert euch für das Geistgewirkte, vor allem aber, damit ihr prophetisch redet« (d. h. damit ihr dadurch zur Gabe der Prophetie kommt; 1 Kor 14,1), also damit ihr auf diesem Wege dann auch anderen nutzen könnt. Ebenso 14,5: »Mir ist schon recht, daß ihr alle in Sprachen redet, vor allem aber (deshalb), damit ihr prophetisch redet«,[68] und 14,12: »Da ihr ›Geister‹ so sehr schätzt (d. h. spürbare Offenbarungen des Geistes, 12,7), bemüht euch zur Auferbauung der Gemeinde, daß ihr darin wachst« = darin hervorragend, noch größer werdet, nämlich von dem vorher genannten Sprachengebet fortschreitet zu Auslegung und prophetischem Reden, also gewissermaßen zu einem hervorragenden Maß an Reife in solchen Geisteswirkungen kommt (vgl. ferner 14,5.13.18.39). Insofern gibt es bei den Geisteswirkungen durchaus eine innere, objektive Ordnung des Wachstums, aber das sagt nichts gegen die gleiche Würde der einzelnen Stufen, zumal Gott nicht jedem zu jeder Zeit das gleiche zugedacht hat, so daß im Zusammenspiel der Gemeindeglieder alle Wachstumsstufen zum Zuge kommen können und sollen. So wird ja auch im einzelnen Menschen das, was man zuerst gelernt hat, nicht wertlos, sondern bildet weiterhin die Grundlage. Die Reife der einzelnen besteht zunächst darin, mit dem ihnen jeweils Anvertrauten richtig umgehen zu können, also zu wissen, wann und wo und wie sie es in der Gemeinde einbringen sollen.

3.2.3. Abschließende De-finition: Charisma – charismatisch

Bei der hier vorgenommenen Abgrenzung wird der Fachausdruck ›Charisma‹ aufgrund seiner geschichtlichen Entwicklung einer bestimmten Art von Heilsgütern vorbehalten, die in ihrem Erscheinungsbild durch das Ereignishafte bestimmt werden, durch das Unmittelbare und das je neu und überraschend von Gott Geschenktsein. Dennoch sind wir uns bewußt, daß auch diese charismatischen Phänomene oft eine gewisse Dauer und Stabilisierung erfahren, so daß die Menschen bestimmte, ihnen persönlich geschenkte Befähigungen dann auch ›gebrauchen‹ können oder Prophetie nicht ein Einzelereignis bleibt, sondern bei vielen häufiger auftritt, so daß sie – wenigstens für eine längere Zeit – geradezu als ›Propheten‹ bezeichnet werden können. Bei anderen kann ein Charisma ihre ganze irdische Existenz prägen. So kann ein Charisma als individuell gegebenes sehr wohl ein stark ›gestalthaftes‹ Moment haben, ein

Moment der Inkorporation, das ja, wie wir oben sagten, jedem Heilswirken eigen ist. Von jedem Charisma gilt, was anderswo von der Geist-Erfahrung gesagt wird:[69] Es ist »häufig durch andere angeregt oder vermittelt und ist zur Deutung auf andere angewiesen. Es führt auf die Kirche hin und erlangt seine volle Klarheit und eindeutige Gestalt erst in ihr.« Auch momentane Charismen sind darauf angelegt, durch die Gemeinschaft der Gläubigen bestätigt und angenommen zu werden, wenigstens im seelsorglichen Gespräch oder in einer kleinen kirchlichen Bezugsgruppe. Dennoch werden sie durch dieses ihnen innewohnende ›gestalthafte‹ Moment nicht für Menschen ›verfügbar‹, d. h., sie bleiben auch weiterhin ›Charisma‹.

Anders ist es mit Begabungen, die von der Kirche nicht nur bestätigt, sondern beauftragt werden, etwa, wenn jemand, der in besonderer Weise das Charisma des Helfens hat, dann offiziell mit einem karitativen Dienst betraut wird. Hier kommen Charisma und Amt zusammen. Ein solches ›Charisma‹ ist immer Voraussetzung eines ›Amtes‹, da dieses nur an jemanden übertragen werden darf, der auch die Eignung und persönliche Berufung dazu hat! Insofern muß jedes Amt ein Charisma einschließen — und ist doch nicht mit ihm identisch. Denn nicht jeder, der eine Neigung und Eignung für einen Dienst hat, ist damit schon Inhaber des Auftrags. Ebenso muß man nach der Amtsübernahme (etwa Ordination) den Dienst ›charismatisch‹ ausüben, aus dem jeweiligen Hören auf den Anruf Gottes heraus. Wenn man von einem ›Amtscharisma‹ spricht, ist wohl beides gemeint: die vorgängige, ereignishafte Eignung und Berufung sowie die Ausübung unter der Führung des Geistes Gottes; es meint aber nicht die Amtsvollmacht selbst! Wie man sieht, sind Sakrament und Amt keineswegs *nur* ›Gestalt‹ oder ›Institution‹, sondern enthalten in ihrem konkreten Vollzug immer auch ein ereignishaftes Moment.[70] Wenn in dem römischen Dialog mit den Pfingstlern von katholischer Seite gesagt wurde, »daß der Heilige Geist nicht nur vertikal im Charisma, sondern auch horizontal in der Kirche und den Sakramenten wirke«,[71] wäre die Vertikale dann das ereignishafte Wirken des Geistes, die Horizontale dagegen, daß auch Übergabe und Vollzug des Amtes selbst sowie Spendung/ Empfang der Sakramente ein Werk des Geistes sind — ex opere operato, von Gott ein für allemal verfügt, unabhängig von der Frömmigkeit des Spenders/Empfängers, aber durch ihn vollzogen.

Mit diesen Unterscheidungen haben wir nun einen Bezugsrahmen geschaffen, in dem auch das Adjektiv ›charismatisch‹ verständlicher wird. Es ist in seiner Anwendung weiter als das Substantiv und wird nicht nur dort verwendet, wo von einer Ausübung eines ›Charisma‹ die Rede ist. Vielmehr gehört zum ›charismatischen Wirken‹ des Heiligen Geistes sein ganzes, je neues, ›unverfügtes‹ Handeln, auch in aktuellen Gnaden, im Vollzug von Glaube, Hoffnung und Liebe und in den täglichen ›Anregungen‹. ›Charismatisch‹ meint also jedes ›vertikale‹, trotz aller Vermitteltheit im Kern unmittelbare Wirken Gottes im Menschen, wobei dem Menschen zugleich deutlicher bewußt wird, daß er ein ›Geschenk empfängt‹. Dies kann sich in sittlichem Handeln (vgl. Eph 2,10) ebenso ereignen wie in der Ausübung eines übertragenen Dienstes. Andererseits wird es auch möglich, von charismatischer ›Erfahrung‹ zu sprechen. In der Praxis wird ja damit nicht primär der Empfang von Charismen gemeint, sondern eine Gottesbegegnung, die deutlich als ›geschenkhaft‹ empfunden wird. Meist ist dabei an einen größeren Intensitätsgrad gedacht, während die schlichteren Glaubenserfahrungen von vielen nicht als ›charismatisch‹ bezeichnet werden; theologisch wäre dies aber richtig, da kein Wesensunterschied zwischen ihnen besteht. Sobald wir die Kategorie des ›Außerordentlichen‹ aus dem ›Charisma‹ herauslösen, ist auch das Adjektiv nicht mehr auf besondere oder besonders intensive Erfahrungen einzuschränken. Hier muß man jeweils auf den Kontext achten, um das Gemeinte zu erfassen.

3.2.4. »Schlichtere und leuchtendere Charismen«

Charismen können *verborgen* sein oder *deutlicher* als Geistwirkung hervortreten. Letzteres ist dann gegeben, wenn dem Betreffenden selbst oder anderen *stärker bewußt wird,* daß Gott hier am Werke ist. Dies kann grundsätzlich bei ganz alltäglichen Handlungen der Fall sein. Wenn die Kirchenkonstitution die Charismen mit »besonderer Leuchtkraft« von solchen unterscheidet, »die schlichter und allgemeiner verbreitet sind« (12), denkt man wohl zunächst an den Unterschied ›gewöhnlich – außergewöhnlich‹ oder ›unauffällig – auffällig‹. Je nach dem Erfahrungsstand des einzelnen wird dann nicht jeder das Gleiche für ungewöhnlich halten. Es geht hier jedoch nicht so sehr um äußere ›Auffälligkeiten‹ – solches könnte auch aus natürlichen Kräften kommen –, sondern um eine auffallende *geistliche*

Qualität. Die Diskrepanz zu den ›normalen‹ Fähigkeiten des Menschen mag größer oder geringer sein, entscheidend ist, ob das Wirken des Geistes ›aufleuchtet‹ (man denke an Theresia v. Lisieux). Dies erkennt man an den typischen Kennzeichen des Geistes: an der Kraft und Freude, der Liebe und dem Frieden, die in ihrer göttlichen Eigenart an nichts anderem gemessen werden können, sondern sich durch sich selbst ausweisen (1 Kor 2,14; die Gabe der Unterscheidung). Nicht das Auffallende und Besondere einer Begabung, sondern der Widerschein des Glanzes Gottes macht etwas zum »leuchtenden« Charisma. So scheint es richtig, diesen Begriff, den das Konzil verwendet (dona clarissima), in einem theologischen und spirituellen Sinn zu gebrauchen. Von da her kann man dann freilich die — echten — auffallenden Zeichen als »leuchtend« bezeichnen, weil sie meist eine starke Signalfunktion haben. Ohne die geistliche Qualität dagegen wären sie nicht mehr Zeichen für das Reich Gottes, sondern für etwas anderes, und somit nicht mehr Charismen.

Nicht selten wird das Wort Charisma eingeengt auf die neun Gaben, die Paulus in 1 Kor 12,8—10 aufzählt. Diese »Offenbarungen des Geistes«, bei denen man *in spürbarer Weise* vom Geist erfaßt ist, bezeichnet man auch gern im engeren Sinn als ›Geistes‹-Gaben. Damit will man nicht den übrigen Charismen die Geistgewirktheit absprechen, sondern nur hervorheben, daß es bei diesen Vollzügen das Bewußtsein prägt. Aber günstiger scheint es, die Worte Charisma und Geistesgabe stets im weiteren Sinn und somit synonym zu gebrauchen. So ist eher die Möglichkeit gegeben, daß allmählich jeder Christ sein Charisma erkennt und es auch so benennt. Die Deutsche Synode sagt mit Recht, daß »jeder Christ ein ihm eigenes Charisma« habe.[72] Ganz gleich, wie weit sich nun in dem allgemeinen charismatischen Wirken des Geistes einzelne Impulse als eigentliche Charismen ausgrenzen lassen und wo man die Grenze zwischen schlichteren und leuchtenderen Gaben zieht, sind letztere nun eingeordnet in ein breites Spektrum von Geschenken,[73] die grundsätzlich alle von der gleichen Art sind.

So vollzieht sich ein »Wort der Erkenntnis« (1 Kor 12,8) in den gleichen Bahnen und auf dem gleichen Wege, wie wir auch sonst im geistlichen Leben Einsicht gewinnen; nur ist diese Einsicht hier von einer Leucht- und Durchschlagskraft, daß »deutlicher« wird, woher sie kommt. Die »Gabe der Unterscheidung« ist im Grunde nichts spezifisch anderes als jede Gewissenserkenntnis, nur kommt sie mit einer Unmittelbarkeit und Klarheit, daß sie sich in ihrer leuchtenderen Form von dem sonst üblichen Gewissensurteil abhebt.

Das Sprachengebet setzt an der Fähigkeit des Sprechens an, aber nun nicht nach einem gelernten Sprachmuster, sondern in einer ähnlichen Ursprünglichkeit, wie ein Kind redet, bevor es sprechen lernt. Es wird in dem Maße zu Gebet, als es aus dem »Empfangen« herauswächst und Ausdruck der Gottesverehrung ist. Es ist also nicht schon als Phänomen in sich selbst geistlich bedeutsam, sondern ist, wie jedes Beten, an der Echtheit des Glaubens und der inneren Haltung zu messen. Es ist von seinem Ursprung her Sprache der Liebe und muß das immer bleiben. Für viele bedeutet es eine große Hilfe. Sprachengebet hat in der Psychologie des geistlichen Lebens eine ähnliche Funktion wie Rosenkranzgebet oder lange Psalmrezitation, etwa im Chorgebet der Mönche, das zudem lange Zeit in einer (oft unverstandenen) Fremdsprache (Latein) geschah: Es schafft einen Raum, in dem der Mensch leichter und gesammelt bei Gott bleiben kann. Und das Singen in Sprachen ist innerlich einem Gregorianischen Jubilus und überhaupt dem Choralgesang verwandt.

Das fürbittende Gebet schließlich setzt an der allgemein menschlichen Fähigkeit an, sich an Gott zu wenden; aber es erhält durch die deutlichere Anregung des Geistes, der einen aktuellen Glauben schenkt, eine tiefere Kraft. Und manchmal bekommt jemand eine Gewißheit darüber, wie Gott antworten will. Dann – und nur dann – darf er es aussprechen, etwa eine Heilung zusagen und schon im voraus dafür danken.

Die Gabe der Prophetie, die heute wieder häufiger auftritt, setzt an der Fähigkeit einer inneren Schau oder eines inneren Hörens an. Ihre Qualität erkennt man u. a. an dem, was sie im Hörer bewirkt, ob sie z. B. zum Instrument Gottes geworden ist, durch das er Menschen »trifft« und sie zur Umkehr und Heiligung führt. In ähnlicher Weise spricht in der Schrift Gott auch im Traum. Die prophetische Dimension spielt ja in allen Religionen eine Rolle, wie sollte sie in der Kirche fehlen, die »aufgebaut ist auf dem Fundament der Apostel und Propheten« (Eph 2,20)? Gemeint sind hier nicht die Propheten des Alten, sondern des Neuen Bundes.

Schließlich ist hier das ›Ruhen im Geist‹ zu nennen, ein Phänomen, das in den letzten Jahren häufiger auftritt, aber grundsätzlich nicht neu ist. In der Geschichte der Spiritualität wird hin und wieder berichtet, daß jemand in einem entscheidenden Augenblick des geistlichen Lebensprozesses bewegungsunfähig daliegt (»wie tot«), aber zugleich ganz wach ist und in seinem Inneren eine große Kraft, tiefen Frieden oder einfach Gelöstheit und Ruhe spürt. Es ist, wie wenn in diesem Augenblick der innere Prozeß des Geistes, dem er sich längst bewußt hingegeben hatte, so stark wird, daß die körperliche Bewegungsfähigkeit vorübergehend eingeschränkt wird. Dies ist noch nicht mystische ›Ekstase‹, sondern höchstens eine Vorstufe oder ein Vorgang, der in diese Richtung weist.

Etwas Ähnliches tritt nun auch manchmal auf, wenn Menschen über andere beten. Bei einigen geschieht es häufiger, so daß man von einer besonderen Gabe sprechen kann: Wenn sie über andere beten, kommt manchmal eine Kraft über den, für den sie beten; er fällt nach hinten um und bleibt einige Minuten regungslos liegen. Der Betreffende erfährt dann eine innere Lösung und Sammlung zugleich, oft wie einen neuen Anfang, und stets großen Frieden. Die vielen positiven Wirkungen auch über lange Zeit, die immer wieder davon berichtet werden, berechtigen zu dem Schluß, daß dies ein Weg sein kann, durch den Gott Menschen ordnet und heilt. Es ist darauf zu achten, daß dies in einem geschützten Rahmen geschieht und nicht als Show mißdeutet wird.

Man sieht wohl, daß auch dieses Phänomen auf psychosomatischen Vorgängen aufbaut und sie in Dienst nimmt; Anlagen, die etwa bei Suggestion und Fixierung mißbraucht werden können. Aber solcher Mißbrauch darf nicht dazu verleiten, Gott an ihrem Gebrauch zu hindern. Wie immer im geistlichen Leben ist die lautere Haltung des Gebetes bei allen Beteiligten ausschlaggebend. Denn es ist entscheidend, welchem Geist sich der Mensch öffnet. Dies aber liegt nicht in irgendwelchen Techniken, sondern in der Reinheit des Herzens und dem Bekenntnis zu Jesus Christus. So ist dieses Phänomen nicht isoliert zu sehen, sondern eingebettet in eine vielfältige geistliche Erfahrung und erhält in diesem Bezugsnetz eine ›relative‹ Bedeutung.

So könnte man fortfahren und das ganze christliche Leben ›charismatisch‹ durchleuchten, in seinen schlichteren und leuchtenderen Formen. Gewiß empfangen nicht alle Christen solche leuchtenderen Gaben, aber daß sie in der Gemeinde vorkommen, ist für die Kirche wesensnotwendig, und wenn sie wieder reichlicher geschenkt werden, ist dies ein Grund zum Danken. Fast unauffällig wird die Anwesenheit Gottes, die in allen Bereichen die eigentliche und letzte Realität ist, wieder neu erkennbar; Gott wird auf einmal konkret und hautnah — oder eben »deutlicher«. Das Ziel seines Wirkens ist, uns ganz und gar zu erlösen und Gestalt anzunehmen in unserem Leben. Wir aber müssen wieder lernen, mit der breiten Skala von Gnadengaben zu rechnen, wie ja auch das Leben breit und vielfältig ist.

3.3. Der gnadenhafte Charakter der Charismen

3.3.1. Charismen und natürliche Anlagen

Die heutige (engere) Bedeutung von Charisma hat mit dem (weiteren) paulinischen Wortgebrauch gemeinsam, daß es sich um ein Geschenk der Gnade handelt: Charis-ma als Konkretisierung der ›Charis‹, Ge-schenk als Konkretisierung von ›Schenkung‹. Es handelt sich also hierbei immer um die Heilsordnung. Charismen »sind nicht einfachhin aus den natürlichen Fähigkeiten abzuleiten, sondern entspringen der freien Gnadenwahl Gottes, der einem jeden seine besondere Gabe zuteilt, wie er will (1 Kor 12.11). Häufig jedoch entsprechen diesen Gnadengaben bestimmte natürliche Fähigkeiten des Menschen; sie werden vom Heiligen Geist geläutert, entfaltet und in Dienst genommen ... Oft erwählt Gott gerade das Schwache, um das Starke zu beschämen (vgl. 1 Kor 1,27f).«[74] Tragender Begriff sollte darum immer die »Einwirkung des Geistes« sein,[75] nicht eine ›natürliche Begabung‹.

Wenn Arnold Bittlinger sagt: »Ein Charisma besteht darin, daß ich durch die Wirkung des Heiligen Geistes eine natürliche Begabung erkenne und zur Verherrlichung Christi und zur Auferbauung seiner Gemeinde anwende«,[76] macht er zwar nicht die natürliche Begabung selbst zum Charisma, sondern die Art ihres Gebrauches. Aber diese Umschreibung ist unbefriedigend, wenn man etwa Machtzeichen in der Natur wie das Wandeln auf dem See, die Stillung eines Sturmes, auffallende Heilungsgaben oder die Vollmacht über Dämonen erklären will. Und welche ›natürliche Begabung‹ wäre die Basis für eine Totenerweckung? Welche natürliche Begabung zum Völkerapostel hätte Paulus in sich ›entdecken‹

können, welche Fähigkeit zum ›Wiederaufbau der Kirche‹ ein Franziskus, und was haben Johannes M. Vianney und Theresia von Lisieux in sich als naturgegebene Anlage für eine solche weltweite Wirkung ›entdeckt‹? Und selbst wenn jemand in sich eine bestimmte Begabung entdeckt, folgt noch nicht, daß er sie »zur Verherrlichung Christi und zur Auferbauung seiner Gemeinde anwenden« darf und soll. Bittlinger sagt mit Recht: »durch die Wirkung des Heiligen Geistes«, und weist damit hin auf das je eigene »Maß des Glaubens«, das dem Menschen nicht nur neue Möglichkeiten öffnet, sondern zugleich auch eine Grenze setzt, über die er nicht hinausgehen darf (Röm 12,3),[77] auch wenn er dabei viele natürliche Begabungen ›lassen‹ muß. Dieses qualitative, individuelle ›Maß‹ ist als ›Berufung‹ und ›Konkretion der Gnade‹ letztlich nicht eine natürliche Anlage und nicht an deren Grenzen gebunden, sondern eine neue Setzung des Geistes.

Selbstverständlich werden bei einem Charisma immer menschliche Qualitäten ins Spiel gebracht, wie etwa bei der Prophetie die Vorstellungswelt und Sprechorgane des betreffenden Menschen, aber Grund und Zentrum solcher Aktivitäten ist doch nicht diese menschliche Fähigkeit, sondern eben die ›Einwirkung des Geistes‹, so daß der Träger eines Charismas bei deutlicherer Offenbarung des Geistes manchmal es geradezu wahrnimmt: »Nicht mehr ich lebe (handle), Christus lebt (und handelt) in mir.« Sowenig ein Sakrament in seinem Kern dadurch erklärt ist, daß natürliche Vorgänge wie Waschen oder Essen ›in Dienst genommen werden‹, sowenig reicht eine natürliche Anlage als Grundlage aus, um ein Charisma zu definieren; vielmehr ist darin Gott der letztlich Handelnde – wie im Sakrament –, wobei dem Menschen oft bewußt ist, daß er in Unterordnung und im Hören auf den Geist handelt. So geht es hier um die Grundstruktur des ›in Christus Lebens‹. Letztes ›Subjekt‹ ist also Christus, das Haupt.

3.3.2. Der theologische Wunderbegriff

Damit wird eine Grenze relativiert, die häufig zwischen sogenannten ordentlichen und außerordentlichen Gnadengaben gezogen wird, als ob nur letztere etwas ›Wunderbares‹ wären. Denn einerseits sind auch die schlichteren Gaben ›übernatürlicher‹ Art (im scholastischen Sinn gesprochen), weil sie der neuen Heilsordnung angehören und darin freie Zuwendungen Gottes sind. Sie sind ›wunderbar‹, weil sie aus Gnaden über die ›naturhaften‹ Fähigkeiten des Menschen hinausgehen; denn der aus der Liebe Christi geleistete Krankendienst ist eine Gnadengabe, auch wenn es dem, der ihn so ausübt, nicht bewußt sein mag. Andererseits sind auch die auffallenderen Gaben wie Heilung eines Kranken durch Fürbitte oder Zusage nichts grundsätzlich anderes, da sie wie jene von der freien Gnadenzuwendung Gottes gewirkt sind und nur geschehen, wenn der Betreffende ja dazu sagt. Und von der Seite des Kranken betrachtet, ist es grundsätzlich genauso ›wunderbar‹, wenn ein Patient in dem Dienst einer Schwester plötzlich die Liebe Gottes erkennt und darin Gott selbst begegnet, wie wenn jemand durch ein Gebet augenblicklich geheilt wird und dann plötzlich der Macht Gottes gegenübersteht. Wunderbar ist in beiden Fällen zunächst, daß Gott aus seiner Verborgenheit heraustritt. Daß diese Erkenntnis im zweiten Falle durch eine auffallende, ungewöhnliche Heilung hervorgerufen wird, heißt noch nicht, daß hier etwas grundsätzlich anderes geschieht als bei dem schlichteren ›Krankendienst um Jesu willen‹.

So müssen wir den theologischen Wunderbegriff von seinem Zentrum her entwickeln: das zentrale ›Wunder‹ der christlichen Offenbarung ist die Selbstmitteilung Gottes, der neu und persönlich auf jeden einzelnen zukommt. »Der Herr will mit dir reden« — das macht den Menschen betroffen, sobald es ihm bewußt wird. Dieses Urwunder kann sich ›in allen Dingen‹ ereignen und ist doch noch etwas anderes als die Mitteilung Gottes in seiner Schöpfung. Da aber beides, die Schöpfungsordnung und die Heilszuwendung, aus der Freiheit Gottes hervorgeht, braucht Gott nichts zu ›ändern‹ oder zu ›durchbrechen‹, sondern er macht die Schöpfung je neu zum ›Zeichen‹ seines Heiles.

Es liegt also von vornherein in der *Freiheit* Gottes, auf welche Weise er seine Liebe zum Ausdruck bringen will. Bekanntlich gibt es eine ganze Reihe von Gebetserhörungen, bei denen man sich fragt, ob man sie noch durch Naturgesetze erklären kann, durch Zufall oder nur durch eine darüberstehende göttliche Macht. Der Denkfehler dieser Alternativfrage liegt darin, daß wir die Naturgesetze von Gott gelöst haben und nicht mehr sehen, wie wir auch für ihre Gültigkeit ständig auf eine ›höhere Macht‹ zurückgreifen müssen: Sie sind nur durch den ständigen Schöpfungsakt Gottes zu erklären, und ihre Verläßlichkeit ist Ausdruck der Treue Gottes. Da die ganze sogenannte Natur aber »auf den Menschen hin« geschaffen ist, kommt sie erst dort zu ihrem wahren Wesen, wo sie zum Ort der Offenbarung und der persönlichen Begegnung Gottes mit dem Menschen wird.

Die ›Natur‹ ist also von ihrem Wesen her offen zu jenem Urwunder der Selbstmitteilung Gottes hin. Andererseits hat die Heilszuwendung Gottes *immer* eine Auswirkung auf die gesamte Natur des Menschen, ähnlich wie geistige Freude eine Auswirkung auf den Körper hat. ›Welt‹ ist nur von diesem innersten Raum der Freiheit her zu verstehen, in dem Gott ganz persönlich auf jeden Menschen zugeht und ihm innewohnen will (Joh 14,23). Diese Kraft vermag Traurige zu trösten, Hungernde zu speisen und Kranke zu heilen, nicht nur in der Tiefe der Seele, sondern bis an den ›Rand‹ ihres Körpers. Und wie eine göttliche Erleuchtung oder die Sendung des Geistes an Pfingsten ein nur aus der göttlichen Freiheit zu erklärendes ›Wunder‹ ist, so kann diese freie Zuwendung Gottes sich auch in der Gabe der Heilung oder einer Brotvermehrung manifestieren. Weder werden dort psychologische noch hier physikalische Gesetze ›durchbrochen‹, sondern im zweiten Fall wird nur deutlicher, daß die Heilsgnade immer ›bis zum letzten Atom durchschlägt‹, wenn man so sagen darf. Es ist nur die Konsequenz daraus, daß Gottes Erlösung den ganzen Menschen erfaßt.[78]

Warum diese Gnade sich in dem einen Fall in einer Gesundung des Körpers, im anderen in einer (ebenfalls ins Natürliche hineinwirkenden) Stärkung zum Tragen des Kreuzes auswirkt, bleibt Geheimnis der Erlöserliebe Gottes. In beiden Fällen aber »hat uns das Reich Gottes überrascht« (wie man Mt 12,28 wohl übersetzen muß) oder es ist im theologischen Sinn ein ›Wunder‹ geschehen. Christliche Volksfrömmigkeit hat immer mit beiden Möglichkeiten gerechnet. Doch während die Frömmigkeit des 20. Jahrhunderts in den großen Kirchen manchmal Mühe hatte, sich für die Auswirkungen der Liebe Gottes bis in den physischen Bereich hinein offen zu halten, ist es volkstümlicher Wallfahrtsfrömmigkeit und pfingstlerischer Heilserfahrung manchmal schwer, die ›Wunder‹ Gottes auch dort zu erkennen, wo sie nicht so schnell Erlösung unserer nächstliegenden Probleme mit sich bringen.

›Wunder‹ wären also in diesem Sinn alle Auswirkungen der Heilsgnade Gottes im Leben des Menschen — gewiß eine ungewöhnliche Terminologie, die aber in geistlicher Literatur gar nicht so selten anzutreffen ist. Weil der Christ ständig mit dem ›Wunder‹, d. h. mit dem persönlichen freien Entgegenkommen Gottes rechnet, sind auch die auffallendsten Gnadengaben nichts Besonderes mehr, sondern die ›normale‹ Welt des Christen. Dabei bleibt ihm stets bewußt, daß es von vornherein in der Freiheit Gottes liegt, auf welche Weise er seine Erlöserliebe zum Ausdruck bringen will. Jesus hat gewiß Kranke geheilt, Dämonen ausgetrieben, Brote vermehrt und den Seesturm gestillt. Darin geschah jedoch prinzipiell nichts anderes als in seiner schlichten, menschlichen Freundlichkeit: Gottes Heilszuwendung zum Menschen fand darin einen Ausdruck. Was wir gewöhnlich als ›Wunder‹ bezeichnen, sind also nicht Ausnahmehandlungen Gottes, sozusagen entgegen seiner sonstigen Handlungsweise, sondern nur ›auffälligere‹ Taten, in denen die Grundstruktur allen Heilswirkens dem Menschen unübersehbar vor Augen gestellt werden soll. Für den Sehenden freilich können die ›schlichteren‹ Zeichen Gottes die ›deutlicheren‹ sein, wie wir gesehen haben.

Im normalen Sprachgebrauch meinen wir freilich mit Wunder nur jene Heiltaten Gottes, die im physikalischen Bereich eine unerklärbare Wirkung hervorbringen. Doch was läßt sich dort ›nachweisen‹? Ein Arzt kann niemals das Wunder als solches feststellen, sondern höchstens eine unerklärbare Heilung, während der ›Wundercharakter‹ nur vom Glaubenden her erkennbar wird. Darum hat sich das Leitungsamt der Kirche, getragen von dem ›Glaubenssinn des Volkes Gottes‹, für kompetent erachtet, hin und wieder ein Ereignis als ›Wunder‹ zu bestätigen. Aufgrund welcher Kriterien? Letztlich nicht wegen des Außerordentlichen daran, sondern wegen seiner geistlichen Dimension; stehen doch solche Approbationen immer in einem vielfältigen Glaubens- und Lebenszusammenhang einer Ortskirche und ist bei Heiligsprechungen neben den physischen ›Wundern‹ stets das ›Wunder‹ des christlichen Lebens dieses Menschen ausschlaggebend. Die entscheidende Aussage der kirchlichen Bestätigung liegt also darin, daß man in einem bestimmten Ereignis ein Heilswirken Gottes erkennen darf; und das bleibt gültig, selbst wenn man aufgrund späterer Erkenntnisse ein Ereignis noch im Rahmen der ›normalen‹ psychosomatischen Vorgänge ansiedeln könnte. Im Unterschied zu einer ›Spontanheilung‹ bleibt dann entscheidend, daß in dieser Heilung *zugleich und grundlegend* der erlösende Gott offenbar geworden ist.

Die Feststellung des göttlichen Wirkprinzips oder ›Wundercharakters‹ eines Ereignisses geschieht also letztlich nicht dadurch, daß wir von unten her die Grenze menschlicher Möglichkeiten bestimmen — die wir dann wegen des Wachsens der menschlichen Erkenntnisse vielleicht immer weiter hinausschieben müßten —, sondern dadurch, daß wir vom Geist, also von oben her, die Qualität und Atmosphäre erkennen, in der etwas geschieht, indem wir auf die »Früchte des Geistes« achten als auf die typischen Merkmale des Heilswirkens Gottes (Gal 5,22). Dies ist bei vielen Alltagserfahrungen für Dritte schwer zu beurteilen, wird aber dem jeweils Betroffenen oft mit Staunen bewußt, wenn er sich auf Gott hin öffnet. Vom Geist her also ›sieht‹ man die göttliche Ursächlichkeit und freut sich der Wunder Gottes, der großen und der kleinen, während man von der unerlösten Natur her das Geheimnis nicht lüften kann (1 Kor 2,12—15) und sich ständig daran reibt. Denn die Natur kann sich gegen die Gnade nicht absichern und kann das Wunder nicht ›fassen‹ oder ab-grenzen (de-finieren).

Auffällige Zeichen haben also lediglich eine Signalfunktion, wie wir in der Heiligen Schrift deutlich sehen, und es gibt unendlich viele Zwischenstufen, die man zwar von der jeweiligen Wissenschaft her oft nicht als ›unerklärbar‹ bezeichnen kann, die aber wohl für den einzelnen und gelegentlich auch für eine größere Gemeinschaft zum Ort der Offenbarung Gottes werden. Der Unterschied dieser verschiedenen Stufen besteht nun nicht in einer größeren oder geringeren ›Unmittelbarkeit‹ des Wirkens Gottes, sondern höchstens in einer größeren Deutlichkeit seines Wirkens. Alltägliche und auffallende Zeichen sind vielmehr zugleich alle ›unmittelbar‹ und alle ›vermittelt‹: ›unmittelbar‹ ist das Heilswirken Gottes, weil es immer je neu aus seiner Freiheit hervorgeht und eine einmalige, unberechenbare direkte Zuwendung von Person zu Person ist, auch in den verborgenen ›Wundern‹; und es ist immer ›vermittelt‹ durch das Schöpfungswirken Gottes, eingebettet in die vielfältige geschöpfliche Kausalität (Zweitursächlichkeit), auch bei eklatanten Manifestationen des Geistes wie plötzliche Heilung oder Stillung eines Sturmes durch ein Wort. Dabei mischt sich also nicht etwa die Heilszuwendung Gottes nach Art einer ›Zweitursache‹ in den Lauf der berechenbaren Naturgesetze ein, vielmehr ist sie immer und überall prinzipiell am Werk — freilich von anderer Art, und damit niemals als solche mit Wissenschaft und Logik faßbar. Das Besondere ist nur, daß nun ihre Wirkung psychologisch und physikalisch klarer registrierbar ist – wie sonst bei allem Schöpferwirken (das ist aber nur eine Verstärkung der Tatsache, daß jede Gnade ihre psychosomatische Seite hat). Die Gnadenzuwendung selbst kann jedoch nur ›im Geist‹ als göttliche Ursache wahrgenommen, das heißt nur im Glauben erkannt werden (Joh 3,8; 2 Kor 2,12–16). Wie bei der Assimilation im Vorgang der Nahrungsaufnahme Materie in einen höheren Lebenszusammenhang integriert wird, ohne daß die physikalischen Gesetze ›durchbrochen‹ werden, und wie im Menschen letztlich alle leiblichen Vorgänge der freien Person integriert sind, so ist analog der Heilige Geist ›die Seele des Leibes Christi‹, also die Kraft, die alles neu zentriert und in Dienst nimmt und dabei in Freiheit jedem zuteilt, wie er will.

So sind besondere Gebetsgnaden (wie das Gebet der Ruhe, gestaltlose mystische ›Beschauung‹, geistliche Erkenntnisse und Visionen) und die mühsame Übung einer Betrachtung, ein schlicht im Glauben gesprochenes Vaterunser und ein Gebet des Glaubens, das augenblicklich sichtbare Erhörung findet, Rosenkranzgebet oder das Sprachengebet, eine einfache Erkenntnis im Gebet oder eine prophetische Weisung grundsätzlich alle von der gleichen Art: Sie sind im theologischen Sinn ›übernatürlich‹ in der Vermitteltheit menschlicher ›Natur‹. Man darf also nicht fremdartige, ungewohnte Phänomene des Heilswirkens so gegen das ›normale‹ geistliche Leben absetzen, als ob hier eine Wesensgrenze zu überschreiten wäre. Sonst wird entweder der Zugang zu solchen Taten Gottes abgeblockt, oder es wird vergessen, daß auch der einfachste Glaubensakt niemals in der Hand des Menschen liegt, sondern einzig und allein Geschenk der Gnade und das heißt: unberechenbares, unverfügbares freies Wirken Gottes ist.

Weil wir also ständig mit dem ›Wunder‹ rechnen, nämlich mit dem persönlichen, ›unmittelbaren‹ Entgegenkommen Gottes und seinem Wirken in unsere ganze Existenz hinein, sind auch die auffallendsten Gnadengaben nichts Besonderes mehr. Darum sollten wir einander ermutigen, um Zeichen des Heils zu beten bis hin zu den ›auffallenden‹ Zeichen. Wenn Jesus es nicht für unter seiner (theologischen) Würde hält, die Menschen auf seine Werke hinzuweisen (darunter auch: Blinde sehen, Lahme gehen: Lk 7,22f; Joh 5,36; 10,25.32.38), wenn Paulus sich auf die apostolischen »Zeichen und Wunder und Machttaten« beruft (Röm 15,19; 1 Kor 2,4; 2 Kor

12,12; 1 Thess 1,5) und wenn nach der Schrift der Vater selbst die Predigt seiner Boten durch Machtzeichen und Wunder begleitete (Mk 16,20), also durch auffällige Zeichen seiner Zuwendung, damit die Menschen leichter das Wort annehmen, dann sollten wir in aller Einfachheit mit den Aposteln beten: Herr, erneuere die Zeichen Deiner Macht, »laß Heilung und Zeichen und Wunder geschehen durch den Namen deines Knechtes Jesus« (Apg 4,30). Sonst könnte es uns gehen wie den Leuten von Nazaret, bei denen er »nicht viele Machtzeichen tun konnte infolge ihres Unglaubens« (Mk 6,5).

Nicht Wundereuphorie, sondern lebendiger Glaube an die allwirksame Macht Gottes ist es also, der den Christen kindlich um alles bitten lehrt und der es dann doch in großer Freiheit Gott überläßt, wie Er seine Geschenke verteilt. Diese innere Distanz und fröhliche Leichtigkeit bei aller Innigkeit der Bitte ist ein wesentliches Merkmal echten Bittgebetes. Wenn man gelegentlich an Wallfahrtsorten oder in Gebetsgemeinschaften einen gewissen Druck spürt, kann es daran liegen, daß die Haltung des Vertrauens noch sehr vermischt ist mit rein menschlichem Drängen − was mancher für intensives Beten halten mag.[79] Aber die Intensität liegt nicht in dem psychischen Nachdruck, sondern in der Reinheit des Vertrauens und in der Hellhörigkeit des Beters für die Anregungen Gottes. Die Lauterkeit des Bittgebetes ist freilich nur langsam erlernbar.

3.3.3. Paranormale natürliche Kräfte

Je klarer ein Heilsereignis von seiner theologischen Mitte her begriffen wird, um so leichter fällt es dann, auch die ganze Breite menschlicher Fähigkeiten als natürliche Basis mit einzubeziehen bis hin zu seltenen Naturtalenten, dem kollektiven Unbewußten und all jenen Bereichen, denen die Tiefenpsychologie ihre Aufmerksamkeit widmet. Viele sogenannte ›charismatischen‹ Phänomene reichen ja auch in diese Bereiche hinein, etwa im Gebet um ›Heilung der Erinnerung‹, in Prophetie und ›charismatischer‹ Verkündigung. Ähnliches gilt von östlichen Meditationserfahrungen oder erstaunlichen Begabungen in Naturvölkern. Wir können die Augen nicht davor verschließen, daß es neben Scharlatanen auch vertrauenswürdige Menschen mit besonderen Heilkräften gibt, daß Hellsehen, Gedankenlesen, Telepathie, Psycho- und Telekinese sowie außersinnliche Wahrnehmung zu unserer Welt gehören.

Es sind nur verschiedene Versuche der Beschreibung, wenn man dies als »4. Dimension« oder als »übersinnliche, parapsychische, übernatürliche oder jenseitige Wirklichkeit« bezeichnet. Freilich scheint in diesen Begriffen die Ursache vieler Verwirrungen zu stecken. Je nach dem Zusammenhang verbindet man sehr Verschiedenes mit diesen Worten, und selbst die Wissenschaften gebrauchen sie nicht einheitlich. So meint etwa das Wort »übernatürliche Kräfte« oft Fähigkeiten, die über die normalen Kräfte des Menschen hinausgehen, aber durchaus noch angeborene Fähigkeiten der betreffenden Menschen sind, während die Theologie als »übernatürlich« jenes Wirken in uns bezeichnet, in dem Gott selbst der letztlich Handelnde ist. Bei den übrigen Begriffen gelten andere, entsprechende Unterscheidungen. Für die genannten parapsychischen Phänomene ist wohl der Ausdruck ›paranormal‹ am genauesten: seelische Kräfte des Menschen, die über das Normale hinausgehen. Aber wer vermöchte zu sagen, wo die Grenze des ›Normalen‹ liegt?

Und wie steht es mit dem Begriff ›Jenseits‹? Wenn wir von den ›drei Dimensionen‹ Breite, Länge und Höhe ausgehen, ist bereits alles seelische und geistige Leben ›jenseits‹ dieser Grenzen. Diesen Unterschied kennt auch der Dialektische Materialismus; er spricht von einem »qualitativen Sprung«. Ebenso kennt er den Begriff zur Bezeichnung einer Wirklichkeit, die ›jenseits‹ der ›normalen menschlichen Kräfte‹ liegt und mit den uns bekannten Naturgesetzen nicht erklärt werden kann. Die Psi-Forschung in Ost und West geht von der Überzeugung aus, mit ihren Messungen und Experimenten einer unbekannten Wirklichkeit, sozusagen einem Stück verborgener Welt auf die Spur zu kommen. Es ist dann eine Frage der Terminologie, ob man dies noch als Naturwissenschaft ansprechen oder, ähnlich der experimentellen Psychologie, als einen besonderen Zweig der Wissenschaft vom Menschen bezeichnen will, besonders wenn es um den Kontakt mit Verstorbenen geht. Von Philosophie und Theologie bleiben diese Untersuchungen im Grunde ebensoweit entfernt.

Man muß sich also hüten, aus derartigen Phänomenen einen voreiligen Schluß auf ein ›Jenseits‹ zu ziehen. Wohl können die genannten Forschungsergebnisse die Existenz eines ›Jenseits‹ in dem eben beschriebenen Sinn oder auch ein Weiterleben nach dem Tod in einem wissenschaftlichen Sinn ›beweisen‹. Denn wenn so vielfältige Erfahrungen von Kontakten mit den Toten zusammengetragen werden und wenn auf den verschiedensten Ebenen im religiösen und profanen Bereich Wirkungen entdeckt werden, die über unsere normale Wahrnehmung in Raum und Zeit hinausgehen, dann ist dieses ›Jenseits‹ durchaus ›bewiesen‹ im Sinne eines Erfahrungswissens, auch wenn es nicht jederzeit für jedermann nachprüfbar ist. Schließlich gibt es bei jedem Experiment ›Versuchsbedingungen‹, die in der Natur der jeweiligen Sache liegen und denen man sich beugen muß. Daß sie hier besonders kompliziert und im Falle der Kundgabe der Toten auch weithin von uns unabhängig sind, ändert nichts an der Gültigkeit des Ergebnisses, auch wenn es manchen Menschen schwer wird, es anzunehmen. Es bedarf da einer großen Selbstbescheidung, wenn man auf günstige Voraussetzungen lange warten oder die ›Glücksfälle‹ sammeln muß. Die sogenannte 4. Dimension oder das Jenseits sind freilich nur Negativbegriffe, die es völlig offenlassen, in wie viele Stufen sich jene Wirklichkeit auffächern läßt oder wie viele Dimensionen noch dahinter liegen.

Damit ist auf eine Tiefendimension unseres menschlichen Wesens, die der Durchschnittsmensch heute meist übersieht, hingewiesen. Und das ist ein durchaus beachtliches Ergebnis, das der Gläubige keineswegs mit stolzer Gebärde weit von sich weisen darf. Es ist gute Tradition, daß die Theologie alle menschlichen Erfahrungen immer wieder als Hilfswissenschaften aufgreift, um dem Menschen Glaubensschwierigkeiten aus dem Wege zu räumen. Es ist nur wichtig zu sehen, daß mit dieser Art von Jenseits gerade das Heil, die Erlösung oder die Auferstehung noch nicht ›bewiesen‹ ist. Es wird nur die alte Menschheitsüberzeugung vom Weiterleben nach dem Tod und von ›übermenschlichen‹ Kräften neu bestätigt, die auch zum Weltbild der Menschen des Neuen Testamentes gehörte. Nachdem dieses Weltbild der Antike (und das des Mittelalters) gründlich durch den Filter der Naturwissenschaft gegangen ist, wird man ihm wohl in Zukunft wieder mehr Gerechtigkeit widerfahren lassen und erkennen, daß die Alten gar nicht so falsch lagen, ja, daß unser sogenanntes modernes Weltbild wieder andere Fehler und Einseitigkeiten aufweist. Es ist immer gefährlich, wenn ›Wissenschaft‹ sich allzuweit vom Gesamtwissen der Menschheit entfernt. Es ist nun keineswegs notwendig, im einzelnen zu untersuchen, welche besonderen natürlichen Kräfte in den auffallenden Charismen aktiviert werden. Zwar gibt es psychologische und sprachwissenschaftliche Untersuchungen zum Sprachengebet,[80] aber für die

Praxis genügt es zu wissen, daß man sein Sprechen bewußt Gott zur Verfügung stellen und dann dem aus der Hinwendung zu Gott entspringenden Impuls zum Reden folgen darf. An der geistlichen Grundhaltung und an der Wirkung wird man den Wert erkennen. Und ähnliches gilt für alle Charismen. Im übrigen ist durchaus damit zu rechnen, daß manche Menschen für bestimmte Charismen eine besondere Sensibilität oder Anlage mitbringen.

Wir kennen die Tiefe des Menschen nicht, wir wissen nur, daß Gott alle Bereiche des Menschen erlösen will und gebrauchen kann; warum nicht auch tiefere seelische Begabungen, ebenso wie unsere rationalen und praktischen Fähigkeiten? Tatsache ist, daß jene tieferen Bereiche, von denen gewiß manche auch durch psychische Techniken oder meditative Übungen aktiviert werden können, sich oft mit großer Leichtigkeit erschließen, wenn der Mensch sich mit seinem ganzen Wesen zu Gott, seinem Ursprung hin öffnet. Gnadengaben, die solche Kräfte in Dienst nehmen, sind freilich noch nicht dadurch erklärt, sondern erst durch die freie Gnadenwahl Gottes. Könnte nicht der Unterschied zwischen Hellsehen und mancher Prophetie ähnlich sein wie der zwischen einem rein natürlichen Denken und geistlicher Erkenntnis? Wie alles menschliche Handeln bekommen also auch außergewöhnliche natürliche Befähigungen nur insoweit Heilsfunktion, als sie vom Heiligen Geist gebraucht werden. Ihre religiöse Bedeutung liegt demnach nicht schon darin, daß sie außerordentlich, sondern daß sie geistlich sind. Darum sind sie nur vom ›Glaubenssinn‹ durch geistliche Kriterien zu ermitteln.

Damit soll nicht gesagt sein, daß in jedem Charisma paranormale natürliche Kräfte eine Rolle spielen, sondern nur, daß man hier und da damit rechnen könne. Gott benutzt auch hier gern das Schwache (Unbegabte), um das Starke zu beschämen. Für die Praxis ist es völlig unwichtig, natürliche Kräfte von dem göttlichen Heilswirken abzugrenzen. Es ist sogar prinzipiell unmöglich, diese beiden Bereiche phänomenologisch zu trennen, da der Geist Gottes bei uns immer »in Welt« wirkt. Entscheidend ist, ob ich in einem Vorgang (bei mir und bei anderen) die geistliche Mitte wahrnehme, ob es Anzeichen gibt, daß Selbstsucht, Geltungssucht und ähnliche Motive die treibenden Kräfte sind, oder ob besondere Begabungen wie Hellsehen und Heilungskräfte losgelöst von der christlichen Botschaft ausgeübt werden. Die für uns wichtige Grenze verläuft also zwischen geistlich und ›nicht-geistlich‹, nicht zwischen natürlichen Gaben und Heilsgaben, die ja beide von Gott kommen und sich darum stets ergänzen. Die Gefahr liegt also nicht darin, daß besondere natürliche Kräfte im Spiel sind, sondern beginnt da, wo sich die Natur verselbständigt – ob rationales Denken in Ideologien oder paranormale Kräfte in irgendwelchen Demonstrationen. Dann sind sie aus ihrer Dienstfunktion herausgefallen. Im Zweifelsfalle sollte man darum auffallende Phänomene immer wieder loslassen und sich neu auf den Kern zurückziehen: »Du bist der Herr.« Dann wird man am besten lernen, seine natürlichen und übernatürlichen Gaben richtig zu handhaben.

Damit werden auch die tieferen Schichten des Menschen von dem »magischen Rest« befreit und ihre verborgenen Kräfte entdämonisiert. Gott erweist sich von neuem als Erlöser des ganzen Menschen, von Leib und Seele, Bewußtem und Unbewußtem, von Individuum und Gemeinschaft, von Gegenwart und Zukunft. Er ist Herr auch aller außersinnlichen Wahrnehmungen und Kräfte, der Materie, des Lebens und der Psyche und weiß alles souverän zu nutzen für seine einmalige Zuwendung zum Menschen. Die Welt, die durch naturwissenschaftliche und psychologische Forschungen unheimlich zu werden droht, wird von neuem zur Heimat des Menschen, in der er voll Freude seinem Gott begegnet.

3.3.4. Versuchung und Dämonie

Erst nach einer solchen Entdämonisierung aller natürlichen Kräfte werden die wahren Konturen des Kampfes sichtbar, in den wir Christen gestellt sind. Denn wenn auch in dieser Welt »nichts von sich aus unrein ist« (Röm 14,14; vgl. 1 Kor 10,26), so steht die Welt doch infolge der Sünde unter dem Fluch, so daß sie in allen ihren Bereichen dem Angriff des Bösen ausgesetzt ist. Zwar wissen wir, daß »wo die Sünde sich vermehrt hatte, die Gnade noch stärker vermehrt worden ist« (Röm 5,20), aber dies geschieht doch so, daß wir in diesem Prozeß der Erlösung deutlich an den entscheidenden Kampf herangeführt werden, der sich »nicht gegen Fleisch und Blut (rein menschliche Kräfte) richtet, sondern gegen die Weltherrscher dieser Finsternis, die Geister der Bosheit in den himmlischen Regionen (übermenschliche Machthaber)« (Eph 6,12). Wenn es dabei spektakuläre Fälle gibt, wo die Wirkung des Bösen besonders auffällig erscheint, wollen solche Phänomene eher davon ablenken, daß er in versteckter Form überall sein Werk versucht. Wie auf der Seite der Geistwirkungen, so sollte man also auch auf der ›Schatten-seite‹ keine scharfe Trennungslinie ziehen zwischen den auffälligen und den gewöhnlichen Angriffen des Bösen; die versteckten können die schlimmeren sein. Der Christ muß sich also zunächst sehr klar darüber sein, daß *alles* Sündige im Menschen bereits Herrschaft des Bösen bedeutet und jede persönliche Schuld letztlich ein Paktieren mit dem Dämonischen ist. Ein Ernstnehmen dieser Glaubenswahr-heit führt als erstes zu Reue und Umkehr und bestärkt den Glauben, daß nur der Herr diesen Kampf gewinnen und Sünde vergeben kann. So kommen eine neue Entschiedenheit und neue Dankbarkeit in den christlichen Alltag.

Der Böse tritt immer als ›Versucher‹ an den menschlichen Willen heran, und ein Grundthema der Offenbarung und der Lehre der Kirche ist, wie man dieser Versuchung zu begegnen hat: »Dem Teufel kann man nur widersagen.« Der Böse ist ja nicht »in sich« zu fassen, denn »er ist der Parasit schlechthin«.[81] So ist jede Beschäfti-gung mit ihm selbst unnütz und schädlich; sie entspringt oft einer gewissen Neugier und Sensationslust. Sofern aber der Mensch sich darauf einläßt und sündigt, gerät er in eine zunehmende Abhängig-keit und Sklaverei des Bösen, und je mehr er ihr verfällt, um so mehr wird seine wahre Freiheit eingeschränkt. Dies kann sich in allen Bereichen menschlichen Lebens ereignen und auswirken, im rationa-len Denken, im Wollen und Handeln ebenso wie in der Gefühlswelt des Menschen, etwa in Form von Süchten. Die Bandbreite solcher Versklavung ist außerordentlich groß und vielgestaltig. Wenn in Extremfällen die Freiheit und Selbstbestimmung des Menschen stark gemindert oder praktisch aufgehoben ist, spricht man von dämoni-scher Besessenheit. Wenn dagegen ein Mensch mehr von außen her, in äußeren und inneren Sinneswahrnehmungen heftig bedrängt wird, spricht man gelegentlich von ›dämonischer Umsessenheit‹. Das Wort ›dämonisch‹ ist dann in einem spezifischen Sinn gebraucht zur Bezeichnung solcher Auffälligkeiten, obwohl an sich Bedrängnis oder Versuchung ›dämonisch‹ genannt werden kann, ähnlich wie die Bezeichnung ›Geistesgaben‹ manchmal für die auffallenden Geistes-wirkungen reserviert wird, obgleich man weiß, daß darüber hinaus die unzähligen verborgenen Charismen ebenfalls Gaben des Geistes sind.

172

Das heißt aber nicht, daß jeder, der solche dämonischen Auffälligkeiten erleidet, besondere persönliche Schuld auf sich geladen hätte. Ähnlich wie bei Krankheiten kann es auch hier so sein, daß an einzelnen Menschen zeichenhaft die Situation der Menschheit sichtbar werden soll (vgl. Joh 9,2; Röm 9,20–23). Man denke nur an die Angriffe, denen der Pfarrer von Ars ausgesetzt war. Wie außergewöhnliche Charismen nicht schon durch sich ein Zeichen größerer sittlicher Vollkommenheit sind, so sind dämonische Auffälligkeiten nicht ohne weiteres ein Zeichen persönlicher Schuld; aber wie die ersteren ein Ansporn, so sind die letzteren wohl ein Angriff auf ein Leben in der Nachfolge Christi.

Besonders auffällig sind die Formen solcher Versklavung im psychopathologischen Bereich, so daß man oft nur in jenen Fällen an dämonische Einflüsse denkt, wo Persönlichkeitsspaltung, okkulte Kräfte und außersinnliche Wahrnehmung im Spiele sind. Aber gibt es nicht auch Formen von Besessenheit bei scheinbarer psychischer Gesundheit, z. B. Ideologien, extreme Kriminalität, bestimmte Formen von Terrorismus, politischen Systemen und von Tyrannei? Andererseits sind auch manche ›okkulten‹ Phänomene auf natürliche Kräfte zurückzuführen und dürfen, auch wenn sie oft religiös oder pseudoreligiös interpretiert werden, nicht von vornherein als dämonisch verdächtigt werden (z. B. Pendeln). Dies wäre sonst die Kehrseite jener Neigung, alle positiven seelischen Erlebnisse direkt auf den Heiligen Geist zurückzuführen, ohne die vielen natürlichen Einflüsse zu beachten. Beides ist eine Frage der Proportionen, denn auch hier sind alle medizinischen, psychologischen und parapsychologischen Erkenntnisse mit zu berücksichtigen. *Wie weit* also in derartigen selteneren oder krankhaften Phänomenen *außerdem* ›böse Mächte‹ im Spiele sind, kann nicht von jenen wissenschaftlichen Maßstäben her festgestellt oder geleugnet werden, sondern ist hier wie immer an jenen Kriterien abzulesen, die die Heilige Schrift und die Überlieferung der Kirche für die Unterscheidung der Geister angibt.[82]

Vom Glauben her wird man also festhalten, daß es neben organischen und psychischen Erkrankungen, obgleich auch sie Folgen der Sünde sind, im engeren Sinn dämonische Einflüsse gibt, die nicht mit jenen gleichgesetzt oder verwechselt werden dürfen, wie ja auch die Charismen nicht durch natürliche Anlagen erklärt sind, obwohl sie diese in Dienst nehmen. Vielmehr ist die gesamte irdische Existenz des Menschen der Kampfplatz zwischen Christus und dem »Fürsten dieser Welt« (Joh 12,31), dessen Versuchungen und sinnenhafte Angriffe immer noch etwas anderes sind als menschliche Schwäche oder psychische Krankheiten. Es ist zu einfach, die Besessenheiten, von denen im Neuen Testament berichtet wird, nur als psychische Krankheiten zu deklarieren, weil Jesus ja in der Sprache und dem Gedankenhorizont des Volksglaubens seiner Zeit gesprochen habe. Wenn darin massiver Aberglauben enthalten gewesen wäre, hätte ihn Jesus dann nicht korrigieren müssen, wie er doch viele andere Vorstellungen zurechtrückt? Warum geht er darauf ein (Lk 11,20)? Die Tatsache, daß im Neuen Testament stärker als in der jüdischen und hellenistischen Umwelt scheinbar unbefangen über Exorzismen gesprochen wird, könnte auch darin ihren Grund haben, daß hier die Konfrontation mit »dem Bösen« am schärfsten zutage tritt (Joh 12,31; Lk 10,17). Denn »der Böse« muß offenbar gemacht, beim Namen genannt, entlarvt werden, um überwunden zu werden (Lk 8,30; vgl. 2 Thess 2,8), ohne daß man dabei seiner Faszination verfällt.

Daß im Menschen Heil und Unheil geschieht, ist also noch etwas anderes als Gesundheit und Krankheit. Darum sollten auf diesem Gebiet immer therapeutische und betende, seelsorgliche Hilfe zusammenwirken, weil jede ein eigentümliches Aufgabenfeld hat. Der Gläubige sollte es sich nicht zu leicht machen, indem er das gesamte Problemfeld einfach dem Arzt überläßt.[83] Ist die grundsätzliche Frage, ob es sich um einen stärkeren teuflischen Einfluß handelt, von den geistlichen Kriterien her mit ja beantwortet, ist nicht die Grenzziehung zwischen natürlichen (pervertierten) Kräften und dämonischen Einflüssen wichtig, sondern die praktische Frage, wie man sich *verhalten* soll. Der erste Schritt besteht hier wie in allen Bereichen sittlichen Lebens darin, um Überwindung des Bösen zu *beten*, wie es in den Gebeten der Kirche immer wieder geschieht. Manche Menschen haben ein besonderes Charisma, um Heilung von okkulten Bindungen und Befreiung von dämonischen Mächten zu beten, oft unter Einbeziehung solider psychologischer Kenntnisse. Andererseits aber trifft man nicht selten auch eine Fixierung auf diese Phänomene an, so daß versuchte Heilungsgebete nicht immer frei sind von magischen Elementen.

Ferner ist es wichtig, die guten Kräfte im Menschen zu wecken (Röm 12,21) – gegebenenfalls auch durch therapeutische Hilfe –, und den Menschen zum Widerstand zu stärken, soweit ihm noch Handlungsfreiheit geblieben ist. Dies muß in Demut und Schlichtheit geschehen, weil jede Dramatisierung das Phänomen verschlimmert. Wo immer Menschen daraus ein Spektakel machen oder Ängste kultivieren, sind sie dem Bösen schon auf den Leim gegangen. Man begegnet dem Dämonischen, sobald man es als solches erkannt hat, immer noch am besten, wenn man ihm so wenig wie möglich Beachtung schenkt und sich in »Gebet und Fasten« um so fester an Jesus Christus hält. Andererseits wird man aber auch fragen müssen, ob das Schweigen vieler Theologen über die Macht des Bösen Zeichen einer solchen Entdramatisierung ist, weil man um den Sieg Christi weiß und bewußt nicht viel Wesens um das Böse machen will, oder ob naive Bagatellisierung, geheime Ängste oder sogar Unglaube dahinter stecken.

Die Frage nach dem Exorzismus hängt mit der Frage zusammen, in welcher Art man diesen Widerstand leisten sollte: durch Fürbitte (deprekative Form) oder auch, indem man dem Bösen gebietet. Letzteres sollte man erst erwägen, wenn die betreffenden Phänomene durch Besinnung und Buße, eine sittliche Entscheidung und Fürbitte nicht zu packen sind. Beim ›privaten‹ oder ›kleinen‹ Exorzismus (»Erlöse uns von dem Bösen«) ist zu beachten: Liegen Angriffe auf die eigene Person vor, sollte man seine Praxis im seelsorglichen Gespräch überprüfen, damit die sogenannte ›Absage‹ oder das ›Gebieten‹ nicht über eine notwendige Bekehrung des Herzens hinwegtäuscht, magisch mißverstanden wird oder mißbraucht wird als Abwehrmechanismus von Kreuz und Prüfung.

Betrifft der Exorzismus andere Personen, ist Vorsicht vonnöten, damit nicht leichtfertig über die Person des anderen hinweggegangen und gehandelt und diese so entmündigt wird. Darin scheint der Hauptgrund zu liegen, warum der ›große‹ Exorzismus nur mit bischöflicher Genehmigung vollzogen werden darf: Nicht so sehr, weil der Böse hier eine besondere Macht hätte, der nur noch ein Bischof gewachsen wäre, sondern diese Rückbindung an die kirchliche Autorität geschieht wohl vor allem deshalb, um die Würde der Persönlichkeit des angeblich Besessenen zu schützen, in zweiter Linie, um die Haltung der Schlichtheit und des Gehorsams des ›Exorzisten‹ zu stärken. Aber an sich ist die Abwehr des Bösen jedem Christen aufgegeben und ist die »Macht über die bösen Geister« die unterste Stufe. Das Amt des Exorzisten gehörte in der mittelalterlichen Kirche zu den ›niederen‹ Weihen, also zu dem vorsakramentalen Bereich.

Der Christ muß nur wissen, daß nicht er den Bösen überwinden kann, gleichsam wie ein Dompteur, sondern nur Jesus Christus. Die ›Gefahr‹ liegt also in der Selbstgefälligkeit des Menschen, nicht in der Macht des Bösen als solcher. Zur Vermeidung einer ungesunden Dämonologie bedarf der einzelne der persönlichen Seelsorge und der prüfenden Korrektur einer betenden Gemeinde, die im Wissen um die Vielschichtigkeit menschlichen Lebens ohne Vorurteil für jeden Einzelfall die Antwort suchen muß. Wo aber dies grundsätzlich gegeben ist, muß man dem theologischen Laien das Recht zu einer einfachen Sprache lassen, auch wenn sie manchmal zu sehr ›schwarzweiß‹ malt. Wie in jeder pastoralen Beratung muß der Theologe wohl manches bei sich selbst differenzierter einordnen, aber zugleich ein Gespür entwickeln, welcher dieser Unterschiede dem Ratsuchenden wirklich hilft, damit er nicht dem Betreffenden mitten im Kampf die Waffen aus der Hand schlägt. Paulus hat zum Teil sehr kräftige Bilder, und so darf auch der heutige Christ die Sprache der Bibel direkt anwenden. Denn der Kampf ist hart, und nicht jeder hat schon die Reife und Souveränität eines Ignatius, der nach einer erkannten Täuschung die gleißende Versuchung, die er lange Zeit zugelassen hatte, »in der Weise der Geringschätzung mit einem Stock verscheuchte, den er in der Hand zu tragen pflegte«.[84]

Wenn also in diesem Bereich zur Vorsicht gemahnt wird, dann nicht, weil man den Teufel fürchten und sich durch irgendwelche Praktiken gegen ihn schützen könne oder solle, sondern vorwiegend deshalb, um nicht die Würde eines anderen zu verletzen oder ihn durch falsche Reaktionen in seiner Abhängigkeit noch zu bestärken. Der Teufelsspuk als solcher ist für den Glaubenden nicht ›gefährlich‹, da er letztlich ›nichts‹ ist. Vielmehr ist das eigentlich Teuflische in dem *sittlichen* Bereich zu sehen, nicht in dem ganzen Zauber gelegentlicher Demonstrationen. Das ist die Kehrseite der Tatsache, daß auch die Heiligkeit des Menschen nicht in den vielleicht außergewöhnlichen Phänomenen oder charismatischen Erscheinungen zu sehen ist, sondern in dem Bund Gottes und im gläubigen Ja des Menschen.

3.4. Ein Werk Gottes in unseren Tagen

Haben wir bisher versucht, die zeugnishaften Beiträge heutiger Menschen mit allgemein gültigen theologischen Kategorien zu verstehen und sie so einzuordnen, bleibt uns noch die Frage, ob sie auch geschichtliche Eigentümlichkeiten aufweisen. Sobald von einem ›neuen Aufbruch‹ und einer ›Strömung‹ in der Kirche die Rede ist, wird ja doch vorausgesetzt, daß sich bestimmte Phänomene der Frömmigkeit von ihrer Umgebung und von der Geschichte abheben. Wir haben oben (3.1.3. und 4) verschiedene Wirkweisen des Geistes unterschieden, die alle in demselben Menschen zusammenkommen können; jetzt ist zu fragen, inwieweit der Heilige Geist in den einzelnen Menschen und in einzelnen Perioden der Geschichte unterschiedlich wirkt.

3.4.1. Geschichtliche Formen des Geistwirkens

Vom äußeren Erscheinungsbild her ist offensichtlich, daß die einzelnen Menschen verschiedene Gaben des Geistes empfangen, so wie ja auch die natürlichen Anlagen sehr verschieden sind. Dementsprechend sehen sich die einzelnen zu verschiedenen Formen der Frömmigkeit und des christlichen Lebens geführt, so daß allmählich unterschiedliche Typen entstehen: mehr meditativ oder aktiv, mehr zurückgezogen oder kommunikativ, mehr spontan oder in gebundener Form, im Kloster oder ›mitten in der Welt‹.

Neben den unterschiedlichen Funktionen der einzelnen gibt es im Ganzen des Leibes Christi auch unterschiedliche *Gruppen,* auf deren Zusammenwirken das Bild von den verschiedenen Organen ebenfalls anwendbar ist. Das Vertrauen in die Führung des Heiligen Geistes zeigt sich in der Überzeugung, daß jeder dann dem Ganzen am besten dient, wenn er der ihm gegebenen Gabe und Aufgabe treu bleibt. Letzter Grund der Spezifizierung sind nicht die verschiedenen natürlichen Voraussetzungen von einzelnen oder Gruppen, sondern ist der Geist, der jedem die Gnade gibt »nach dem Maß des Geschenkes Christi« (Eph 4,7).[85] Gott hat auch aus den vielen Völkern zunächst eines als sein Volk ausgewählt – selbstverständlich im Hinblick auf das Heil aller.

Das ›Prinzip der Erwählung‹ bleibt weiterhin ein Grundgesetz des heilsgeschichtlichen Handelns Gottes. Auch wenn er allen

Menschen sein Heil anbietet und letztlich alle in sein Reich führen will, ist doch der konkrete Weg dadurch bestimmt, daß er immer wieder einzelnen und Gruppierungen besondere Aufträge gibt und daß er außerdem durch die Zeiten hindurch verschiedene Seiten des »unergründlichen Geheimnisses Christi« aufleuchten läßt. So ist die Spiritualität der Kirche bei aller Kontinuität in den Grundwahrheiten und Grundvollzügen doch immer wieder anders geprägt. Schon in der Urkirche gibt es unterschiedliche Ausprägungen der einen Botschaft in den verschiedenen theologischen Akzenten der Bücher des Neuen Testamentes, die auf unterschiedlichen geistlichen Erfahrungen in den entsprechenden Gemeinden beruhen.

Ist die Frömmigkeit der ersten Jahrhunderte weithin geprägt durch die Situation der Verfolgung und des Martyriums, so muß eine spätere Zeit lernen, ihre Türen weit zu öffnen und Sauerteig für die ›Vielen‹ zu sein, und das heißt auch, in neuer Weise die »Schwachen« zu tragen und zu ertragen (Röm 14,1). Die allmähliche Durchdringung der »Welt« und die Ausbreitung des Christentums im Mittelmeerraum und in ganz Europa bringen die Gefahr einer Verflachung mit sich; seit der Cluniacensischen Reform gibt es immer wieder spirituelle und theologische Aufbrüche, die gewiß durch ihre Zeit geprägt sind, aber letztlich nur aus dem je neuen Wirken des Geistes Gottes zu erklären sind. Über die ›Devotio Moderna‹ im 14./15. Jahrhundert, die Reformation und die Tridentinische Reform bis hin zur Liturgischen und Ökumenischen Bewegung unseres Jahrhunderts und dem II. Vatikanischen Konzil lassen sich so immer wieder Lebensimpulse feststellen, welche die Kirche als ganze betreffen und ihre Spiritualität modifizieren.

Dabei werden oft einzelne Glaubensgeheimnisse stärker in den Mittelpunkt gerückt, zum Beispiel christologische Aspekte in der Betrachtung des geschichtlichen Jesus seit dem hohen Mittelalter, in der eucharistischen Anbetung und in der Herz-Jesu-Frömmigkeit oder pneumatologische Aspekte bei den Spiritualen des Hochmittelalters in ihren orthodoxen und heterodoxen Ausprägungen sowie in der geistlichen Erfahrung und »Unterscheidung« des Ignatius v. L. und der daraus erwachsenden Spiritualität der Exerzitien, schließlich liturgische, ekklesiologische und ökumenische Aspekte in unserem Jahrhundert. Es gehört in diese Reihe, wenn Paul VI. sagt, daß der gegenwärtige »Zeitabschnitt der Kirche in besonderer Weise vom Geist gekennzeichnet ist«.[86]

Nach und nach werden so die Grundthemen der Offenbarung ›durchbuchstabiert‹ und im Leben der Christen vertieft. Soweit solche Impulse einer Zeit oder einer Gruppe von Christen ein besonderes Gepräge geben, kann man von einer je verschiedenen Spiritualität sprechen: »Eine Spiritualität sucht von einigen bestimmten Punkten her das Gesamt des christlichen Glaubens für das Leben fruchtbar zu machen. Durch die unterschiedliche Wahl und Akzentuierung der Ausgangspunkte entstehen unterschiedliche Spiritualitäten.«[87] Diese Ausgangspunkte werden gewöhnlich nicht theoretisch gesucht, sondern durch geistliche Erfahrungen vorgegeben. Je zentralere Wahrheiten und Erfahrungen dabei im Mittelpunkt stehen, um so offener ist eine solche Spiritualität und um so leichter ist sie mit verschiedenen Formen christlichen Lebens vereinbar. Zu beachten ist, daß dabei immer das *Ganze* des christlichen Glaubens gestaltet wird, nicht nur eine bestimmte Glaubenswahrheit.

Freilich kann man das Wort Spiritualität auch in einem engeren Sinn gebrauchen, etwa bezogen auf das Charisma eines Ordensgründers, so daß von vornherein nicht alle Christen damit angesprochen sind. Allerdings ist zu beachten, daß häufig in der Kirchengeschichte solche besonderen Gruppen zugleich Träger eines allgemeinen Anliegens gewesen sind; die Redemptoristen zum Beispiel wissen durchaus zu unterscheiden zwischen ihrer ordenseigenen Lebensform und der Botschaft, die sie in Volks- und Gemeindemissionen zu verkünden haben.

3.4.2. Eigentümlichkeiten Charismatischer Erneuerung

Sofern man von einer ›Spiritualität‹ des gegenwärtigen charismatischen Aufbruchs spricht, darf man das Wort sicher in dem weiteren Sinn verstehen, da hier in der Tat sehr zentrale Glaubenserfahrungen und Glaubenswahrheiten Gestalt gewinnen. Man kann sie auch als eine geschichtlich neue »Strömung« bezeichnen,[88] da sie nicht nur im Leben der einzelnen Glieder einen Einschnitt darstellt, sondern auch in der Gesamtkirche als Neuaufbruch greifbar ist. Sie hat keinen Gründer, sondern hat ihren Grund eindeutig darin, daß viele Menschen von einer Erfahrung des Geistes berichten, die für sie neuartig ist. Dabei werden sowohl Menschen erfaßt, die bisher schon entschieden den Weg der Nachfolge gegangen sind, als auch solche Christen, die bisher keine lebendige Beziehung zu Christus hatten, und Ungläubige; alle berichten übereinstimmend von ähnlichen Erfahrungen mit Gott. Das Neuartige und Eigentümliche ist also nicht etwa, daß sich erwachsene Menschen bekehren — das geschah zu allen Zeiten —, daß man die Gnade des Geistes wieder wahrnimmt — er wurde in der Geschichte der Kirche auf verschiedenste Weise erfahren —, und auch nicht, daß er hier intensiver erlebt würde — nach welchem Maßstab wollte man die Erfahrungen anderer Christen oder gar Generationen messen? Hier gilt vielmehr der alte Grundsatz: ›Man soll die Heiligen nicht vergleichen‹.

Will man das Spezifische der heutigen »Charismatischen Erneuerung« bestimmen — und die Frage danach ist berechtigt und notwendig, weil ja von einem geschichtlichen Aufbruch die Rede ist —, ist es nicht so sehr im Inhalt der Geist-Erfahrung zu suchen, sondern mehr in der *Art und Weise der Wahrnehmung und Gestaltung.* Zumindest die Auslösung dieser Bewegung geschah durch Menschen, die von einer pfingstlichen Geist-Erfahrung berichteten. So schreibt Tom Forrest CSsR, der damalige Leiter des Internationalen Rates des Charismatischen Erneuerung: »Wir erfahren die Ausgießung des Heiligen Geistes, seine Macht und seine Gaben, in genau der gleichen Weise, wie die frühen Christen sie erfahren haben ... ein persönliches Pfingsten.«[89] Auch wenn wir im deutschen Sprachraum dies nicht in so weitem Maße von den charismatischen Gruppen sagen können, sind es doch viele, denen eine solche Ausgießung des Geistes geschenkt wurde. Durchbruchserfahrungen dieser Art waren in der Kirche der vergangenen Generationen in dieser Breite nicht anzutreffen. Ihre Eigenart ist die Erfahrung einer »Erfüllung«, oft mit einer tiefgreifenden Wandlung und Umkehr, einem starken Impuls zu Anbetung und Lobpreis, zu spontanem Ausdruck und zur Verleiblichung der Frömmigkeit sowie einem neuen Gemeinschaftsbezug. Haben sie mit anderen Formen geistlicher Erfahrung gemeinsam, daß sie spürbare Veränderungen im Sinn einer entschiedenen Nachfolge Jesu auslösen, so sind sie doch vielfach durch Geistesgaben gekennzeichnet, die teils aus dem Leben der Kirche verschwunden waren, teils nur ganz vereinzelt vorkamen: Sprachengebet, prophetische Aufträge in Gottesdienst und täglichem Gemeindeleben, Heilungsgaben, missionarische Aufträge und andere, oft sehr konkrete Befähigungen zum Leben und Dienen in der Kirche.

Die Neuartigkeit und Häufigkeit solcher Erfahrungen in unseren

Tagen berechtigt dazu, von einer geschichtlich neuen Form der Ausgießung des Geistes zu sprechen, auch wenn viele dieser Geisteswirkungen in verhaltenerer oder anderer Form der Kirche nie fremd waren. Und weil Gnade Gottes immer konkret ist, läßt sie sich nur an bestimmten Menschen festmachen, hier etwa an der Gruppe jener, die sich unter dem Namen »Charismatische (Gemeinde-) Erneuerung« zusammengefunden haben und denen der »Gott Abrahams, Isaaks und Jakobs«, »der Vater unseres Herrn Jesus Christus«, der den Aposteln an Pfingsten seinen Geist gesandt hat, auf neue Weise in seinem heilsgeschichtlichen Handeln begegnet ist. Selbst wenn man also inhaltlich gesehen alle die oben genannten Elemente auch sonst hier und dort in der Kirche antreffen mag, ist doch diese heutige ›pfingst-artige‹ Geist-Erfahrung ein eigenes geschichtliches Faktum.

Im angelsächsischen Raum und in den Kirchen der Reformation nennt man diese Erfahrung gern ›Taufe im Heiligen Geist‹. Sie hat gewiß manche Züge mit dem gemeinsam, was die katholische Tradition »Zweite Bekehrung« nennt, aber es bleiben auch gewisse Unterschiede. Der anglikanische Theologe Michael Harper betont bei dem Vatikanischen Dialog, »daß seine Geistestaufe weder eine Bekehrung noch eine charismatische, noch eine mystische Erfahrung gewesen sei, sondern eben eine Geistestaufe, und plädierte für die Beibehaltung dieses Begriffes.[90] Und David du Plessis, der Leiter der Pfingstler-Delegation bei diesem Dialog, vertrat die Ansicht, »daß die Pfingstbewegung nicht zum Protestantismus gehöre, auch keine Abspaltung von protestantischen Kirchen sei, sondern eine völlig neue Bewegung, die auf der Erfahrung der Wiedergeburt und der Taufe im Heiligen Geist beruhe«.[91] Damit ist im Grunde die Berufung auf eine eigentümliche Wirkweise des Heiligen Geistes in unserer Zeit, also ein geschichtliches Faktum, gemeint — was wir mit ›Pfingst-Erfahrung‹ sagen wollten. So auch der französische Mariologe René Laurentin bei dem Internationalen katholischen charismatischen Kongreß in Dublin 1978: »Das Problem der Taufe im Heiligen Geist ist von Exegeten und Theologen oft bewußt kompliziert worden. Es ist jedoch sehr einfach, wenn wir uns an das Zeugnis und die unwandelbare Erfahrung im Leben der Kirche halten. Jedes engagierte christliche Leben ist auf der Ausgießung des Geistes gegründet, die sich wieder und wieder erneuert, und das kann *manchmal in der Form von Pfingsten* geschehen.«[92]

Insofern meint das, was wir hier mit Pfingst-Erfahrung im engeren Sinn bezeichnen, dasselbe, was man international mit dem Wort »Geisttaufe« sagen will. Wenn man sich bewußt bleibt, daß ›Taufe‹ in diesem Zusammenhang ein Erfahrungsbegriff ist, der an das Empfinden des ›Eingetaucht-Seins‹ anknüpft, kann dieser Begriff durchaus richtig verstanden werden. Man muß also bei seinem Gebrauch wissen, daß hier nicht sakramental gesprochen wird, als ob dies ein sichtbares Zeichen wäre, welches von Menschen gesetzt eine unsichtbare Gnade vermittelte und dann vielleicht mit Taufe und Firmung in Konkurrenz träte. Unbeschadet der Tatsache also, daß in den Initiationssakramenten der Heilige Geist zuverlässig, wenn auch keimhaft vermittelt wird, will »Geisttaufe« ein *Erlebnis* beschreiben, in dem ein Mensch die Fülle des Geistes deutlich spürt. Bei Getauften kann das als ein Aufleben und Hervortreten der Tauf- und Firmgnade interpretiert werden. Aber wir brauchen uns nicht zu scheuen, in vielen Fällen auch von einer neuen Sendung des Geistes zu sprechen,[93] ähnlich wie die Apostel nach Pfingsten von neuem »mit dem Geist erfüllt wurden« (Apg 4,31). Dadurch wird die grundlegende Funktion der Ausgießung des Geistes auf die Apostel an Pfingsten und auf die Neubekehrten nach der Taufe (Apg 2,38) nicht in Frage gestellt.

Damit soll jedoch nicht gesagt sein, daß in den charismatischen Gruppen, ob pfarrlich oder überpfarrlich, nur Menschen zu finden wären, die von einer solchen Pfingst-Erfahrung geprägt sind; wohl sind alle dafür offen.[94] Sie erfahren aber alle den Austausch und das gemeinsame freie Gebet in diesen Gruppen als hilfreich für ihr eigenes geistliches Leben und oft auch als Anruf Gottes. Insofern ist das Prinzip, nach dem sich diese Menschen zusammenfinden, eine gewisse Affinität oder Verwandtschaft ihres geistlichen Lebens. Geschenkte Erfahrung und die Weise des Betens, Bezeugens und Vermittelns müssen ja in einer inneren Beziehung zueinander stehen. Es ist legitim, daß Menschen mit einer entsprechenden Erfahrung auch neue Formen entwickeln im gemeinsamen Lobpreis, im Erheben der Hände, gemeinsamen Singen in Sprachen oder Gebet unter Handauflegung mit prophetischen Elementen. Aber eben deshalb sind diese Elemente nicht ohne weiteres auf jeden Christen übertragbar. Die Betreffenden lernen vielmehr zugleich mit ihrem Gebrauch auch die Unterscheidung, wann und wo sie diese Formen anwenden sollen und wo nicht (1 Kor 14).

Es ist keineswegs immer ein Zeichen von mangelnder Bereitschaft, sondern kann sehr verschiedene Gründe haben, wenn Menschen von sogenannten ›charismatischen‹ Gottesdiensten nicht angesprochen werden oder solchen Gruppen sich nicht anschließen: weil die zugrunde liegende Erfahrung und die Formen nicht ihrer Art der Gottesbeziehung entsprechen, weil sie vielleicht *nach einiger Zeit der Teilnahme* anders geführt werden oder weil in der Gestaltung bei einer konkreten Gruppe Form und Inhalt nicht übereinstimmen. Manche gehen ihren Weg ohne Einbindung in eine besondere Gruppierung und wissen sich doch dieser neuen Spiritualität in der Kirche verbunden, manchmal ohne sie klar benennen zu können. Die Grenzen sind fließend, vor allem zu den verschiedenen geistlichen Erneuerungsbewegungen hin. »Wir sind nicht die einzige Erneuerung in der Kirche«, sagte Tom Forrest bei der IV. Internationalen Leiterkonferenz,[95] »sondern wir sind ein Teil von Gottes Plan. Wichtig ist nur, daß wir so sind, wie Gott uns in seinem Plan haben will, nicht anders, nicht mehr und nicht weniger.«

Viele Christen, auch innerhalb der charismatischen Gruppen, erfahren das Wirken des Heiligen Geistes nach wie vor ohne ein »persönliches Pfingsten«, und viele Heilige der Vergangenheit kannten weder das Sprachengebet noch die Prophetie, aber sie hatten selbstverständlich eine lebendige Beziehung zu dem Dreifaltigen Gott. Andererseits gibt es solche spezifisch pfingstliche Geist-Erfahrung nicht erst im 20. Jahrhundert, sondern auch nach der Urkirche immer wieder einmal in einigen geistlichen Bewegungen, auch wenn diese manchmal an den Rand gedrängt wurden oder eigene Wege gingen.[96] Sie mag in manchen Perioden der Kirchengeschichte nur in einzelnen Personen oder kleinen Gruppen lebendig gewesen sein, wird aber in der Pfingstbewegung unseres Jahrhunderts und schließlich in der »Charismatischen Erneuerung« zu einem unerwartet breiten Strom. Auch beim einzelnen Menschen sind ja die Gnadenwirkungen Gottes in verschiedenen Lebensabschnitten von verschiedener Art, und es ist keineswegs immer Schuld des Menschen, wenn er diese oder jene Gnade nicht früher bekommen hat.

Mit einer solchen Sicht entgeht man der Gefahr, vergangene Zeiten der Kirchengeschichte vorschnell als »geistvergessen« zu brandmarken; dies ist vielmehr ein allgemeines Symptom menschlicher Schwäche, das sich unter ausgeprägt charismatischen Formen genauso verbergen kann (vgl. Mt 7,21f). Zugleich schützt diese Sicht vor einer Selbstüberschätzung, als ob jetzt endlich wieder die urkirchliche Fülle des Geistes »entdeckt« worden sei. Vielmehr stehen wir in dankbarem Staunen davor, daß Gott von neuem »sein Volk heimgesucht hat«. Insofern sind nicht nur die verschiedenen Gnadengaben, sondern ist auch *die Art der Geist-Erfahrung* als unverfügbares Geschenk Gottes, also als »charismatisch«, zu bezeichnen im oben beschriebenen Sinn, während die Gabe des Geistes selbst durch die Taufe und die übrigen Sakramente von Gott jedem Menschen eindeutig zugesagt (»verfügt«) ist. Dabei scheinen die Verschiedenheit und persönliche Färbung der jeweiligen Geist-Erfahrung etwas zu tun zu haben mit den verschiedenen charismatischen Befähigungen, die ein Mensch empfängt oder empfangen soll, denn jedes Charisma ist ja eingebettet in eine grundlegende Geist-Erfahrung, also in ein Bewußtwerden der »charis«, durch welche sich der Mensch in Gott geborgen weiß. Hier läge dann eine Erklärung dafür, daß die Erfahrungen des Geistes in der Kirche so unterschiedlich sind, und andererseits dafür, daß das Erlebnis der »Taufe im Geist« häufig mit dem Sprachengebet verbunden ist. Gott bereitet offensichtlich durch verschiedene Arten der Geist-Erfahrung die einzelnen Menschen für unterschiedliche (Auf-)Gaben vor: »Sind etwa alle Apostel, alle Propheten? Reden alle in Sprachen?« (1 Kor 12,29f). Diese Unterscheidung gilt doch wohl nicht nur für Individuen, sondern analog auch für die verschiedenen geschichtlichen Ausprägungen des Christseins.

Um es nochmals zu betonen: Das soll nicht heißen, daß alle, die sich heute zur Charismatischen (Gemeinde-)Erneuerung rechnen, ein persönliches Pfingsten erlebt haben, wohl aber, daß diese Gruppierung in der ganzen Weltkirche von solchen Pfingsterfahrungen her ihren Anstoß und somit ihr typisches Gepräge erhalten hat.[97] Es genügt jedenfalls nicht, Charismatische (Gemeinde-)Erneuerung nur mit dem Hinweis auf Geist-Erfahrung zu umschreiben, weil es so etwas selbstverständlich in allen Strängen kirchlichen Lebens gibt, auch wenn das Erfahrungsmoment nicht immer so deutlich hervortritt. Die übrigen Christen, besonders in anderen Erneuerungsbewegungen, würden sich sonst entweder beiseite geschoben oder vereinnahmt fühlen.

Damit haben wir unsere Frage nach dem Spezifikum des gegenwärtigen charismatischen Aufbruchs von zwei Seiten her eingegrenzt: Einerseits gibt es das bisher begrenzte Phänomen, daß heute bei einigen Christen ein pfingstartiges Wirken des Geistes überraschend aufbricht, andererseits gehört es zum Wesen der Kirche, daß jeder Christ auf seine Weise für den Heiligen Geist und alle ihm zugedachten Charismen offen sein muß.

3.4.3. Menschliche Disposition und göttliche Erwählung

Mit dieser Überschrift ist die Frage angesprochen, worin der Grund für diesen charismatischen Aufbruch zu sehen sei. Die Anfänge waren eindeutig immer überraschende Geschenke. Wohl haben die betreffenden Menschen ihrerseits einen Schritt getan, der ihnen in ihrer Situation gezeigt wurde, aber die geistliche Erfahrung, die dann folgte, ging weit über das gewohnte Maß hinaus. So wurde vielen ein Axiom der Theologie auch erfahrungsmäßig deutlich: Gottes Heil wird nicht durch menschliche Leistung verdient, und seine Gnade ist aus keinem menschlichen Tun ableitbar. Auch wenn Gott in den Sakramenten seine Heilszuwendung ›verfügt‹ hat, daß wir sie gewissermaßen ›abrufen‹ können, wird sie doch niemals gleichsam magisch durch diese Zeichen hervorgerufen oder bewirkt. Und dies gilt selbstverständlich auch von den ›unverfügbaren‹ Geschenken, die wir als charismatische Zuwendung bezeichnet haben.

Der Mensch ist aufgerufen, mit der ihm jeweils geschenkten Gnade mitzuwirken, zunächst mit der ›zuvorkommenden Gnade‹ (gratia praeveniens), um sich so für die Rechtfertigung und weitere Gnaden zu disponieren. In diesem Sinn wird in der Charismatischen Erneuerung großer Wert darauf gelegt, daß der einzelne seine Taufentscheidung bewußt vollzieht und gegebenenfalls persönlich erneuert. Ob und in welchem Maße aber nach einem solchen Schritt eine Geist-Erfahrung geschenkt wird, bleibt Geheimnis der gnädigen Führung Gottes und ist dem Menschen nicht verfügbar.[98] Darum muß auch die Frage, ob eine pfingstartige Geist-Erfahrung oder bestimmte Charismen auftreten, in der Erwartung des Menschen immer offenbleiben, auch wenn er Gott darum bitten darf. Hier ist vielmehr der Hiatus zu beachten, der immer zwischen menschlicher Bitte und göttlicher Antwort bestehen bleibt. Er ist der Herr.

An dieser Stelle ist freilich weltweit ein theologisches Ringen zu spüren; es hängt eng damit zusammen, wie weit man die Begriffe

Geisttaufe und Geist-Erfahrung faßt. Von seiten der pfingstlerischen Theologie besteht eine starke Tendenz, die sogenannte Geisttaufe für jeden Menschen zu erwarten und ihr Eintreten sehr stark abhängig zu machen »von der theologischen Einstellung (Akzentuierung), einer erweiterten Offenheit für den Heiligen Geist und einer Erwartung bestimmter Charismen«.[99] Hier besteht die Gefahr, die grundlegende christliche Erfahrung mit erlebnishafter »Geisttaufe« gleichzusetzen, so daß der Blick nicht offen genug ist für das vielfältige andersartige Wirken des Geistes in der Geschichte der Kirche. Um dieser Blickverengung entgegenzuwirken, wurde in dem Vatikanischen Dialog von beiden Seiten übereinstimmend betont, »daß der Heilige Geist in seinem Wirken völlig souverän und frei sei«.[100]

Auch das Mechelner Dokument betont die Souveränität Gottes, hebt aber andererseits den Zusammenhang zwischen Erwartung und Erfüllung so stark hervor, daß der Eindruck entstehen kann, daß das jahrhundertelange Zurücktreten bestimmter Charismen seinen Grund habe in der mangelnden Bereitschaft der Christen für diese Gaben. Teile man z. B. die Gesamtheit der Charismen auf eine Reihe von A bis Z auf, so habe die Kirche zwar immer Charismen von A bis P erfahren und damit gerechnet, aber der Bereich von P bis Z sei ihr lange verschlossen geblieben.[101] Warum? Weil es an der subjektiven Disposition fehlte?

Man muß doch gut unterscheiden zwischen der geistlichen Offenheit einer Ganzhingabe und der subjektiven Erwartung, die jemand damit verbindet. Gotteserfahrung bringt immer Überraschungen mit sich, sie durchkreuzt oft alle Vorstellungen und führt in ein Land, das der Mensch sich vorher nicht einmal erträumt hätte. Das war so zu allen Zeiten. Daß bei einer grundsätzlichen Offenheit der eine diese, der andere jene Erfahrung macht, hängt also primär nicht von seiner Vorstellung und Erwartung und auch nicht von der Konkretheit seiner Bitte ab, sondern zunächst einmal von der freien Zuteilung Gottes. Daß in der heutigen Kirche wieder ähnliche Geistphänomene auftreten wie in der Urkirche, darf also nicht zu schnell mit der (besseren?) subjektiven Disposition heutiger Menschen (für die Charismen »P–Z«) in Verbindung gebracht werden, sonst könnte man der Reihe nach allen Heiligen und geistlichen Bewegungen den Vorwurf machen, sie seien nicht offen gewesen für das, was zu anderen Zeiten gegeben wurde.

Entscheidend ist, daß der Christ Gott ein unbegrenztes Vertrauen entgegenbringt, und darum haben sich engagierte Christen zu allen Zeiten gemüht. Aber daraus folgt nicht, daß ihnen jederzeit alle Charismen (»von A bis Z«) zur Verfügung stünden (vgl. 1 Kor 12,28–30). Das Auftreten dieser Geschenke in unseren Tagen ist zunächst einmal ein unerwartetes Geschenk Gottes, wie aus zahlreichen Berichten hervorgeht. Ebenso ist es verfehlt, zu ihrer Erklärung sofort mit besonderen Bedürfnissen unserer Zeit oder mit speziellen anthropologischen und geschichtlichen Voraussetzungen des heutigen Menschen zu argumentieren. Hätten andere Zeiten so etwas nicht nötig gehabt? Solche Überlegungen können nur sekundäre Verständnishilfen bieten, nachdem die Unableitbarkeit dieser Phänomene deutlich herausgestellt ist. Auch der biblische Begriff der »Fülle der Zeit« läßt sich nicht von unten her bestimmen.

Es ist darum mißverständlich, wenn es im Mechelner Dokument heißt: »Wenn einer zur Feier der Eucharistie mit einer fingerhutgroßen Offenheit kommt, dann ist dies das Maß, das er empfängt, obwohl Gott die Unendlichkeit seines Lebens und seiner Liebe anbietet.« Es ist selbstverständlich wahr, daß »die subjektive Disposition das, was man empfängt, beeinflußt (affiziert)«,[102] doch wären wir arm dran, wenn Gott uns nicht immer wieder über unsere ›Bereitschaft‹ und ›Würdigkeit‹ hinaus mit seiner Liebe überschütten würde. Andererseits bietet Gott zwar immer sich selbst ganz und damit in seiner Unendlichkeit, aber das heißt nicht, daß er uns stets in concreto alle nur denkbaren und für einen Menschen möglichen Geschenke offeriert und es lediglich an unserer Verschlossenheit liegt, daß er sie uns nicht geben kann. Wenn er jedem nach seinem Maß der Gnade gibt, dann ist diese in der konkreten Führung des einzelnen immer durch Gottes Erziehungsweisheit dosiert, auch wenn er dann manchmal nicht alles geben kann, was er möchte, weil sich der Mensch dagegen verschließt.

Eine undifferenzierte Rede- und Denkweise führt an diesem Punkt oft zu unnötigen Spannungen und Überspitzungen; so kann man nicht selten hören: »Gott würde dir diese Erfahrung oder jenes Charisma schenken, wenn du nur offen wärest.« Woher weiß der andere so genau, was Gott im konkreten Fall ›anbietet‹? Ohne einen prophetischen Auftrag kommt eine solche Aussage nicht über menschliches Wunschdenken hinaus. Was wir einem anderen zusagen können, sind die allgemeinen Heilsgaben – und diese sind das

Entscheidende. Auch der Hinweis auf das Schriftwort: »Wenn du nur glaubst, dann wirst du es erhalten« (vgl. Mk 11,24) verfängt nicht, weil eben dieser Glaube ein Geschenk ist, das Gott nach seinem Maßstab gibt. Nur hin und wieder erhält der Christ, wenn er alle seine Bitten und Anliegen in das Licht Gottes hält, für einzelne Dinge eine solche Glaubensgewißheit.[103]

In all dem soll der Mensch lernen, daß Gott immer noch größer ist als alle seine Gaben und daß das Glück und Heil des Menschen nicht in dieser oder jener Erfahrung, nicht in diesem oder jenem Charisma liegt, sondern in dem Neuen Bund, den Gott ihm zugesagt hat. Gerade diese Gewißheit wird ihn dazu disponieren, Gott von Herzen zu lieben und sich ohne Druck in unbegrenztem Vertrauen für alles zu öffnen, was ihm zum Wachstum in dieser Liebe hilft. Da wir heute dankbar erkennen, wie Gott das Feuer seines Geistes an vielen Orten neu entfacht und ungewohnte Charismen wieder reichlicher austeilt, liegt darin sicher eine Anfrage an viele Christen, ob Gott nicht auch sie auf neue Wege führen will. Und wem Gott fremd gewesen ist, der findet dadurch vielleicht erstmals zum Glauben. Die belgischen Bischöfe schreiben: »Es gibt Stunden in der Geschichte, wo der Geist mit einer besonderen Macht wirkt. Die (gegenwärtige Charismatische) Erneuerung, die kein Monopol des Geistes beansprucht, ist eine Gnade, die (an uns) vorüberzieht«,[104] niemand kann sagen, wie lange derartige Erfahrungen in dieser Breite anhalten werden. Ist es dann immer nur Schuld der Menschen, wenn sie wieder geringer werden? Ebenso sollte man vorsichtig sein, das Zurücktreten mancher Charismen in der Kirche des 3./4. Jahrhunderts allzu schnell auf das Versagen der Christen jener Zeit zurückzuführen oder darauf, daß das Amt mehr und mehr die Charismen aufgesogen habe.[105] Ignatius v. L. betont, daß nicht notwendig menschliche Schuld vorliege, wenn die Tröstung ausbleibt.[106] Das gilt für einzelne wie für Erweckungsbewegungen im großen. Wenn dies nicht klar bewußt gemacht wird, geraten Menschen unter einen religiösen Leistungsdruck und Erfolgszwang (= Erfahrungszwang). Es ist geradezu gefährlich, den Schwung der Gründerzeit von den späteren Generationen in gleicher Weise zu fordern – eine subtile Versuchung, die von der dann aufgegebenen Treue abzulenken sucht.

Wer jedoch meint, mit solchen Überlegungen würde die missionarische Stoßkraft geschwächt, da die Menschen im allgemeinen eine drängendere Einladung und Erwartung brauchen, der übersieht, daß eine solche Art nicht der Verkündigung Jesu entspricht, dessen frohe Botschaft immer ein Anruf an die freie Liebe des Menschen war. »Die Wahrheit wird euch frei machen« (Joh 8,32).

3.4.4. Die Frage nach der Universalität

Die Aufgabe derer, die in neuer Weise vom Geist erfaßt sind, besteht darin, nun auch mit neuer Kraft und Frische die Botschaft von Jesus Christus weiterzugeben. Darin sind immer zwei Aspekte enthalten: zeugnishafte Verkündigung und persönliches Zeugnis.

Anhand der Heiligen Schrift und der Lehre der Kirche sollen sie den allgemeinen Heilswillen Gottes *verkünden* und situationsgerecht jedem Menschen die Zusage Gottes vermitteln. So soll jeder nach dem ihm gegebenen Maß das eine für alle Menschen bestimmte Evangelium bezeugen. Dazu gehört auch die Aufforderung zu Umkehr und – zu gegebener Zeit – zu einer völligen Hingabe an Jesus Christus als den Erlöser und Herrn, sei es in der Taufe oder Firmung, sei es als Vertiefung der bereits empfangenen Sakramente, sei es als Antwort auf eine bestimmte Lebenssituation oder einen konkreten Anruf Gottes. Die Art und Weise aber, wie der einzelne diese Hingabe vollziehen lernt, muß seiner Situation angepaßt sein; missionarischer Eifer bedarf darum eines feinen Taktgefühls und großer Ehrfurcht vor dem Wirken Gottes im einzelnen. Insofern bleibt es immer nur *eine Möglichkeit*, daß jemand seine Hingabe vor anderen unter Gebet und Handauflegung vollzieht.

Der andere Aspekt besteht darin, daß man zur Aktualisierung und Bekräftigung der allgemeinen Botschaft auch *Zeugnis* geben darf und soll von dem, was Gott heute unter uns wirkt. Diese persönlichen Berichte haben Beispielcharakter. Niemand kann zu einem anderen sagen: »Du wirst die gleiche oder eine vergleichbare Erfahrung machen wie ich.« Er kann ihn nur ermutigen, darauf zu vertrauen, daß Gott ihm seine Antwort geben wird. Freilich gibt es dann unter den Hörern manche, die etwa durch ein solches Zeugnis eine konkrete Einladung Gottes erfahren, mit diesem Menschen oder in einer bestimmten Gemeinschaft neu um den Heiligen Geist und seine Gaben zu beten.[107] Für manche kann dies sogar ein verpflichtender Anruf sein, während andere deutlich erkennen, daß Gott sie auf andere Weise führt. So muß in der Praxis immer eine große innere und äußere Freiheit herrschen, den Weg zu gehen, den der einzelne für sich erkennt, und es darf nicht der Eindruck entstehen, dies sei der Weg, den eigentlich alle gehen sollten, weil er ja doch »für alle offen« sei. Die belgischen Bischöfe sagen über »diese geistliche Erfahrung«, die in der Charismatischen Erneuerung »durch viele Zeugnisse bestätigt wird«: »Die erlebte Realität wird erfahren wie eine kostbare, erlesene Gnade.«[108]

Damit stellt sich die Kernfrage nach der Universalität der Geist-Erfahrung. Hier hängt alles von einer klaren Terminologie ab. Aus dem allgemeinen Heilswillen Gottes folgt, daß er jedem Menschen, ob Christ oder nicht, seine Gnade so weit bewußtmacht, wie es zu seinem Heil notwendig ist, und daß er keinen, der ihn sucht, ohne Antwort läßt. Das ist freilich eine sehr formale Umschreibung. Denn obgleich das Heil in Christus allen Menschen verkündigt werden soll, folgt daraus nicht, daß jeder Mensch in seinem Leben einmal so konkret vor dieser Frage steht, daß er die reale Möglichkeit und Pflicht hätte, Christ zu werden. Darum sollten wir klar unterscheiden zwischen dem allgemeinen Verkündigungsauftrag und den vielen Wegen, auf denen Gott seinen allgemeinen Heilswillen zur Wirkung bringt. Dies dürfte der Grund sein, warum Balthasar Fischer im Vatikanischen Dialog es sogar bezüglich der Christen für eine »falsche Konzeption« hielt, »daß es bei jedem Christen ein Bewußt-werden des Geistbesitzes geben und dieses in der Form eines punktuellen Ereignisses eintreten müsse«.[109] Dennoch dürfen wir wenigstens für den ersten Teil des zitierten Satzes sagen, daß eine bewußte Glaubens-*Erkenntnis* und ein *Betroffenwerden* von Gottes Zusage zum Wesen des *vollen* Christseins gehört. Wann und wo dies für den einzelnen Wirklichkeit wird, muß offenbleiben.

Im Blick auf den weltweiten charismatischen Aufbruch, der in allen Konfessionen zu finden ist, ist freilich die Frage verständlich, ob sich hier nicht doch eine Spiritualität ankündigt, die – obgleich in vergangenen Perioden der Kirche so nicht zu finden – heute als allgemeines Angebot Gottes anzusehen ist. Warum sollte Gott nicht diese neue geschichtliche Gestalt geistlicher Erfahrung allen anbieten, die ihn aufrichtig um seinen Geist bitten? In der Tat scheint ja dieses neuartige charismatische Wirken Gottes immer noch zuzunehmen, und wir sehen uns aufgrund dessen in die Lage versetzt, von einem »Gnadenjahr des Herrn« zu sprechen. Ein Blick in die Kirchengeschichte zeigt, daß Erweckungen oft das Gesicht der

Kirche einer bestimmten Zeit entscheidend mitgeprägt haben, daß aber dennoch nicht jeder Gläubige in dieser Erweckung engagiert war, sondern manche von Frömmigkeitsformen vergangener Zeiten geprägt blieben. So gibt es heute in der Kirche eine Fülle von Ausprägungen geistlichen Lebens, Nachwirkungen aus den verschiedensten »charismatischen« Erweckungen der Vergangenheit. Und selbstverständlich kann es auch heute authentische Neuanfänge geben, die nicht unter den Ansatz dieses charismatischen Aufbruchs subsumiert werden können.

Sobald man also von einer eigentümlichen Gestalt der Geist-Erfahrung einer bestimmten Epoche spricht, kann diese Gestalt nicht mehr universaler Natur sein. Wahr ist, daß jeder Christ sich ganz dem Heiligen Geist öffnen soll und mit seiner Antwort rechnen darf. Aber führt das notwendig zu »dieser Gestalt«? Richtig ist wohl auch, daß der gegenwärtige charismatische Aufbruch den Auftrag hat, dieses für alle gültige Grundgeheimnis christlichen Lebens in der ganzen Christenheit neu deutlich zu machen.[110] Aber werden damit alle, die aus dieser Wahrheit leben, schon Teil dieses Aufbruchs? Sicher ist ferner, daß die gesamte Kirche offen sein muß für alle, auch neuartige Weisen der Geisteswirkung in ihrer Mitte und für ungewohnte Charismen wie Sprachengebet und Prophetie, um ihnen ihren legitimen Platz in der Kirche zu geben; insofern gehören sie in die Kirche/Gemeinde (mit der entsprechenden Diskretion) und sollten nicht ein Randdasein führen, sondern mehr und mehr von allen als ein integrierender Bestandteil akzeptiert werden. Dennoch ist ein geistlicher Aufbruch in der Kirche – ganz gleich, wie man ihn nennt – als konkretes geschichtliches Ereignis im Unterschied zu dem ersten Pfingsten immer partikulärer Natur, auch wenn er neu auf allgemeine Wahrheiten hinweist. Diese Spannung ist nicht aufhebbar.[111]

In unserem Fall kommt hinzu, daß von einer neuen Gestalt von Geist-*Erfahrung* gesprochen wird, also nicht von dogmatischen Wahrheiten oder dem allgemeinen Heilshandeln Gottes, sondern von einer *neuen* Art seines Handelns in unserer Zeit (womit dann nicht so sehr die Geisttaufe gemeint ist, sondern das, was sich als Gemeinsamkeit aus den vielfachen Erfahrungen innerhalb des charismatischen Aufbruchs oder auch aller Erneuerungsbewegungen ergibt). Konkrete Beispiele dürfen aber nie verallgemeinert werden, auch wenn sie noch so zahlreich sind. Die Versuchung ist freilich groß, zu sagen: ›Wenn so viele diesen Weg als hilfreich erfahren haben, dann ist er sicher für alle gedacht‹ oder ›Wenn die hier vorgestellte Taufspiritualität eine Verlebendigung zentraler Wahrheiten ist, die jeden betreffen, dann ist dies ein Weg, der jedem konkret zugänglich ist‹; aber das sind Fehlschlüsse. Eine solche Universalität läßt sich weder aus der Schrift noch aus der Lehre der Kirche ableiten. Vielmehr handelt es sich um eine konkrete Gestalt der Verlebendigung, und zwar aufgrund von individuellen Gnadengeschenken, nicht einer katechetischen Weise der Hinführung.

Damit ist die Frage gestellt, wie sich dieser charismatische Aufbruch in die Pfarrgemeinden einfügt. Aus den Darlegungen sind die vielen Impulse für die Grundpastoral deutlich geworden. Wenn der Pfarrer und die pastoralen Mitarbeiter für sich selbst einen solchen Weg gegangen sind, werden sie ihren Dienst mit einer größeren Sensibilität für geistliche Vorgänge und mit einer neuen geistlichen Kraft tun. Dies wird sich zunächst in ihrem ganzen seelsorglichen Tun auswirken, ohne daß es einen besonderen Namen hat. Besondere Ansatzpunkte in der Gemeinde sind etwa der Pfarrgemeinderat, Einkehrtage oder Gemeindemissionen. Mit einem eigenen Bibel- oder Gebetskreis werden sie nur beginnen, wenn sich dies aus den Umständen nahelegt und sie eine Führung Gottes dazu erkennen. Wenn andere Gläubige in der Gemeinde — ohne den Pfarrer — mit einem solchen Kreis beginnen, werden sie sich nach einer Zeit des stillen Wachstums vor Gott prüfen, wie sie sich in die Pfarrgemeinde einbringen sollen, etwa durch geistliche Impulse in bestehende Gruppen und Verbände, Mitarbeit bei der Kommunion- und Firmvorbereitung, bei der Gestaltung von Gottesdiensten und anderen gemeindlichen Diensten. Teilnehmer an überpfarrlichen Gruppen müssen gewiß darauf achten, daß sie das dort Gewonnene in ihrer Ortsgemeinde fruchtbar machen.

Nach unseren obigen Darlegungen könnte man einen solchen geistlichen Wachstumsprozeß als »charismatische Erneuerung« der Gemeinde in einem weiten Sinn bezeichnen. Man könnte auch sagen, daß sich an einigen Kristallisationspunkten das ereignet, was im engeren Sinn als charismatischer Aufbruch zu bezeichnen ist. »Ob und in welchem Maße eine solche Erneuerung *in* der Gemeinde dann im Laufe eines längeren Zeitraumes auch zu einer fortschreitenden Erneuerung *der* Gemeinde wird, bleibt Geheimnis der Gnadenführung Gottes.«[112] Eine solche Erneuerung der Gemeinde entsteht dann selbstverständlich dadurch, daß *jedes* Gemeindeglied *sein* Charisma einbringt, ohne sich deshalb schon diesem »neuen Aufbruch« eingegliedert zu fühlen. Darum kann man einen solchen Gesamtprozeß auch nicht gut mit dem Namen »Charismatische Gemeinde-Erneuerung« bezeichnen. Der im deutschen Sprachraum gebräuchliche Eigenname bezeichnet ja zunächst eine bestimmte Gruppierung, die etwas zur Erneuerung der Gemeinde *beitragen* will.[113] Hier dagegen ist von einer allgemeinen geistlichen Erneuerung der Gemeinde die Rede.[114] Der partikuläre Beitrag ist eben von dem Gesamtprozeß gut zu unterscheiden.

Wie ist es aber dann zu verstehen, wenn Kardinal Suenens im Namen der Charismatischen Erneuerung sagt: »Wir sind normale Christen« oder wenn Tom Forrest schreibt, nach Thomas v. A. »war es für die ersten Christen normal, eine solche Erfahrung eines persönlichen Pfingsten zu haben ... Diese selbe Art von Geistausgießung und Erfahrung des Kommens des Heiligen Geistes mit Macht und mit Gaben kann normativ sein für Glieder[115] der heutigen Kirche«? Dies soll zunächst betonen, daß wir mit unseren Gaben dennoch mit den übrigen Christen, die andere Geschenke des Geistes haben, in einer Reihe stehen. Ferner könnte es betonen, daß charismatische Phänomene in der Kirche nicht fehlen dürfen, auch wenn sie nicht zu jeder Zeit in der gleichen Art und Stärke auftraten, und schließlich, daß diese Art des Wirkens Gottes inzwischen so häufig ist, daß sie allmählich zum ›normalen‹ Bild der heutigen Kirche gehört. Aber sie ist nicht »normal« im Sinne von »normativ«, so daß diese geschichtlich neue Welle von Geist-Erfahrung nun alle erfassen sollte. Vielmehr muß diese Frage offen bleiben, je nachdem, was Gott schenken will.

Der Kernpunkt unserer Frage liegt also in der richtigen Zuordnung der »Charismatischen (Gemeinde-)Erneuerung« als eines geschichtlichen Faktums und ihrer Sendung für das Ganze der Kirche. Ähnlich wie in der Liturgischen oder Ökumenischen Bewegung Inhalte bewußt geworden sind, die für die ganze Kirche von Bedeutung sind, soll dieser Aufbruch gewiß auf ein Wesenselement der Kirche hinweisen, das ihr immer und zu allen Zeiten eigen war: daß jeder Christ je nach seinem Maß aus der Führung des Geistes leben und für alle Charismen offen sein soll. Und wie das Konzil von der »ecclesia semper reformanda« spricht, so ist der Kirche zu allen Zeiten auch eine charismatische Erneuerung aufgegeben. Damit wären dann alle charismatischen Geistwirkungen zu allen Zeiten umfaßt, und jeder Christ könnte es der Sache nach annehmen, wenn seine derartigen Erfahrungen und Bemühungen als charismatische Erneuerung (klein geschrieben) bezeichnet würden.

Sofern aber in dem Neuaufbruch im 20. Jahrhundert Pfingst-Erfahrung mit bestimmten Charismen neu sichtbar geworden ist und die dadurch ausgelöste, weit darüber hinausgehende Erweckung als „Charismatische Erneuerung" bezeichnet wird, ist dieser Begriff in einem engeren Sinn gebraucht. „Charismatisch" gehört dann zum Eigennamen und wird darum groß geschrieben.[116] Manche Verständigungsschwierigkeit mag daher kommen, daß diese beiden Aspekte gelegentlich ineinanderfließen und der Leser/Hörer nicht klar weiß, womit er konfrontiert wird, und sich daher fragt, ob er sich damit identifizieren kann. Auf eine Kurzformel gebracht: Die »Charismatische Erneuerung« in unseren Tagen ist ein Geschenk Gottes zu einer charismatischen Erneuerung der Kirche.

Literatur

Baumert, N., Charisma und Amt bei Paulus, in: Vanhoye, A., Paulus, Leuven: University Press 1985 (BEThL LXIX).

Ders., Die Gnadengaben in der Kirche. Ihre Bedeutung für das Leben des Einzelnen und der Gemeinde, in: Geist und Leben 53 (1978) 201–245.

Ders., Ehelosigkeit und Ehe im Herrn. Eine Neuinterpretation von 1 Kor 7, Würzburg: Echter 1984 (fzb 47).

Ders., Ein klärendes Wort zum charismatischen Aufbruch in der Kirche, in: Geist und Leben 54 (1981), 465–472; vgl. ebd. 55 (1982), 55–60 und 106–111.

Ders., Erfahrungen und Grundhaltungen charismatischer Erneuerung, in: Rundbrief 2 und 3/1978; Sonderdruck der Kapitel 1.1–1.3 dieses Buches, vgl. Vorwort; beim Kommunikationsdienst erhältlich.

Ders., Niemand kann sagen: Herr ist Jesus, außer im Heiligen Geist, in: Beutler, J. – Semmelroth, O., Theologische Akademie XIII, Frankfurt: Knecht 1976, 62–82.

Ders., Täglich sterben und auferstehen, Der Literalsinn von 2 Kor 4,12–5,10, München: Kösel 1973 (SANT 34).

Bittlinger, A., Papst und Pfingstler. Der römisch-pfingstliche Dialog und seine ökumenische Relevanz, Frankfurt: Lang 1978 (IC 16).

Erneuerung der Kirche aus dem Geist Gottes. Zum gegenwärtigen charismatischen Aufbruch in der katholischen Kirche der Bundesrepublik Deutschland und zu seinen Auswirkungen im Leben der Gemeinden. Herausgegeben vom Koordinationsteam der Charismatischen Gemeinde-Erneuerung in Verbindung mit dem Theologischen Ausschuß. Erschienen in: Erneuerung 10, 2/1981; ferner: Mühlen, H., Dokumente zur Erneuerung der Kirche aus dem Geist Gottes, Mainz: Grünewald 1982 (Topos 118). – Sonderdruck beim Kommunikationsdienst.

Erneuerung in Kirche und Gesellschaft; Erscheinungsweise: viermal im Jahr, Verlag Erneuerung, Scherfeder Str. 20, 4790 Paderborn.

Ignatius v. L., Geistliche Übungen und erläuternde Texte, übersetzt und erklärt von Peter Knauer, Leipzig: St. Benno-Verlag 1978; Lizenzausgabe Graz: Styria.

Kirchenkonstitution des II. Vatikanischen Konzils, Text in: Rahner, K. – Vorgrimler, H., Kleines Konzilskompendium, Freiburg: Herder 1966.

Mechelner Dokument, Erstes: Theological and Pastoral Orientations on the Catholic Charismatic Renewal, Indiana, USA: Notre Dame 1974; deutsch: Theologische und pastorale Orientierungen über die Katholische Charismatische Erneuerung, im Selbstverlag, Verein für den Dienst an char. Erneuerung, A-1222 Wien, Kraygasse 92.

McDonnell, Kilian, Presence, Power, Praise, Documents on the Charismatic Renewal I–III, Collegeville, Minnesota, USA: The Liturgical Press 1980.

Ökumenismusdekret des II. Vatikanischen Konzils, s. o. »Kirchenkonstitution«.

Reimer, H. D. – Eggenberger, O., ... neben den Kirchen, Konstanz: Christliche Verlagsanstalt 1979 (Bibel – Kirche – Gemeinde 12). Katholische Ausgabe: Umwege zum Heil? Hrsg. Valentin, F., Wien – München: Herold 1980.

Rundbrief für charismatische Erneuerung in der katholischen Kirche, viermal jährlich bei: Kommunikationsdienst, Innstr. 16, 839 Passau.

Sullivan, F. A., Charisms and Charismatic Renewal, A Biblical and Theological Study, Ann Arbor, Michigan, USA: Servant Books 1982. Deutsch: Die Charismatische Erneuerung, Graz: Styria 1984; ²1986.

Anmerkungen

1 Zu dem vielfach verwendeten Ausdruck ›Geisttaufe‹ s. u. 3.4.2. sowie Anm. 52.
2 Genaueres dazu u. 3.4.3.
3 Ignatius v. L., Geistliche Übungen, Nr. 313–336.
4 So heißt es in der »Ordnung für die Katholische Charismatische Gemeinde-Erneuerung im Bereich der Deutschen Bischofskonferenz« III A 1. Sie wurde vom Ständigen Rat der Deutschen Bischofskonferenz im August 1984 »zustimmend zur Kenntnis genommen« und damit in Kraft gesetzt. Vgl. dazu u. 1.6.2. – Veröffentlicht im Rundbrief 4/1984, S. 20.
5 Vgl. dazu Baumert, N., Geistliche Leitung in Gebetsgemeinschaften, in: Rundbrief 3/1980, 5 ff; ferner die in Anm. 4 erwähnte »Ordnung«.
6 Dies ist zu verstehen im Sinne der Anweisung, die Ignatius in den ›Geistlichen Übungen‹ (15) gibt und in der er den Exerzitienleiter zur Zurückhaltung mahnt: »Beim Suchen des göttlichen Willens ist es angebrachter und viel besser, daß der Schöpfer und Herr selbst sich seiner ergebenen Seele mitteilt, indem er sie zu seiner Liebe und seinem Lobpreis umfängt und sie auf den Weg einstellt, auf dem sie ihm fortan besser dienen kann. Der die Übungen gibt, soll sich also weder zu der einen Seite wenden oder hinneigen noch zu der anderen, sondern in der Mitte stehend wie eine Waage unmittelbar den Schöpfer mit dem Geschöpf wirken lassen und das Geschöpf mit seinem Schöpfer und Herrn.« – Daß diese ›unmittelbaren‹ Einwirkungen selbstverständlich nach Art des Empfängers aufgenommen werden (vgl. ebd., Nr. 336) und in ihrer Konkretion auf die Kirche verwiesen sind, versteht sich nach dem vorher Gesagten von selbst.
7 Erschienen in: La Documentation catholique v. 20. 1. 1980; als Broschüre bei LICAP, 1 rue Guimard, B-1040 Bruxelles; ferner in McDonnell, Presence Bd. II, 490–503; deutsch in: Rundbrief 2/80.
8 Daß dabei die Geschehnisse an der Duquesne University in Pittsburgh und in Notre-Dame (USA) im Jahre 1967 eine Art kirchlicher Initialzündung darstellten und daß von da aus eine Sammlung und Inspiration vieler Initiativen erfolgte, ist allgemein bekannt. Im Jahre 1976 zog dann das International Communication Office von Ann Arbor (Michigan) nach Brüssel um, 1981 nach Rom.
9 Gesammelt bei McDonnell, Presence, s. Lit. Die 1500 Seiten dieser Dokumentation bringen außerdem alle entsprechenden Erklärungen der übrigen Kirchen und kirchlichen Gemeinschaften: 62 regionale und 9 internationale, darunter einige ökumenische Dokumente.
10 Federführend Kilian McDonnell OSB. Ferner: C. Aldunante SJ. (Chile), S. Carillo, MSPS (Mexiko), R. Martin (USA), A. de Manleon O.P. (Frankreich), H. Mühlen (BRD), U. O'Brien (Irland), K. Ranaghan (USA). Das weitere s. Lit.: Mechelner Dokument (ca. 70 S.).
11 S. Lit.: Erneuerung der Kirche; eine kurze Zusammenfassung und Stellungnahme: N. Baumert, Ein klärendes Wort; s. Lit.
12 Ursprünglich eine »Vorläufige Ordnung«, vgl. aber 1.3.2. mit Anm. 4.
13 In: Erneuerung, H. 22, 1/1985. – Der Text stammt in seiner jetzigen Fassung von H. Mühlen und J. Koller. Den Grundstock bildet eine Vorlage, die der Theologische Ausschuß der Katholischen Charismatischen Gemeinde-Erneuerung im Bereich der Deutschen Bischofskonferenz erarbeitet hatte, zusammen mit Vertretern aus Österreich, Südtirol und der Schweiz, um die von der

Pastoralkommission gewünschten Präzisierungen vorzulegen (Näheres s. ebd. in dem Vorwort sowie in Rundbrief 2/1985). Die von Weihbischof Kuntner im Geleitwort erwähnten »Modi«, welche die beiden Endredakteure eingearbeitet haben, sind vor allem eine Neufassung der Einleitung sowie größere Veränderungen und Erweiterungen in I 5 (Erfahrung des Geistes in der Kirche) und IV 8 (Ökumene). Der Anhang wurde von ihnen völlig neu hinzugefügt, s. ebd. 2.

14 Vgl. 1.6.2., Ende des ersten Abschnitts; »geistlich« ist zu allgemein.

15 Der Rat der Charismatischen Gemeinde-Erneuerung im Bereich der Österreichischen Bischofskonferenz hat im Oktober 1985 beschlossen, den Namen »Charismatische Gemeinde-Erneuerung« beizubehalten; ebenso im November 1985 der »Rat« im Bereich der Deutschen Bischofskonferenz.

16 Kopfermann, W., Charismatisch ist nicht gleich charismatisch – Zur Verdeutlichung der Selbstbezeichnung, in: Erneuerung 19, 2/1984, 43f. – Die Lage in der evangelischen Christenheit ist hier erheblich anders als in der katholischen Weltkirche. Kopfermann führt zur Erklärung der Namensänderung (im Januar 1984) neun »Besonderheiten« gegenüber »anderen charismatischen Bewegungen« an. Alle neun Kennzeichen sind in der katholischen Charismatischen Erneuerung überall in der Welt anzutreffen, so daß sich *aus diesen Gründen* eine Abgrenzung im katholischen Raum nicht rechtfertigen ließe. K. spricht unbefangen von »typischen Gemeinsamkeiten« und »Spezifika«, wodurch sich diese »Erneuerungsbewegung« »innerhalb der Kirche« profiliere.

17 Die Ansprache des Papstes ist abgedruckt in: Erneuerung 10, 2/1981; erhältlich auch beim Kommunikationsdienst in Passau.

18 Hinweise darauf bei E. Benz, »Der Heilige Geist in Amerika«, Düsseldorf: Diederichs 1970, und E. Giese, Und flicken die Netze; Marburg 1976 (Selbstverlag: Georg-Voigt-Str. 33). Im Evangelischen Allianzblatt 1903 wird aus Estland »Zungenreden und Prophetie« berichtet. Zu Südrußland und Armenien s. auch Demos Shakarian, Die glücklichsten Menschen auf Erden, S. 11–23, Erzhausen: Leuchter-Verlag 1976. – Broadbent, E. H., Die Gemeinde Jesu in Knechtsgestalt, Christliche Verlagsgesellschaft Dillenburg 1965, berichtet S. 40–64 von einer ununterbrochenen Tradition solcher Geistesgaben seit der frühen Kirche bei den »Armenischen Brüdern« und anderen kleineren Gruppen in Kleinasien und im Balkan wie den Paulizianern, Bogomilen und »Gottesfreunden« in Bosnien.

19 Als Beispiel hier das Zeugnis von C. G. Finney (gest. 1875), einem Führer der amerikanischen Heiligungsbewegung (aus: Reimer, 125f.): »Es war weder Feuer noch Licht in dem betreffenden Raume; dennoch erschien er mir lichterfüllt. Klar und deutlich, von wunderbarem Glanze umstrahlt, stand das Bild Jesu Christi vor meiner Seele, so daß ich ihn von Angesicht zu Angesicht zu sehen meinte. Wie gebrochen sank ich zu seinen Füßen nieder und weinte wie ein Kind, indem ich in abgerissenen Worten das Herz vor Ihm ausschüttete … Wie lange ich so in Beugung und Anbetung vor Ihm auf den Knien lag, weiß ich nicht … Soeben war ich im Begriffe, mir einen Stuhl zu holen, um mich an den Kamin zu setzen, da strömte plötzlich der Geist Gottes auf mich nieder und überflutete mich ganz und gar nach Geist, Seele und Leib, ohne daß ich je von einer Geistestaufe gehört, geschweige denn eine solche für mich erwartet oder erfleht hatte. Es war mir, als stehe ich unter dem Einflusse eines elektrischen Stromes, der mir durch und durch ging. Liebeswelle auf Liebeswelle schien sich über mich zu ergießen, anders kann ich es nicht beschreiben. Es war wie ein Lebenshauch von oben, und ich fühlte mich wie von unsichtbaren Schwingen hin und her bewegt …« – Gedeutet wurde dieses Erfülltwerden als Anfang einer »innewohnenden persön-

lichen Gegenwart des Geistes im Gläubigen« mit dem Ziel: »Begabung mit der Kraft des Geistes zum Dienst Gottes, aber auch Verleihung von besonderen Geistesgaben«. – Zur Geschichte dieses Begriffes: Schmieder OSB, L., Geisttaufe, Ein Beitrag zur neueren Glaubensgeschichte, Paderborn: Schöningh 1982 (PThSt 13).

20 Vgl. J. Reimer, a. a. O., 130–167. – Wenn man die sehr scharfe »Berliner Erklärung« von 1909 (»die sogenannte Pfingstbewegung ist nicht von oben, sondern von unten«) und die geistlich besonnene Antwort der »Mülheimer Konferenz« liest, die noch nichts von ihrer Aktualität verloren hat, spürt man deutlich das Ringen um geistliche Unterscheidung. Beide Texte in: Fleisch, P., Die moderne Gemeinschaftsbewegung in Deutschland, 2. Band, 1. Teil: Die Zungenbewegung in Deutschland, Leipzig 1914. Gespräche zwischen dem »Gnadauer Verband« und Vertretern der »Geistlichen Gemeinde-Erneuerung in der Evangelischen Kirche« in der DDR (1979–1981) haben dort eine neue Ausgangsbasis geschaffen. Ein ähnlicher Schritt wird versucht durch eine Stellungnahme des Forums freikirchlicher Pfingstgemeinden in der Bundesrepublik vom Jahr 1979.

21 Dargestellt bei Giese (s. Anm. 18); Hollenweger, E., Enthusiastisches Christentum, Wuppertal: Brockhaus 1969.

22 Vgl. den vollständigen Bericht von Bittlinger, Papst und Pfingstler (s. Lit.). – Die Gespräche wurden 1985 erneut aufgenommen.

23 Weitere Angaben s. Reimer, 168–172; ferner einschlägige Informationen der Evangelischen Zentralstelle für Weltanschauungsfragen, Hölderlinplatz 2 A, 7 Stuttgart 1; u. a. laufend in: Materialdienst (ebd.).

24 Ökumenismusdekret 4.

25 In der Bundesrepublik gibt es zahlreiche Querverbindungen durch gegenseitige Besuche und durch Kontakte von leitenden Persönlichkeiten. Die Gefahr einer Überfremdung, etwa durch eine andere Theologie oder freikirchlichen Frömmigkeitsstil, ist am besten durch eine authentische eigene Frömmigkeit auszugleichen, durch katholische Weite und Ehrfurcht vor der anderen Überzeugung. Die Zusammenführung der Christen ist auch ein schmerzlicher Prozeß, der nur in Geduld miteinander getragen werden kann. In der Praxis sehe ich, daß gerade dieser Zweig der Ökumene oft reich gesegnet ist. – Zu den Verbindungen mit landeskirchlichen Initiativen s. u. a. die ökumenische Zeitschrift »Erneuerung« (s. Lit.) und Kopfermann, W., Charismatische Gemeinde-Erneuerung, Eine Zwischenbilanz (Selbstverlag: Alte Rabenstr. 23, 2 Hamburg 13). – In der DDR hat die »Geistliche Gemeinde-Erneuerung« in der evangelischen Kirche aufgrund verschiedener Pfarrerbruderschaften eine verhältnismäßig größere Breitenwirkung. – Zu dieser Frage s. auch 1.6.3., mit Anm. 16.

26 Dieser außerordentlich instruktive Bericht und eine Übersicht über die Antworten der Mitgliedskirchen sind zu erhalten bei ÖRK, Untereinheit »Erneuerung und Gemeindeleben«, 150 route de Ferney, CH-1211 Genf 20. Der Bericht auch in: Erneuerung 10, 2/1981, und in McDonnell, Presence III, 358–369.

27 In diesem Zusammenhang sei noch hingewiesen auf die Pfingstbotschaft des Präsidenten des ÖRK von 1976: (Was in der Urkirche geschah)... »dies hat der Heilige Geist auf der Vollversammlung des Ökumenischen Rates auch an uns getan. Einmal mehr wurden uns die grundlegenden Wahrheiten des Evangeliums vor Augen geführt. Uns wurden neue Wege gezeigt, wie wir in Gehorsam gegenüber unserem Herrn leben können. Und auf diese Weise wurde es uns

möglich, beieinander zu bleiben, allen Kräften zum Trotz, die uns so leicht voneinander trennen.

28 Näheres dazu s. Baumert, N., Exegese und Spiritualität, in: Bibel und Liturgie 50 (1977), 221–232.

29 Kirchenkonstitution 12: »Das heilige Gottesvolk nimmt auch teil an dem prophetischen Amt Christi, in der Verbreitung seines lebendigen Zeugnisses vor allem durch ein Leben in Glauben und Liebe, in der Darbringung des Lobesopfers an Gott als Frucht der Lippen, die seinen Namen bekennen (vgl. Hebr 13,15). Die Gesamtheit der Gläubigen, welche die Salbung von dem Heiligen haben (vgl. 1 Joh 2,20.27), kann im Glauben nicht irren. Und diese ihre besondere Eigenschaft macht sie durch den übernatürlichen Glaubenssinn des ganzen Volkes dann kund, wenn sie ›von den Bischöfen bis zu den letzten gläubigen Laien‹ ihre allgemeine Übereinstimmung in Sachen des Glaubens und der Sitten äußert. Durch jenen Glaubenssinn nämlich, der vom Geist der Wahrheit geweckt und genährt wird, hält das Gottesvolk unter der Leitung des heiligen Lehramtes, in dessen treuer Gefolgschaft es nicht mehr das Wort von Menschen, sondern wirklich das Wort Gottes empfängt (vgl. 1 Thess 2,13), den einmal den Heiligen übergebenen Glauben (vgl. Jud 3) unverlierbar fest. Durch ihn dringt es mit rechtem Urteil immer tiefer in den Glauben ein und wendet ihn im Leben voller an.«

30 Die Frage, ob Eph und Kol echte Paulusbriefe sind, ist unter den Exegeten immer noch kontrovers. Für unseren Zweck können wir diese Briefe hinzunehmen, da sie in jedem Fall aus der paulinischen Schule sind.

31 Vgl. 1 Kor 12,3; 14,25; Phil 2,11; 4,4f; Apg 4,31; 7,56; 16,25f; Did 10,6. – Zu der Deutung ›der Herr ist gekommen‹ vgl. Haag, H., Bibellexikon: Maranatha; ferner Baumert, N., Maranatha, in: Geist und Leben 6/1985.

32 Der Grund für diesen Wortgebrauch liegt in der Verschiedenheit des hebräischen und griechischen Denkens. Das abendländische Denken geht bei der Analyse des Menschen von der sichtbaren Erscheinung aus und unterscheidet den sichtbaren ›Leib‹ und die unsichtbare ›Seele‹. Der Semit dagegen unterscheidet bestimmte Erfahrungszustände, bezeichnet sie aber mit dem Namen eines körperlichen Organs:
Zustand der Bedürftigkeit: ›Kehle‹ (was wir mit Seele übersetzen);
Zustand der Ohnmacht und Schwäche: ›Fleisch‹;
Zustand der Kraft und Vitalität: ›Wind, Atem‹ (ruah), Geist;
Zustand des Bei-sich-Seins und der Erkenntnis: ›Herz‹.
Paulus benützt diese zunächst rein menschlichen Aussageformen, um eine theologische Aussage zu machen: Ohnmacht und Schwäche vor Gott (= Sünde) nennt er darum ›Fleisch‹, die Erfahrung der Kraft Gottes ›Geist‹.

33 Neben den unter 2.2.6. und 2.2.7. sowie 2.5.5. genannten Beispielen sei hier auch auf das »Geistliche Tagebuch« des Ignatius v. L. verwiesen (Haas – Knauer, Freiburg: Herder 1961): unter dem 14. Februar: »Eine große Fülle von Tränen, Andacht und heftiges Schluchzen... Ich fand viel Zutritt zum Vater, immer wenn ich seinen Namen nannte; ich verspürte, wie der Sohn sehr zur Fürsprache geneigt war...« – 16. 2.: »Ich war ungewiß, wem zuerst und auf welche Weise ich mich anempfehlen sollte... Es schien mir, daß sich mir vom Vater noch am meisten offenbarte und mich zu seiner Barmherzigkeit anzog. (Auf die Mittler dagegen – Jesus und Maria – konnte ich mich nicht einstellen) ...und es zog mich zum Vater hin. Auf ihn ordnete ich alles hin, was den Sohn betrifft, und ich verspürte dabei viele besondere, wohlschmeckende und sehr geistliche Einsich-

ten.« – 18. 2.: »Großes Vertrauen darauf, die göttlichen Personen oder Gnade bei ihnen zu finden ...; so machte ich der Heiligsten Dreifaltigkeit meine endgültige Bestätigung und sagte zuerst den göttlichen Personen Dank: ›Ja, ewiger Vater‹ ...; dann auch zum Sohn und zum Heiligen Geist.« 11. 2.: »Darauf hielt ich mit gleicher Andacht Zwiesprache mit dem Heiligen Geist. Mir schien, daß ich ihn schaute oder verspürte in einer dichten Klarheit, ganz ungewohnt in der Farbe einer feurigen Flamme ... Ich verspürte oder schaute auf bestimmte Weise den Heiligen Geist, ich konnte aber auf diese Weise keine der beiden anderen göttlichen Personen schauen oder verspüren.« Und am 21. 2.: »In dieser Messe erkannte ich, verspürte oder schaute – der Herr weiß es –: wenn ich zum Vater sprach, (als) wenn ich schaute, daß er eine Person aus der Heiligsten Dreifaltigkeit ist; denn es ergriff mich, daß ich die ganze Heiligste Dreifaltigkeit lieben mußte ...; das gleiche verspürte ich auch im Gebet zum Sohn und das gleiche im Gebet zum Heiligen Geist. Ich erfreute mich an jeder einzelnen Person, wenn ich bei ihr Tröstungen verspürte, und schrieb sie allen dreien zu und freute mich darüber. Daß sich dieser Knoten oder was es ähnliches sein mochte, auflöste, schien mir so groß, daß ich einfach nicht aufhören konnte, zu sprechen: ›Wer bist du denn‹ usw.« – 27. 2.: »Wie ich dies schreibe, zieht es meinen Verstand dazu hin, die Heiligste Dreifaltigkeit zu schauen, und es ist, als schaue ich, wenn auch nicht unterschieden wie vorher, drei Personen.«

Schon im Pilgerbericht heißt es von Manresa (Nr. 28): »Da begann sich ihm der Verstand zu erheben, wie daß er die Heiligste Dreifaltigkeit in Gestalt von drei Tasten sah, und dies mit vielen Tränen, daß er nicht dagegen ankam ... so daß ihm sein Leben lang diese Einprägung geblieben ist, große Andacht zu spüren, wenn er zur Heiligsten Dreifaltigkeit betete.«

Solche Wahrnehmungen sind nicht so selten, wie man meint, und finden sich nicht nur bei den imaginativen und auditiven Christusbegegnungen, von denen mir im Laufe meiner Seelsorge eine ganze Reihe bezeugt wurden. Es ist ja generell nicht so, als ob der Beter nie wüßte, wen er anspricht und wer ihm antwortet.

34 Zu dieser Übersetzung s. N. Baumert, Täglich sterben, 378f. – Die exegetische Begründung dieser Deutung von ›Hoffnung‹ ist noch nicht veröffentlicht.

35 Paulus erkennt jetzt, daß dies ein Mißverständnis des Gesetzes war, denn das Gesetz an sich ist »heilig und gerecht und gut« (Röm 7,12). Es soll also hiermit nicht geleugnet werden, daß es im Judentum ein hohes Ethos der Gesetzesfrömmigkeit gab und bis heute gibt; vgl. nur Ps 19,8–15 und Ps 119.

36 Aus evangelischen Kreisen verbreitet sich heute wieder die Praxis, sich vom Bösen ›loszusagen‹ und ihm gelegentlich zu ›gebieten‹; ferner wird häufig gefragt, ob ›okkulte Bindungen‹ vorliegen. So richtig es ist, daß es sehr zur Befreiung hilft, wenn die betreffenden Bindungen beim Namen genannt werden können (vgl. den kirchlichen Exorzismus), so muß es doch stets unter der Führung des Geistes geschehen. Gelegentlich wird diese Praxis zu unbesonnen angewandt und ist dann selbst nicht frei von Magie oder Angst vor den Dämonen. Damit aber verkehrt sich dieses Mittel ins Gegenteil. Weiteres dazu s. 3.3.4.

37 Nicht: »durch ihn geheiligt« (EÜ), sondern ›in seiner Sicht sind sie unrein‹: sogenannter dativus ethicus. Näheres s. N. Baumert, Ehelosigkeit, 78f.

38 Für den Juden ist der Tod ursprünglich nicht eine ›Trennung von Körper und Seele‹; sondern mit dem Körper begibt sich auch die Seele in den Scheol, in ein Schattendasein (vgl. Jes 38,12; Ez 18,4.20). Für ihn sind also Leib und Seele

200

›sterblich‹ (= wandelbar, aber insgesamt weiterlebend), während für den Griechen nur der Leib ›stirbt‹ (= vergeht, zu existieren aufhört), während die Seele unsterblich = unwandelbar ist. Dementsprechend ist für den Semiten ›Auferstehung‹ nicht eine erneute Verbindung von Körper und Seele, sondern eine *Umwandlung* beider Elemente in eine andere Seinsweise (vgl. 1 Kor 15,50–53). Der Streit um die Auferstehung zwischen Pharisäern und Sadduzäern (Mk 12,18ff; Apg 23,6) geht nicht darum, ob Körper und Seele noch einmal zusammenkommen können, sondern ob es eine endgültige Befreiung aus dem leib-seelischen Schattendasein gibt oder nicht. Näheres zu dieser Frage s. N. Baumert, Täglich sterben, 49–60; 90–94; 144–150.

39 Das Mißverständnis hat vor allem zwei Gründe: Erstens wird der paulinische Gegensatz ›Geist – Fleisch‹ nicht verstanden und bekommt einen sexuellen Unterton, vgl. 2.3.1. und N. Baumert, Täglich sterben, 117–129; 142–150; 226–233; zweitens werden manche Aussagen über Enthaltsamkeit und Ehe falsch gedeutet, s. N. Baumert, Ehelosigkeit (s. Lit.).

40 So ist wohl 2 Kor 11,2 zu verstehen; s. N. Baumert, Täglich sterben, 292–295.

41 Näheres zu dieser Übersetzung s. N. Baumert, »Wirket euer Heil mit Furcht und Zittern!« (Phil 2,12f), in: Geist und Leben 1/1979.

42 Ziel der ›Sklavenparänese‹ in Eph 6,5–8 und Kol 3,22–25 ist gerade nicht eine Unterwürfigkeit, sondern eine Stärkung ihres Selbstbewußtseins, daß sie ihren Dienst, solange er unvermeidlich ist, mit Würde und erhobnen Hauptes tun, nicht in ›sklavischer Furcht‹. Näheres dazu in meinen beiden Arbeiten: Täglich sterben, 428, und: Ehelosigkeit, 114–151; zu 1 Kor 7,21 vgl. die Anm. in der Einheitsübersetzung.

43 Vgl. 1.1.3. (Ausdrucksformen); 2.2.3.; 2.4.7.

44 Es sei noch hingewiesen auf die »Anwendung der Sinne« in den Geistlichen Übungen des Ignatius v. L., Nr. 121–126, die von phantasiemäßiger Anwendung bis zu innerlichem »Schmecken und Verkosten der Wahrheit« geht (2), oder dazu, »mit dem Geruch und mit dem Geschmack riechen und schmecken: die unendliche Sanftmut und Süße der Gottheit, der Seele und ihrer Tugenden...«.

45 Zu diesen Interpretationen vgl. N. Baumert, Täglich sterben, 102 (1 Thess 1,5), vgl. oben 2.1.1; 102–104; 110–112 (2 Kor 1,11; 4,15); 112f und 314–318 (Phil 1,19).

46 Gal 6,5 ist zu übersetzen: »Jeder nämlich wird seinen eigenen Ernteertrag bringen.« Das Thema Wachstum und Frucht klingt auch an in 5,22 und 6,7–9.

47 Rahner, K., Schriften zur Theologie III, Einsiedeln 1956, 105; vgl. auch ders., Erfahrung des Heiligen Geistes, Freiburg: Herder 1976.

48 Konzil von Orange (529) und von Trient, in: Denzinger–Schönmetzer, Enchiridion Nr. 375; 1525; Neuner–Roos, Der Glaube der Kirche in den Urkunden der Lehrverkündigung, Regensburg: Pustet [6]1961, Nr. 698; 714. »Affectus« hier: Sehnsucht, Geneigtheit, Zuneigung.

49 So Ignatius v. L. in den Geistlichen Übungen Nr. 164–189 und 313–336; zum Folgenden s. auch ebd. 1–20 (s. Lit.).

50 Buber, M., Die Geschichte des Rabbi Nachman, Frankfurt: Fischer 1955 (FB 104), 39. Vgl. dazu wieder Ignatius, Geistliche Übungen Nr. 336.

51 Ignatius v. L., Geistliche Übungen Nr. 313 und 328, spricht von »Geistern« oder »Regungen/Bewegungen, die in der Seele verursacht werden«.

52 Vgl. dazu Anm. 19 und Text.

53 Thomas v. Aquin, Theologische Summe I 43.6. – Mehr zu diesem Text: Sullivan, F. A., Charismatische Erneuerung, unter 5., »Taufe im Geist«.

54 Wulf, F., »Die immer neue Erweckung« in: Arnold, F. X. – Klostermann, F., Handbuch der Pastoraltheologie III 540, kennzeichnet die typischen Gefahren mancher »Erweckten«: »Sie steigern sich in bestimmte Formen der Religiosität hinein, rufen das fromme Gefühl in sich wach und suchen aus einem neuen Sendungsbewußtsein heraus auch andere ... zu ihren Einsichten zu bekehren. Sie zeigen eine Vorliebe für wunderbare Ereignisse, die ihnen das Bewußtsein der Realität und Nähe des Übernatürlichen, Göttlichen vermitteln.« Dies »führt zu einer Pseudoreligiosität, in der der Mensch nicht Gott, sondern sich selbst findet«.

55 Greifbar bei den Meistern des geistlichen Lebens, etwa Theresia v. Avila, Johannes v. Kreuz, Franz v. Sales und Ignatius v. L., besonders in seinen Unterscheidungsregeln der »Geistlichen Übungen« 313–336.

56 Hier gibt es gerade in der katholischen Frömmigkeit gelegentlich eine falsche Kreuzesmystik, die unbewußt das Leid an sich hochstilisiert; manchmal findet dann ein Christ seine Selbstbestätigung in der Größe seines Leidens und bleibt diesem verhaftet, statt die befreiende Kraft Gottes anzunehmen. Es ist darum nicht sehr glücklich, wenn in dem Mechelner Dokument (s. Lit.) unter III G 4 innerhalb der Geist-Erfahrung eine »Auferstehungserfahrung« und eine »Erfahrung des Kreuzes« unterschieden wird. Dies mag verschiedene äußere Umstände zu kennzeichnen, aber die Geist-Erfahrung selbst ist immer Erfahrung von (Auferstehungs-)Leben. Eher könnte man in ihr die glückhafte Nähe Gottes und den Schmerz der Reue unterscheiden; aber auch dieser reinigende Schmerz ist im tiefsten von Frieden getragen.

57 Näheres s. Laurentin, R., Zur Klärung des Begriffs ›Charisma‹, in: Concilium 13 (1977), 11/551–556, mit weiterer Literaturangaben.

58 Herten, J. (Charisma – Signal einer Gemeindetheologie des Paulus, in: Hainz, J., Kirche im Werden, München 1976, S. 58) übernimmt zwar E. Käsemanns Ansicht, »daß erst der Apostel (Paulus) dem wahrscheinlich schon vor ihm geprägten, aber unverhältnismäßig spärlich verwendeten Wort terminologische Bedeutung gegeben hat«, bemerkt aber doch, daß dies ungewöhnlich sei, da ansonsten »davon auszugehen ist, daß es kein dem Neuen Testament eigenes ›Bibelgriechisch‹ gibt, sondern dessen Wortschatz dem der Umgangssprache gleicht«. – Richtig ist wohl, daß Paulus ›Charisma – Geschenk‹ erstmals mit einem eindeutigen *theologischen* Gehalt füllt, als Konkretisierung von ›charis‹, aber mit diesem Schritt ist sein Anteil an der Wortgeschichte ausgeschöpft: *Göttliches* Geschenk oder ›Gnaden‹-Geschenk. Die Determinierung auf ›vom Geist gewirkte *Be-fähigung* zum *Dienst* am *Heil anderer*‹ hat sich erst im Laufe von mehreren Jahrhunderten herausgebildet.

59 Die exegetische Begründung dazu s. Baumert, Charisma und Amt (s. Lit.). Eine weitere Untersuchung, »Charisma im theologischen Sprachgebrauch«, welche die allmähliche Entstehung eines Fachausdruckes bei den Kirchenvätern aufzeigt, liegt im Manuskript vor und erscheint demnächst.

60 Thomas v. A., Summa Theologica II, II, 111.1 und 3. – Vgl. in der deutschen Thomasausgabe, Band 23, 130, 139–143, und den Kommentar von Hans Urs v. Balthasar, 253-263.

61 Dabei berufen sie sich vor allem auf 1 Kor 12,7: »Jedem wird die Offenbarung des Geistes geschenkt, damit sie anderen nützt« (EÜ). Aber das griechische ›pros to sympheron‹ heißt: ›gemessen an dem Nützlichen‹, je nach dem Nutzen‹, d. h., der Geist teilt jedem zu, was (ihm) nützt und wie es (von ihm selbst oder der Gemeinde) gebraucht wird, also wie der Geist es für ›nützlich‹ hält, vgl. 1 Kor

12,11. Vgl. dazu Rehkopf, Grammatik des ntl. Griechisch, Göttingen [15]1979, § 239.8 (nicht 7: Bestimmung, Zweck). Näheres s. wieder in meinem Beitrag »Charisma und Amt« (zur Stelle) und in: Ehelosigkeit, 276 und 279f.

62 Näheres dazu bei Bittlinger, 73f und 79—81. — Mystik und Charisma werden normalerweise zur Kennzeichnung verschiedener geschichtlicher Frömmigkeitsströmungen gebraucht, die selbstverständlich immer beide Elemente enthalten: das persönliche Heil und den Dienst am anderen. Vgl. Anm. 64.

63 Weitere Begründung in meinem Beitrag »Charisma und Amt«, s. Lit.

64 Zumindest in diese Richtung tendiert R. Laurentin, Zur Klärung des Begriffs ›Charisma‹, in: Concilium 13 (1977), 11/554f. Zwar sagt er zunächst: »Die charismatischen Gaben haben (im Unterschied zu den mystischen Gaben) den *Aufbau der Gemeinde* zum Ziel«, aber fährt dann fort: »In Überbetonung dieses Sachverhaltes behauptete die klassische Theologie, die Charismen seien zum Nutzen der Kirche und nicht des Charismatikers bestimmt. In Wirklichkeit aber steht der Aufbau der Gemeinde in einem unauflösbaren lebendigen Zusammenhang mit dem Heil des Charismatikers. Gewiß hat das Charisma einen uneigennützigen Charakter, der manchmal bis zur Hingabe des Lebens im Dienst an den andern geht. Doch selbst noch in diesem Fall erscheint es als Überschuß und Überfluß der Überfülle dessen, was den Charismatiker selbst eben zur lebendigen Zelle, zum lebendigen Organ der Kirche aufbaut. In diesem Sinn entsprechen die Charismen Rollen, Funktionen und Diensten. Tiefer gesehen sind sie die Betätigung der Agape in dem einen Geist (1 Kor 12). Das Allzuenge der klassischen Auffassung läßt sich durch die Autorität des Paulus selbst berichtigen, stellt er doch die Glossolalie als eine Geistesgabe dar, die der Erbauung des in Zungen Redenden dient: ›Wer in Zungen redet, nützt sich selbst‹ (1 Kor 14,5), was die heutige Erfahrung erst recht bestätigt.«

Doch Laurentins Definition: »Charismen sind Gnadengaben des Geistes zum Aufbau der Kirche des Leibes Christi« ist zu weitmaschig; sie umfaßt: »a) die Gaben, durch die der Heilige Geist die Kirche strukturiert: das Gebet in allen seinen Formen, Charismen des Wortes der Propheten, Glaubenslehrer, Katechumenen usw. und die Charismen, welche die Autorität und das Vorsteheramt betreffen; b) die Gaben, die zur Wahl und Verwirklichung von Lebensständen inspirieren; c) die sakramentalen Charaktere.« Ein solch weiter Gebrauch wäre zwar von der Heiligen Schrift her möglich, wie wir gesehen haben, ist aber für den heutigen Gebrauch ungeeignet, weil Charisma/charismatisch für unser heutiges Empfinden immer den Nachdruck auf das Ereignishafte und Akthafte legt. — Die Definition von Hans Küng (Die Charismatische Struktur der Kirche, in: Concilium 1 [1965], 288): »Charisma in seinem umfassendsten Sinn ist der an den einzelnen ergehende Ruf Gottes zu einem bestimmten Dienst in der Gemeinde, der zugleich zu diesem Dienst befähigt« ist insofern enger, als sie nur auf die personalen Funktionen zielt; das ist nun eingeengt auf ›Dienst‹ und umfaßt andererseits das ›Amt‹ selbst (das ist doch wohl in ›Befähigung‹ enthalten). — Ähnlich Hasenhüttl, G. (Charisma, Freiburg 1969, 238): »Charisma ist die durch das Heilsereignis geschenkte (Zeit und Ewigkeit umspannende) je konkrete Berufung, die in der Gemeinde verwirklicht wird, sie konstituiert und dauernd aufbaut und dem Mitmenschen in Liebe dient.« Immerhin ist diese Definition durch das ›in der Gemeinde verwirklicht‹ nicht ganz so auf die Dienstgaben eingeschränkt, während G. Murphy (Charisma and Church Renewal, Rom 1965, S. 60) zwar in der letztgenannten Hinsicht eine ähnliche Formulierung bringt, aber die Charismen ungebührlich einengt auf ›dauernde‹

Gaben: »Charisms are perennial, necessary, spiritual gifts granted by the Holy Spirit to each individual to enable him to fulfill his functions (!) and duties for the common good of the Mystical Body, the Church.«

65 Erneuerung der Kirche 1.2.4.3. vgl. 1.6.3.

66 Damit rückt dieser Text (Erneuerung der Kirche 1.2.4.5.) ab von der Sprechweise des Mechelner Dokumentes, wo es unter III, D, 2 heißt: »Der Dienst des Diakons, des Priesters und des Bischofs ist selbst ein Charisma (is itself a charism). Charisma ist ein Ordnungsprinzip in der Kirche auf solche Weise, daß es keine Unterscheidung (distinction) zwischen der institutionellen und der charismatischen Kirche gibt.« Wenn man damit darauf hinweisen will, daß es keine »Spaltung« (1 Kor 12,25) zwischen beiden Elementen geben soll, so ist dies selbstverständlich richtig. Aber als theologische Definition scheint diese Terminologie ungeeignet. Vgl. dazu auch im folgenden, was wir unter 3.2.3. am Anfang sagen. – Ferner mein Beitrag »Charisma und Amt«, s. Lit.

67 So im Mechelner Dokument unter III G 9 (s. Lit.).

68 Zur Übersetzung dieser beiden Verse vgl. Baumert, Ehelosigkeit, 407, und Charisma und Amt, Anm. 13.

69 Erneuerung der Kirche 1.3.3.2., s. o. 1.6.3.

70 So sagt H. U. v. Balthasar in der deutschen Thomasausgabe, Bd. 23, 260, daß für die Apostolische Kirche »das Amtliche aus der umhüllenden Atmosphäre des Charismatischen emportaucht. Vorhandene Charismen fordern Anerkennung der Gemeinde, (einige) eignen sich zu Ämtern, so daß es kein Amt geben kann ohne Charisma.« – Wie man sieht, hält er an der begrifflichen Unterscheidung von Amt und Charisma fest.

71 Bittlinger, Papst und Pfingstler, 76.

72 Gemeinsame Synode der Bistümer der Bundesrepublik Deutschland, »Räte und Verbände« I, 1.5.

73 Vgl. die Beschreibung und Einordnung, die ich 1.1.2. gegeben habe. – Eine ausführliche Darstellung des Sprachengebetes, der Prophetie und der Heilungsgabe mit einer ausgezeichneten biblischen Begründung gibt Sullivan, Kap. 7–9; er bezieht dabei Ergebnisse vieler linguistischer, medizinischer und anthropologischer Untersuchungen ein.

74 Erneuerung der Kirche 1.2.4.3. (s. 1.6.3.).

75 So Gewiess, J., im LThK II unter »Charisma I«; ähnlich der römisch-pfingstlerische Dialog, Bittlinger 59 (10): »Charisms are gratuitous manifestations of the Holy Spirit working in and through, but going beyond, the believer's natural ability for the common good of the People of God (Mk 16,17–18).« – Ferner ebd., 92f. 388, Anm. 20. – Vgl. o. Anm. 64.

76 Bittlinger, A., Gnadengaben im Neuen Testament, in: Kirche und Charisma, Marburg 1966, 52; ähnlich Mühlen, H., Einübung in die christliche Grunderfahrung I, Mainz 1976, 126.

77 Dies wird von E. Käsemann sehr gut ausgearbeitet: An die Römer, Tübingen ³1974, 322f.

78 Man lese noch einmal unter dieser Rücksicht 2.5.1. bis 2.5.3.: Die leibliche Gestaltwerdung der Gnade.

79 Auf diese Problematik, die vor allem im Heilungsgebet akut wird, bin ich länger eingegangen: Heilungsgeschehen und Heilungsauftrag nach dem Neuen Testament, in: Heilung – ein Aspekt des Exerzitiengeschehens (Korrespondenz zur Spiritualität der Exerzitien 49/1984, 32–47; Hrsg. GCL-Sekretariat, Sterngasse 3, 89 Augsburg; in Passau erhältlich).

80 Hinweise bei Bittlinger, A., Glossolalia, Schloß Craheim: Kühne 1969. Ferner Sullivan, s. o., Anm. 73.

81 Kasper, W. – Lehmann, K., Teufel, Dämonen, Besessenheit, Zur Wirklichkeit des Bösen, Mainz 1978, 65.

82 In diesem Sinn möchte ich differenzieren, was W. Kasper (s. vorige Anm.) S. 67 im Anschluß an die Aufzählung der Früchte des Geistes nach Gal 5,22 schreibt: »Als Zeichen widergöttlicher Macht können dagegen u. a. gelten: Alles eitle, hochfahrende, destruktive und frivole Wesen, Spektakel um Nichtigkeiten, Verstrittenheit und Verschlossenheit, Zwanghaftigkeit und Verlogenheit. Diese geistlichen Kriterien erlauben von ihrem Wesen her nicht, in einem konkreten Fall eindeutig und verbindlich dämonische Besessenheit anzunehmen.« – Gewiß nicht diese genannten Kriterien allein, aber wenn überhaupt, dann ist von geistlichen Kriterien her dämonischer Einfluß zu diagnostizieren, ähnlich wie ›Wunder‹ nur vom Glauben her zu erkennen sind.

83 Vgl. dazu das in Anm. 81 erwähnte Buch von W. Kasper u. a., das von Exegese (K. Kertelge) und Dogmatik her (K. Lehmann) grundlegende Antworten gibt. Der psychologische Beitrag von J. Mischo scheint freilich alles auf Krankheitsphänomene zu reduzieren. Nach ihm habe Kardinal Höffner in seinen letzten Verlautbarungen »die Kompetenz den Medizinern, Psychologen und Parapsychologen zuerteilt« (146). Das widerspräche nicht nur der Aussage von W. Kasper (ebd., 66–69; vgl. ferner hier Anm. 82), K. Kertelge (ebd., 33–39) und K. Lehmann (ebd., 97), sondern auch den Worten von Kardinal Höffner selbst, der nur sagt, daß man Ärzte und Psychologen »hinzuziehen« und »nicht leicht daran glauben« solle, »daß jemand von einem bösen Geist besessen sei«. Er schließt also die Möglichkeit von Besessenheit nicht aus (Josef Kardinal Höffner, Teufel – Besessenheit – Exorzismus, Themen und Thesen 8, Köln 1979, 24). Dennoch geben die Ausführungen von J. Mischo anhand verschiedener Fallbeschreibungen wertvolle Hinweise auf typische Krankheitsphänomene. Zum »Fall Klingenberg« ist inzwischen eine sorgfältige Untersuchung erschienen, nach der die Todesursache eindeutig nicht im Exorzismus und auch nicht in einer Besessenheit lag: Goodman, F., Anneliese Michel und ihre Dämonen, Christiana-Verlag, Stein a. Rhein.

84 Ignatius v. L., Pilgerbericht 31, in: Geistliche Übungen 218.

85 Ökumenismusdekret 2: »Der Heilige Geist, der das Prinzip der Einheit der Kirche ist, wirkt die Verschiedenheit der Gaben und Dienste (vgl. 1 Kor 12,4–11).«

86 Paul VI., Enzyklika Evangelii nuntiandi 75.

87 Lothar Janek, in: Rundbrief 2/1976, 9. – Weiterführende Gedanken in dieser Richtung bringt Bischof P. Cordes/Rom in: Neue geistliche Bewegungen in der Kirche (wozu er auch die Charismatische [Gemeinde-]Erneuerung zählt), Zeitfragen 31, Presseamt des Erzbistums Köln 1985.

88 So Kardinal Suenens in: Gemeinschaft im Geist, Salzburg 1979, Kap. 1–3.

89 International Newsletter, serving the Charismatic Renewal in the Catholic Church VI 3, May–June 1980, 1. – Erhältlich bei: International Catholic Charismatic Renewal Office (ICCRO), Palazzo della Cancelleria, 00120 Citta del Vaticano. – Eine ähnliche Antwort auf die Frage nach dem Spezifikum gibt H. Weinz, 178 (s. Lit.).

90 Bittlinger, A., Papst und Pfingstler, 79.

91 Bittlinger, ebd., 71; vgl. ferner zum Thema Geisttaufe das Schlußkommuniqué 154f, und Sullivan, Kap. 5. – Ferner Schmieder, s. o., Anm. 19.

92 Laurentin, R., Maria, Mutter der Charismatischen Erneuerung, in: Rundbrief 2/1979, 13.

93 Dies wird theologisch von Thomas v. A. her begründet von Sullivan, Kap. 5. Es scheint wesentlich organischer zu sein, als wenn man meint, das Angebot dieser Erfahrung und diese Charismen seien alle schon in der Taufe verliehen worden. Wäre es dann etwa in jedem Fall persönliche Schuld, daß sie nicht früher hervorgetreten sind? Ebenso betont Sullivan, daß »Taufe im Geist« in der ganzen Pfingstbewegung etwas Erfahrungsmäßiges bezeichnet (ebd.). – Davon ist der biblische Begriff gut zu unterscheiden.

94 Sullivan, Kap. 4 (Ende), nennt als Charakteristika, wodurch sich eine charismatische Gebetsgruppe von anderen Gruppen, die sich zu gemeinsamem Gebet versammeln, unterscheidet: Betonung des Lobgebetes; Möglichkeit des Sprachen-Betens und -Singens; die »Wahrscheinlichkeit, daß jemand prophetisch redet« und »daß jemand die ›Taufe im Geist‹ erwähnt. Der Kern jeder derartigen Gruppe wird aus Menschen bestehen, die wissen, was es ihnen bedeutete, ›im Geist getauft worden zu sein‹.« – Im deutschen Sprachraum dürfte dies nicht von allen Gruppen gelten. Von dem Sprachengebet sagt auch Sullivan, daß es nicht in allen Gruppen als Zeichen dafür angesehen wird, ob jemand sich voll im Sinn der Charismatischen Erneuerung engagiert habe, und erst recht ist das Beten in Sprachen kein notwendiger Erweis für eine Geisttaufe (ebd., Kap. 8).

95 Vgl. 1.6.5 und Anm. 115.

96 So könnte man sicher eine Geschichte der Pfingstfrömmigkeit durch alle Jahrhunderte schreiben. Dies ist bisher wohl nur aus dem Blickwinkel von Pfingstgruppen geschehen; vgl. Anm. 18: Benz, Giese, Broadbent. – Krämer, P., und Mohr, J., Charismatische Erneuerung der Kirche, Chancen und Gefahren (Trier: Paulinus 1980), gehen auf den Montanismus des 2./3. Jahrhunderts ein und suchen von da her Verständnishilfen zu gewinnen.

97 Dies betont mit Recht Sullivan, Kap. IV (Ende) und VIII; ebenso viele Veröffentlichungen der Charismatischen Erneuerung. Vgl. o. 3.4.2. Ende.

98 Erneuerung der Kirche 2.1.2. (Ende), s. 1.6.3.

99 Bittlinger, Papst und Pfingstler, 84 (5).

100 Bittlinger, ebd., 160 (40).

101 Mechelner Dokument III F 2–5 (s. Lit.).

102 Mechelner Dokument III F 4.

103 Vgl. nochmals Anm. 79.

104 In dem 1.6.1. zitierten Text, vgl. Anm. 7; wohl eine Anspielung auf den »Vorübergang des Herrn« = Pascha, s. Ex 12,11.

105 Ein näheres Studium der Kirchenväter zeigte mir die Haltlosigkeit dieser Behauptungen. Näheres in einem Beitrag »Charisma im theologischen Sprachgebrauch«, der demnächst erscheint. Richtiger scheint, daß Gott nach der Anfangsphase der Kirche dann in seiner Führung andere Akzente setzte – wie er dies ja auch im einzelnen Leben tut.

106 Geistliche Übungen Nr. 322.

107 Wenn im englischen »Team-Manual« allen Teilnehmern an einem »Life-in-the-Spirit-Seminary« empfohlen wird, »to seek to be baptized in the Spirit«, wäre dies nach unserer Terminologie zu differenzieren: Sie sollen wohl im Rahmen der Erneuerung ihres Taufbündnisses darum bitten, daß Gott sie wandelt und sie mögen auch spürbare Auswirkungen seines Geistes erbitten, aber sie sollten sich in ihrer Erwartung nicht darauf festlegen, daß dies nun in der Form einer pfingstlichen Geist-Erfahrung (Geisttaufe im strengen Sinn) geschehen müsse

(mit Sprachengebet) (vgl. 3.4.2 Anm. 88 und Text). In der Praxis wird dies wohl meist so erklärt; aber die Formulierung verleitet doch zu einem falschen Universalismus.

108 Vgl. o. 1.6.1., mit Anm. 7. — Zum Thema ›Zeugnis‹ s. 1.4.

109 Bittlinger, Papst und Pfingstler, 71.

110 Insofern kann man es richtig verstehen, wenn H. Mühlen davon spricht, daß durch das Einbringen neuer wichtiger Impulse in das Ganze der Kirche sich dieses »Ganze« und die »Gestalt des Christseins« in einem gewissen Sinn ändern (vgl. Erneuerung 7/1980, 27—32, und 10/1981, 46—52). Wieweit so etwas »epochale« Auswirkungen hat, ist eine Frage der Proportionen. Nur entsteht die neue »Gestalt« des Ganzen — die man eigentlich nicht mehr als Geist-*Erfahrung* bezeichnen kann — erst durch das Zusammenwirken *aller* Glieder der Kirche und ist gut zu unterscheiden von der Gestalt, die ein Teilimpuls hat.

111 Vgl. die Unterscheidung von »central elements and optional means« in dem Statement aus den USA, s. o. 1.6.2. — Weitere Aspekte hierzu: P. Cordes, s. o. Anm. 87 und H. Heinz, 181 (s. Lit.). — H. D. Reimer schließt seinen Beitrag in *ru* (Zeitschrift für die Praxis des Religionsunterrichts) 2, 1984. Die »charismatische Erneuerung« in den heutigen Kirchen: Versucht man, das *Proprium der charismatischen Erneuerung* abschließend nochmals zu formulieren, merkt man bald, daß das Eigentliche nicht in einzelnen Erscheinungen besteht, sondern in einem neuen Geist, der diese Bewegung, die Gruppen und ihre Zusammenkünfte beseelt. Es ist ein befreiender Geist, der aus der Erfahrung der Gegenwart Gottes erwächst und der es dem einzelnen ermöglicht, sich frei zu äußern. Es ist ein Geist der Gotteshingabe, der Anbetung. Und die Gemeinschaft derer, die die geistliche Dimension des Glaubens und gottesdienstlichen Feierns erlebt und Gottes befreiendes Handeln an sich erfahren haben, ist eine andere als es jene in der »gesellschaftsangepaßten Volkskirche« ist. Vor allem aber tritt einem hier ein zuversichtlicher Geist vor Augen, der dankbar und froh ist, nicht zuletzt, weil die einzelnen sich in ein Geschehen eingebunden wissen, das Gottes eigener Geist heute in seiner Kirche bewirkt.

112 Erneuerung der Kirche 4.3.2. (Schluß).

113 Vgl. 1.3.2., mit Anm. 4. — In vielen Ländern sind die entstehenden Gebetsgruppen stärker in den Ortsgemeinden engagiert und in sie integriert als bei uns, etwa in den USA; s. unter 1.6.2.; ferner 1.5.5. Ähnliches berichten Missionare aus Afrika und Asien, vgl. o. 1.6.2.

114 Darum muß man ihn auch von dem Impuls unterscheiden, der sich den Eigennamen »Geistliche Gemeinde-Erneuerung« gibt; vgl. 1.6.3., zu dem österreichischen Arbeitspapier.

115 »...for members« — ohne Artikel! Den Text s. in dem 3.4.2., Anm. 87, zitierten Bericht S. 1. In einem persönlichen Gespräch betonte Tom Forrest ausdrücklich, daß er damit weder die Pfingsterfahrung noch die weiteren Erfahrungen der Charismatischen Erneuerung als allgemeines Angebot Gottes oder gar als Norm hinstellen wolle. Vgl. nochmals seinen Vortrag bei der Leiterkonferenz in Rom, vgl. 1.6.4.

116 Auf diese Unterscheidung wird auch hingewiesen in: Newsletter VII (1981) Heft 1, S. 4, ; vgl. Anm. 89.